美育与创新

艺术展演与竞赛育人研究

霍楷　高翯◎著

化学工业出版社
·北京·

图书在版编目（CIP）数据

美育与创新：艺术展演与竞赛育人研究/霍楷，高翯著. —北京：化学工业出版社，2023.12
ISBN 978-7-122-44708-1

Ⅰ.①美… Ⅱ.①霍…②高… Ⅲ.①美育-教育研究 Ⅳ.①G40-014

中国国家版本馆CIP数据核字（2023）第240575号

责任编辑：李彦玲　　文字编辑：李　双　谢晓馨　刘　璐
责任校对：杜杏然　　装帧设计：王晓宇

出版发行：化学工业出版社
（北京市东城区青年湖南街13号　邮政编码100011）
印　　装：涿州市般润文化传播有限公司
787mm×1092mm　1/16　印张 $14^{1}/_{2}$　字数278千字
2024年3月北京第1版第1次印刷

购书咨询：010-64518888　　售后服务：010-64518899
网　　址：http://www.cip.com.cn
凡购买本书，如有缺损质量问题，本社销售中心负责调换。

定　　价：78.00元

前言 PREFACE

艺术展演与竞赛不仅是创新型人才培养的重要载体和检验教学水平的重要手段，更重要的是，能点燃学生头脑中智慧的火种，启发新的思维方式，激活灵活的学习方法，探索创新思路，引发创新的连锁反应。本书以艺术展演与竞赛为载体，将十余年竞赛育人经验和启发总结发表，为业内学者开展相关研究提供参考。

目前，中国高等教育学会高校竞赛评估与管理体系研究专家工作组发布的全国普通高校学科竞赛排行榜对高校艺术类竞赛有重要指导作用。其中，艺术类竞赛主要包括：全国大学生广告艺术大赛、两岸新锐设计竞赛·华灿奖、中国大学生计算机设计大赛、米兰设计周-中国高校设计学科师生优秀作品展、未来设计师·全国高校数字艺术设计大赛、中国好创意暨全国数字艺术设计大赛、蓝桥杯视觉艺术设计赛等竞赛。

基于多年的竞赛育人实践，紧紧围绕创新、美育范畴的艺术展演和竞赛，逐渐形成一赛一课（一流课程）、一赛一题（教改课题）、一赛一书（竞赛教材）、一赛一文（教改论文）、一赛一队（竞赛团队）、一赛一创（创新项目）、一赛一果（教学成果）等综合性成果的实践教学和理论教研经验。各类成果看似独立，但又是相辅相成的，形成较为系统化、多样性的教学改革研究与实践经验。

“一流大学”需要一流的人才培养，学科竞赛是一流人才培养的引擎。竞赛助推“一流大学”创新型人才培养，设计竞赛创新育人模式是在高校“双一流”建设的关键时期，以竞赛为牵引的“一流大学”人才培养模式探索，倒逼高校创新型人才培养政策机制改革，推动人才培养的多元化创新。赛中学、赛中做、赛中研、赛中用的国际化与研究型竞赛教学模式，形成了“创新驱动—能力提升—核心竞争力”的循环体系，助推学生专业能力、创新能力、团队合作能力、沟通能力、表达能力、应变能力、文案能力及综合素质的提升，对于培养与“一流大学”相适应的设计人才具有重要意义。

本书的出版要感谢东北大学创新创业学院的资助，感谢化学工业出版社的鼎力支持。本书成果是中国高等教育学会2022年度高等教育科学研究规划课题“素质教育与艺术创新协同一体化育人模式构建研究”（22SZJY0405）、东北大学2023年度研究生教育质量保障工程项目立项“基于国际高水平竞赛的立体拔尖创新型艺术硕士培养实践研究”、全国高等院校计算机基础教育研究会计算机基础教育教学研究项目2022年立项“艺术类专业立体综合式创新竞赛育人模式理论与实践研究”（2022-AFCEC-240）的成果。本书是笔者十余年竞赛育人的实践经验和理论总结，形成了一套基于竞赛的经验案例及成果转化的模型，图文并茂，展示了竞赛育人的全过程，旨在抛砖引玉，不当之处敬请业内专家学者批评指正。

著者

2023年8月13日

目录 CONTENTS

第一章

大学生艺术展演与创新竞赛概述

目前，国内外艺术展演与竞赛种类繁多，层次各异。本书在笔者多年指导大学生竞赛和展览的基础上，将国内设计竞赛主要分为两种类别，即纵向竞赛和横向竞赛。纵向竞赛主要由政府、教育管理部门主办。整理和参与的纵向竞赛主要有教育部高等学校计算机类专业教学指导委员会等主办的中国大学生计算机设计大赛，教育部高等学校新闻传播学类专业教学指导委员会等主办的全国大学生广告艺术大赛，工业和信息化部人才交流中心等主办的未来设计师·全国高校数字艺术设计大赛（NCDA），中国高等教育学会等主办的两岸新锐设计竞赛·华灿奖，以及各省教育厅主办的各级竞赛等。整理和参与的横向竞赛主要包括中国包装联合会主办的中国包装创意设计大赛，中国包装联合会设计委员会主办的中国之星设计艺术大奖暨国家包装设计奖，中国广告协会等主办的中国大学生广告艺术节学院奖，中国工业设计协会等主办的中国创新设计红星奖，以及各省级包协、美协、广协等专业团体主办的省级专业设计竞赛。除此之外，各类竞赛的划分也不尽相同，如中国高等教育学会自2017年开始公布的竞赛排行榜赛事，高校教师教学发展研究国家级虚拟教研室联合浙江大学、湖北工业大学发布“全国普通高校大学生艺术类竞赛指数”等清单赛事，以及各高校划分的A类、B类赛事等丰富多样，为高校参赛师生提供了竞赛层级划分的依据。

本书将各类竞赛按照国别划分为两种，即国际竞赛和国内竞赛。国际竞赛主要由国际各类设计协会、政府、大学、团体等主办，如国际设计理事会（ico-D）、韩国现代设计协会（KECD）、国际工业设计联合会（ICSID）；以及各国的文化部、高校等主办和认可的比赛，包括意大利A’设计奖与竞赛、德国红点奖、墨西哥国际海报双年展、亚洲平面设计三年展、俄罗斯金蜜蜂国际平面设计双年展等展赛。国际展赛的影响力颇为深远，参与的设计师人数众多，参与的国家众多，评委的来源国别也较复杂，各国文化的交叉和融合也较为深入，作品水准也具有国际化和前沿性。国内竞赛是指国内的各类纵向竞赛和横向竞赛。目前，国内设计教育水平不断提升，加之新媒体、网络、自媒体的广泛应用，为设计师搭建了了解和学习国际设计的平台，设计师的视野也投入国际前沿，设计协会、政府等也纷纷举办竞赛与展览，推动高水平设计人才培养水平不断提升。

第一节　竞赛背景及意义

一、研究背景

1985年，中共中央颁发《关于教育体制改革的决定》，要求激发高校办学活力，释放高校办学自主权。1989年，由共青团中央、教育部和中国科学技术协会联合举办“挑战杯”全国大学生课外学术科技作品竞赛，拉开了我国高校学科竞赛的序幕。设计学科竞赛可追溯到1980年成立的中国包装技术协会（现中国包装联合会）设计委员会于1983年创建的中国之星设计艺术大奖，此时的设计学科竞赛发展缓慢。2000年以后，随着设计学科如雨后春笋般地涌现，设计学科竞赛才开始陆续发展起来。设计业内影响力较大的竞赛有中国高等教育学会等主办的全国大学生广告艺术大赛（首届于2005年举办）、教育部计算机类教学指导委员会等主办的中国大学生计算机设计大赛（首届于2008年举办）、中国包装联合会主办的中国包装创意设计大赛（首届于2009年举办）、中国包装联合会设计委员会主办的中国之星设计艺术大奖（首届于1983年举办）等政府和协会主办的竞赛。2004年7月，教育部印发《教育部关于举办全国第一届大学生艺术展演活动的通知》（教体艺函〔2004〕6号），明确指出艺术展演活动要全面贯彻教育方针，大力推进素质教育，促进高校学生审美素质的提高，引导大学生提升人生境界，促进德智体美劳全面发展；传播先进文化，弘扬民族精神，营造高雅艺术氛围，构筑良好育人环境；体现高等学校艺术教育特点，展示高校艺术教育改革和发展成果。此后，全国大学生艺术展演活动大约每三年举行一次，不断推动高校艺术教育、美育工作的深入发展。《国家中长期教育改革和发展规划纲要（2010—2020年）》中明确指出，要积极推进学生素质全面提升，并强调重视创新和实践能力的培养。这实际上为我们提供了一个必要的、现代的、以创新为核心的教育改革方向。此外，《中国教育现代化2035》更是将创新素质教育作为现代化教育的重要组成部分。这些改革充分体现了我们国家对于教育发展的高度重视，政策导向明确，给艺术设计教学改革提供了一种新的可能和展望。关于教育改革政策实施路径的细化方面，国务院办公厅《关于深化高等学校创新创业教育改革的实施意见》提出完善人才培养质量标准、创新人才培养机制、健全创新创业教育课程体系、改革教学方法和考核方式、强化创新创业实践、改革教学和学籍管理制度、加强教师创新创业教育教学能力建设、改进学生创业指导服务、完善创新创业资金支持和政策保障体系等多种举措。明确了教育改革的操作路径，包括教师队伍建设、教育内容改革、教育方法改革等方面，对艺术设计教育改革有着深远影响。

2017年，中国高等教育学会高校竞赛评估与管理体系研究专家工作组在杭州正式向社会预发布《中国高校创新人才培养暨学科竞赛评估结果》，共筛选了19个竞赛项目纳入排行（表1.1），采用层次分析法确定评估模型，模型包括竞赛贡献和组织贡献两个方面，从“竞赛项目等级”“竞赛项目形式”“竞赛项目历史”和“竞赛项目奖项数量”四个维度对竞赛贡献进行综合评价，从“竞赛秘书

表1.1 纳入排行的19项竞赛清单

序号	竞赛名称
1	中国“互联网+”大学生创新创业大赛
2	“挑战杯”全国大学生课外学术科技作品竞赛
3	“挑战杯”中国大学生创业计划竞赛
4	ACM-ICPC国际大学生程序设计竞赛
5	全国大学生数学建模竞赛
6	全国大学生电子设计竞赛
7	全国大学生化学实验邀请赛
8	全国高等医学院校大学生临床技能竞赛
9	全国大学生机械创新设计大赛
10	全国大学生结构设计竞赛
11	全国大学生广告艺术大赛
12	全国大学生智能汽车竞赛
13	全国大学生交通科技大赛
14	全国大学生电子商务“创新、创意及创业”挑战赛
15	全国大学生节能减排社会实践与科技竞赛
16	全国大学生工程训练综合能力竞赛
17	全国大学生物流设计大赛
18	“外研社杯”全国英语演讲大赛
19	全国职业院校技能大赛（只纳入高职排行）

处”“竞赛承办单位”“优秀组织单位”和“优秀指导教师”等多方面对组织贡献进行综合评价。在后续的竞赛评估中，还将考虑学科竞赛拓展、延伸的内容，包括高校学科竞赛类教学成果奖、学科竞赛类教学改革论文等。该评估结果对竞赛进一步规范管理，推动学科竞赛类活动在教育教学、创新人才培养方面发挥重要作用，这是我国第一个专注高校创新人才培养暨学科竞赛成果的排行榜，针对高校学科竞赛的研究工作与第三方评估正式拉开帷幕。中国高等教育学会积极推动竞赛育人，通过制定竞赛政策和组织相关活动，促进高等院校竞赛育人工作的规范化和高效化，学会提倡多学科交叉和跨学科融合，通过竞赛平台激发学生的创新思维和实践能力。依托中国高等教育学会榜单中的艺术类赛事，不仅培养学生具有独特艺术设计理念以及新颖的设计手法，同时也为学生展示专业能力提供高水平的平台。

随着我国艺术设计学科的发展，学科竞赛呈现井喷之势，在艺术展演实践的基础上，相关的理论研究也呈现爆发的趋势，截至本书出版前，经知网搜索艺术竞赛的文章达3880篇，在理论研究上也不断推动了学科竞赛的发展。艺术类高校在竞赛育人方面具有独特优势，现阶段我国的竞赛育人模式呈现出以下几个主要的特征：一是结合了中华优秀传统文化的精髓，二是体现了以问题导向为特征的PBL（问题导向法，Project-Based Learning）教学模式，三是设计类竞赛命题多样性，四是引入现代教育技术的辅助。以文化传承为视角的设计竞赛育人模式，赋予了传统文化新的生机，它尊重并包容传统，将其美学理念和艺术表现形式注入设计中，使之在设计竞赛中广泛传播，这种模式在推进传统文化大众化中发挥了重要作用。以问题导向为特征的PBL教学模式在此过程中得以应用，相较于传统的知识灌输，这种方法鼓励学生通过自我探索和实践解决问题，从而提高他们的实践技能和独立思考能力，学生在参与设计竞赛的过程中，不仅能够获得知识，而且还能真正学习到如何运用这些知识。

设计竞赛的多样性也增加了教育的吸引力，包括概念设计竞赛和实践设计竞赛。概念设计竞赛侧重于知识和理论的学习，让学生能够创新并把握设计的主观性；实践设计竞赛则强调实践能力的提升，让学生通过互动和实践来提高他们的设计技能。快速发展的三维数字化技术极大地支持了设计竞赛育人模式的实施、教学内容和方法的创新，使学生在参与设计竞赛的过程中获得乐趣，从而挖掘和发挥自己的潜能。总的来看，新时代我国教育政策为竞赛育人的艺术设计教学改革提供了强有力的政策支撑和指导，为教育实践者打开了一扇探索和实施新型教育模式的大门。在具体实践中，可以积极采纳政策倡导的创新理念和教学方法，深入实践与研究竞赛育人策略在艺术设计教学中的应用效果，将更宽广的世界视野和多元化的国际视角引入，以提升教学效果和学生的素质能力。

中国艺术设计专业发展至今，仍旧处在不断探索、不断发展的初级阶段。目前高校艺术设计专业教育水平在不断提高，也取得了一定的成果。但同时，在教育教学的过程中也暴露出了一定的问题。

一是课程体系落后。大部分“双一流”高校艺术设计专业的课程设置存在与社会需求脱节的问题。这往往体现为两个极端：一种是课程设置较为陈旧，多年来基本一直在沿用建院伊始的课程设定模式，致使学生无法及时有效地接收到最新的设计思想和理念，导致最终培养出的人存在审美落后、能力不足、学无致用的情况；另一种与社会需求脱节则体现在艺术性与设计性之间的失衡上，设计类专业学生的教育应当更偏重用设计解决问题，而不是一味地创造艺术品，因此部分课程中存在大量将艺术形式凌驾于设计价值之上的问题，这对学生未来在设计领域的解决问题方面并无较大的推动作用。

二是教育模式陈旧。目前大部分“双一流”高校的艺术设计专业教学模式过于传统，依旧采用传统的教师本位制，大部分课程的授课模式依旧为老师讲、学生听。这种机械式的教育模式一定程度上导致了学生学习兴趣下降，接受能力降低，这无疑会对学生的创造能力和想象力产生影响，进而导致输出人才创造性不足的问题。

三是忽略交叉学科知识。艺术设计专业涉及的内容多，关联的专业领域比较广，未来需要接触的行业更是不胜枚举。因此对艺术设计专业学生的素质培养更需要注重综合素质能力的提升。多媒体软件、新媒体技术、三维立体思维、理科思维等多方面知识都应当是艺术设计专业涉猎的部分。但由于课程体系和教育模式陈旧，目前大部分“双一流”高校对艺术设计专业学生综合素质的培养依旧不够完善。

四是学生创新能力弱。目前“双一流”高校内，艺术设计专业学生存在较为严重的创新能力弱的问题，这一方面是由于授课模式僵化，让学生觉得该专业与自己当初选择专业时想象的有所不同，另一方面则是由于国内高考制度以及家长对知名学府的过分追求，导致一部分艺术设计专业的学生对艺术专业并没有兴趣，只是因为艺术类考生有专业考试加分制度而选择了艺术道路。很多学生仅在省考前突击学习美术知识，之后凭借专业分加高考分的制度进入“双一流”院校的艺术设计专业。因此可以说，目前艺术设计专业学生的创新能力存在参差不齐的问题。

五是竞赛管理不够规范。一些协会为竞赛而竞赛，呈现表演化与形式化倾向，而失去学科竞赛培养人才的本质；个别竞赛商业气息十足，丧失竞赛的育人功能；一些竞赛过于强调个性，追求概念，将设计等同于艺术；还有个别竞赛片面追求量大面广，缺乏专业权威性；部分设计协会不规范，山寨协会频被曝光，甚至出现交费即可获奖，连带“专业培训”与“专业认证”的乱象。以上问题除了民政部定期曝光山寨协会之外，亟待国家教育、文化、民政、工商等相关部门联手规范管理，将竞赛级别进行分类，竞赛主办单位进行规范，竞赛内容进行引导，推动各项竞赛朝着科学、合理、专业的方向发展。

二、调查现状

1. 中国高校艺术设计类专业竞赛分类调查

（1）政府主办艺术设计类专业竞赛

近些年来，艺术设计行业的发展越来越为政府部门所重视。教育部、工业和信息化部等国家部委举办了一系列高水平的艺术设计类专业竞赛。例如教育部高等教育司主办的全国大学生广告艺术大赛、教育部大学计算机课程教学指导委员会主办的中国大学生计算机设计大赛、工业和信息化部人才交流中心主办的未来设计师·全国高校数字艺术设计大赛等国家级重点赛事。与此同时，各地方政府也积极地举办艺术设计类专业竞赛。例如，中共深圳市委宣传部等相关单位主办的GDC Award、山东省教育厅主办的大学生创新创意设计大赛、天津经济技术开发区管委会等相关单位主办的“泰达杯”青年创意设计大赛等省级优秀赛事。政府主办的艺术设计类专业竞赛专业性强，具有权威性、延续性，依托网络线上和线下参赛平台，具有国际性的影响。依托竞赛平台，我国涌现出了一颗颗耀眼的设计明珠。笔者精选了一些近些年来国家部委主办的非临时性竞赛并进行整理，以便于对竞赛相关信息进行直观的参考和分析（表1.2）。

表1.2　政府主办艺术设计类专业竞赛统计表

序号	竞赛名称	举办频率	主办单位	竞赛主题	适合参加的专业
1	全国大学生广告艺术大赛	两年一届	教育部高等教育司	广告创意设计	广告设计、视觉传达设计、数字媒体艺术设计
2	未来设计师·全国高校数字艺术设计大赛	每年一届	工业和信息化部人才交流中心	广告设计、视觉传达设计、数字媒体艺术设计	艺术设计各专业方向
3	全国大中学生海洋文化创意设计大赛	每年一届	自然资源部宣传教育中心、中国海洋大学、中国海洋发展基金会、自然资源部北海局、海南热带海洋学院	平面设计、产品设计、环境艺术设计、数字媒体艺术设计、策划案	视觉传达设计、工业造型设计、环境艺术设计、数字媒体艺术设计、广告设计
4	中国大学生计算机设计大赛	每年一届	教育部大学计算机课程教学指导委员会	交互设计、数媒交互设计、动漫设计、数字音乐、人工智能+设计	视觉传达设计、工业造型设计、环境艺术设计、数字媒体艺术设计、广告设计
5	中国优秀工业设计奖	两年一届	工业和信息化部	产品设计	工业造型设计
6	全国大学生工业设计大赛	两年一届	教育部高等学校工业设计专业教学指导分委员会、广东省教育厅、广东省经济和信息化委员会	产品设计	工业造型设计

续表

序号	竞赛名称	举办频率	主办单位	竞赛主题	适合参加的专业
7	全国新闻出版行业平面设计大赛	三年一届	国家新闻出版署	平面设计	广告设计、视觉传达设计
8	全国平面公益广告大赛	两年一届	教育部、人民日报社	广告创意设计	广告设计、视觉传达设计
9	两岸新锐设计竞赛·华灿奖	每年一届	中国高等教育学会、中华中山文化交流协会、北京歌华文化发展集团	视觉传达设计、工艺美术、产品设计、数字多媒体设计、工业设计	视觉传达设计、工艺美术、产品设计、数字多媒体设计、工业设计、动画设计
10	全国大学生节能减排社会实践与科技竞赛	每年一届	教育部高等教育司	节能减排	艺术设计各专业方向

以教育部高等教育司主办的全国大学生广告艺术大赛（以下简称大广赛）为例，该比赛属于高水平的国家级学科竞赛，每两年举办一次，具有很高的知名度。大广赛以省、自治区、直辖市为单位设定分赛区，以校为单位进行作品报送，竞赛主题为广告创意设计，将企业的营销课题引入竞赛内容，为高校学生和市场间搭建了一个平台，也成为企业和高校的人才资源平台。目前，全国已经有多所高校将大广赛引入专业课程建设和日常教学中，成为高校“以赛促学”的重要实践教学平台，为高校教学的创新实践提供了广阔的舞台。政府主办的高质量艺术设计类专业竞赛已经成为多方合作交流的平台，以高校学生和作品为中心，促进了产学研融合，实现了一举多赢的创新局面。

（2）协会主办艺术设计类专业竞赛

在推进艺术设计学科建设和相关行业的发展过程中，协会组织积极地参与到学科竞赛的组织工作中，对我国文化艺术产业的发展起到了重要的作用。例如中国美术家协会作为艺术界的权威组织，举办的艺术设计类专业竞赛具有多样性，其中“设计之星”全国大学生平面设计竞赛为平面设计类国家级重点赛事，“为中国而设计”全国环境艺术设计大赛为环境艺术设计类国家级重点赛事。中国广告协会、中国包装联合会、中国工业设计协会、中国建筑装饰协会、中国服装设计师协会等行业协会作为市场和政府沟通的桥梁，举办了各类行业相关重点赛事，其中中国广告协会主办的中国大学生广告艺术节学院奖、中国包装联合会主办的中国包装创意设计大赛、中国工业设计协会等相关单位主办的中国设计红星奖作为设计界备受瞩目的国家级权威性竞赛，每年都在行业中掀起波涛汹涌的创意浪潮。笔者精选了近些年来国家级协会主办的一些非临时性竞赛并进行整理，以便于对竞赛相关信息进行直观的参考和分析（表1.3）。

表1.3 协会主办艺术设计类专业竞赛统计表

序号	竞赛名称	举办频率	主办单位	竞赛主题	适合参加的专业
1	中国大学生广告艺术节学院奖	每年一届	中国广告协会	广告创意设计	广告设计、视觉传达设计
2	“设计之星”全国大学生平面设计竞赛	每年一届	中国美术家协会	平面设计	广告设计、视觉传达设计
3	“为中国而设计”全国环境艺术设计大赛	两年一届	中国美术家协会	环境艺术设计	环境艺术设计
4	ICAD国际当代青年美术设计大赛	每年一届	国际青年美术设计协会	视觉传达设计、环境艺术设计、产品设计、美术与书法	视觉传达设计、环境艺术设计、工业造型设计、绘画、美术学、书法
5	中国国际空间环境艺术设计大赛	每年一届	中国建筑装饰协会	空间环境艺术设计	环境艺术设计、展示设计
6	中国工业设计精英赛	两年一届	中国机械工程学会工业设计分会	产品设计	工业造型设计
7	中国国际配饰设计大赛	每年一届	中国服装设计师协会、厦门建发星光时尚文创有限公司	服装设计、珠宝设计	服装设计、珠宝设计
8	中国设计红星奖	每年一届	中国工业设计协会、北京工业设计促进中心、国务院发展研究中心《新经济导刊》杂志社共同发起并会同国内地方相关工业设计协会联合主办	艺术设计	艺术设计各专业方向
9	中国国际女装设计大奖赛	每年一届	中国服装设计师协会、杭州市下城区人民政府	服装设计	服装设计

（3）依托名人主办艺术设计类专业竞赛

为了鼓励设计者，海内外有许多名人依托自身名气和资源优势设立了艺术设计类专业竞赛。这类竞赛依托名人名气，具有先发优势。与此同时，名人自身资源亦成就了赛事的资源平台，往往具有广泛的影响力。著名设计师靳埭强先生于1999年设立了靳埭强设计奖，靳埭强设计奖鼓励创新设计理念，推崇具有本土精神的原创作品，从而推动艺术设计教育的发展，引导大学生的设计思维和设计理念，在全球华人间颇具影响，是艺术设计界的权威奖项。全国设计“大师奖”由设计教育改革者林家阳教授于1997年主持创办，截止至2020年，已成功举办了19届。全国设计“大师奖”旨在构建中国创新教育改革平台，将机构、政府、企业和学生的创意、实践与应用进行有机联结，提高全国艺术设计类学生的创新能力。此大赛与德国西门子公司、北京奥林匹克运动会组织委员会、上海市浦东新区人民政府等机构和著名企业密切合作，不仅成为国内权威大赛，还逐渐产生了国际性的影响。此外，2021年，甘肃省文化和旅游厅等相关单位主办的“常沙娜设计奖”隆重开幕，向全球征集设计稿件，集结多方资源，为培养创新人才、发展敦煌艺术发轫。

（4）商业机构主办艺术设计类专业竞赛

2017年10月，党的十九大报告中明确提出“深化产教融合、校企合作”，2017年12月，国务院办公厅印发了《关于深化产教融合的若干意见》，鼓励校企合作，促进产学研融合。随着我国的产业结构升级，艺术设计越来越为企业界所重视。越来越多的商业机构开始主办或赞助艺术设计类专业竞赛，从而提升自身的设计水平，提高企业的知名度，塑造良好的企业形象。旺旺中时媒体集团主办的时报金犊奖、筑鼎方舟文化传媒有限公司主办的筑鼎奖等常设性竞赛，以及江小白系列产品共创设计大赛、荣耀全球设计大赛等在年轻人群体中颇受欢迎的著名企业举办的临时性竞赛受到了高校学生群体的踊跃参与。其中，时报金犊奖是全球华人地区规模最大的学生广告活动，为海内外学子所欢迎，参与的师生近60万人，专业设计师500人，被行业称为“青年创意的奥斯卡”，具有国际性的影响。

2. 中国高校艺术设计类专业竞赛区域调查

根据“全国普通高校大学生艺术类竞赛指数”统计结果来看，东部地区获奖优势明显。在前100名中，东部地区获奖数量排名在前100名的院校同样最多，占前100名院校数量的41%，中部地区为28%，西部地区为24%，东北地区为7%。

（1）中国发达地区艺术设计类专业竞赛区域调查

经济越发达的地方，艺术设计也越发达。北京、上海、广州等我国主要城市以及东南沿海地区艺术设计相关行业的发展较全国其他地区更加成熟，设计相关的活动更加活跃。依托于地方雄厚的文化、经济资源和地缘优势，我国发达地区艺术设计类专业竞赛数目多，常设性竞赛多、影响大、规模大、竞赛水平较高。

我国的北京、上海、深圳、武汉经联合国教科文组织批准，被授予了“设计之都”的美称。北京作为我国的经济、政治、文化中心，高校教育资源十分雄厚。

于北京举办的艺术设计类专业竞赛数目众多，在竞赛平台搭建、资源整合方面北京也颇具优势。2020年，北京文化创意大赛主要赛事和获奖项目纳入中国国际服务贸易交易会（简称服贸会）。北京国际设计周作为国家推进创意设计与相关产业融合发展的重要平台，旗下的奖项正式命名为“北京设计奖”，包括经典设计奖、传统工艺设计奖和服务设计奖三大常设奖项，依托设计周的文旅IP平台，对于打造地标文化、推动我国文化产业具有积极意义。2020年，上海国际设计周针对艺术设计相关的多个领域推出了八大奖项，其中未来之星中国设计奖、匠心中国设计奖、新锐中国设计奖都受到了高校学生和行业人士的踊跃欢迎。广州国际设计周旗下竞赛红棉中国设计奖经过十几年的发展，在市场上芳名远播，是我国最具有影响力的奖项之一。中共深圳市委宣传部等相关单位举办的GDC Award作为全国优秀赛事，也受到了海内外设计者的欢迎。根据GDC Award官方网站公布的数据，2019年，GDC Award共收到8136件参赛作品，决选出384件入选作品，入选率仅为4.7%，对比2017年和2015年的数据，竞赛难度、赛事影响和竞赛竞争力逐渐扩大。GDC Award正冲出华人地区，逐步迈向全球重要设计奖项。在发达地区举办的艺术设计类专业竞赛相关资源丰富，平台更加广阔，评审团成员更为专业，具有其他地区不可多得的先发优势。

（2）中国中部地区及二、三线城市艺术设计类专业竞赛区域调查

近些年来，在“一带一路”倡议的引领下，中部地区及二、三线城市在对外开放上迎来了历史机遇，经济文化发展更进一步。依托于地方企业产业升级和城市文旅IP的打造，中部地区及二、三线城市对于艺术设计行业和学科发展的需求与日俱增，艺术设计类专业竞赛数目逐步增加，竞赛水平逐步提升。地方经济文化发展使然，相较于经济发达地区，我国中部地区及二、三线城市设计行业发展程度较低，常设性竞赛数目相对较少，临时性竞赛较多。

安徽省工业设计大赛、江西省工业设计大赛、“江西之星”创意设计大赛、“河南之星”设计艺术大赛等常设性省级竞赛认可度逐步提升，发展势头强劲。其中“河南之星”设计艺术大赛截止至2020年已经成功举办了25届，竞赛主题涵盖艺术设计各专业方向，大赛专门划分了学生组和专业组，设立了教学成果奖和优秀指导教师奖，以鼓励高校学生的新创意、新创造，促进艺术设计学科教育的创新和完善。与此同时，湖北省文物考古研究所等单位主办的中国农谷·屈家岭文化IP全球征集大赛、湖南省文化和旅游厅等单位主办的“锦绣潇湘”湖南文化旅游创新创意大赛等设计竞赛的举办对于打造当地文旅IP、发展文旅经济起到了积极的促进作用。湖北武汉是新晋的设计之都，2020年，武汉首届城市集创大

赛——设计之心VI视觉设计大赛、第二届武汉创意设计大赛、第二届武汉青年时尚设计创新创业大赛于武汉成功举办，展现了武汉超前、创新的设计文化。

（3）中国少数民族地区艺术设计类专业竞赛区域调查

我国少数民族地区具有丰富的民族地域文化。少数民族地区的经济发展程度较低，设计行业起步晚。伴随着“一带一路”的东风，别具一格的民族文化、地域文化作为重要的设计元素融入当地的文化IP，对于推动地方发展起到了重要的作用。艺术设计竞赛作为打造文化IP的重要途径，近些年来发展火热。西藏文创旅游商品大赛、内蒙古旅游商品大赛、新疆哈密文化旅游创意产品创新设计大赛等艺术设计类专业竞赛的举办，作为文化旅游产业的推力，为打造民族地区文旅品牌提供有益的助力。2020年，“一带一路”敕勒川文创奖在内蒙古自治区举办，竞赛规定所有优秀文创设计作品将由内蒙古自治区和林格尔文化创意园进行孵化，推动文化创意和设计服务与内蒙古经济社会实现对接。内蒙古自治区经济基础较好，举办的竞赛数目较多，竞赛主题较为广泛。在2019—2020年期间，内蒙古自治区不仅举办了各色文创设计竞赛，还积极响应国家号召，举办了“节约粮食，反对浪费”漫画网络展征稿活动、内蒙古自治区“脱贫攻坚海报设计展”作品征集活动等临时性艺术设计展赛活动以及内蒙古蒙古包设计大赛等民族特色建筑环境设计竞赛，大大刺激了省内高校学生和设计从业者的设计热情，促进了内蒙古设计相关行业的蓬勃发展。

3. 中国高校艺术设计类专业竞赛学校活跃度调查

根据“全国普通高校大学生艺术类竞赛指数”统计结果来看，理工类院校在艺术类竞赛上表现最突出，有37所进入前100名，121所进入前300名；其次是综合类院校，有31所进入前100名，76所进入前300名。其中，“双一流”建设院校略胜一筹，59所建设高校进入前100名，69所进入前300名。首轮艺术类竞赛指数显示，倾向于“数字+艺术”的学科竞赛获奖数据呈现稳定上升趋势，这或许意味着艺术类竞赛背后存在学科多元融合趋势和学科赛事的多元交叉发展。

（1）中国一流大学艺术设计类专业竞赛调查

我国一流大学有着优质的教育资源、优秀的专业人才、优秀的教学团队和广阔的实践平台。一流大学学生和教师的专业水平较高，交叉学科资源丰富，不仅在国内的专业竞赛中斩获殊荣，还屡屡斩获国际性奖项。东北大学学生获得了未来设计师·全国高校数字艺术设计大赛、中国环境设计学年奖、伊朗德黑兰觉醒世界奖等国内外知名奖项。清华大学美术学院学生作品斩获唐丝中国国际生态纤维面料设计大赛、宝马集团NEXTGen Moving Tomorrow Pitch国际挑战赛等著名设计奖。与此同时，清华大学美术学院将教学课程与专业竞赛相融合，获得了令人瞩目的教学成果。清华大学美术学院本科生SRT（大学生研究训练计划，Students Research Trainning）课程作品，获国际竞赛“Circle of Life：Urban Cemetery Design Challenge”（生命循环：重解未来城市公墓）荣誉奖。近些年来，部分一流大学积极促进学科竞赛与课堂相结合，建立了完善的学科竞赛管理机制。浙江大学为全国大学生广告艺术大赛、全国大学生工业设计大赛等学科竞赛设立了专项竞赛经费，颁布了竞赛管理章程，建立了“院—系—基地”三级竞赛管理机构，配备了一整套完善的竞赛激励机制，并将学科竞赛纳入高校第二课堂教学活动中。长此以往，浙江大学在学科竞赛领域获得了丰富的教学成果，并且在艺术设计类专业竞赛方面建树颇丰。根据浙江大学求是新闻网报道，2006—2020年期间，浙江大学学生曾先后多次获得了德国if设计奖、德国红点奖、美国IDA国际设计奖、靳埭强设计奖、Asia Design Prize亚洲设计奖等国内外著名设计奖项。一流大学具有平台优势以及交叉学科优势，相信在未来，我国一流大学的专业建设将会不断进步和完善，在国际领域展现中国设计、中国创造的无上风姿。

（2）中国艺术设计类高校专业竞赛调查

在艺术设计学科教育方面，我国实行双轨制教学，综合类大学和专业性的美术学校各有所长，共同发展和完善我国艺术设计学科的教育机制。作为艺术设计类高校，美术学院相比于综合类大学，艺术氛围更加浓厚，设计教学资源更为集中，教师团队专业性更强。我国艺术设计类高校竞赛参与度高，屡屡在国内外艺术设计类专业竞赛中展现高超的设计水平。2020年，在紫金奖·第二届中国（南京）大学生设计展中，中央美术学院、中国美术学院、湖北美术学院等艺术设计类高校皆榜上有名。近些年来，鲁迅美术学院学生获得了美国IDA国际设计大奖、美国ADC设计大奖等国际性奖项，在国际性专业竞赛中频频崭露头角。如今，艺术设计类高校基本建立了一整套的学科竞赛管理制度，对于竞赛层次、竞赛组织和管理、竞赛激励制度等方面具有明确的规定。鲁迅美术学院将课程教学和艺术设计类专业竞赛相结合，以专业方向工作室为单位，以跨方向团队组合的方式参加学科竞赛，屡次获得时报金犊奖最佳学校称号，学生作品多次获得金犊奖平面类奖项。湖北美术学院以省级精品课程广告招贴设计为基础，以展赛为手段，为课程教学设计实践搭建了一个具有国际影响力的实践交流平台——“东西”大学生国际海报双年展，以展览为依托，通过大赛评选优秀课程作品，形成了独特的教学特色。部分院校不仅积极参与艺术设计类专业竞赛，还依托院校名气和资源，踊跃主办、承办优质的艺术设计类专业竞赛。例如，白金创意国际大学生平面设计大赛由中国美术学院承办，自2000年开始，截至2020年，已经成功举办了21届，在高校间声名远播。中国艺术设计类高校专业能力强，具有高深的文化艺术底蕴，作为中国优质的艺术平台，艺术设计类高校在校学生、毕业生将发挥独到的审美优势和创意能力，以具有人性、艺术性、实用性的设计作品说话，推动我国文化创意产业的繁荣发展。

（3）中国民办高校艺术设计类专业竞赛调查

民办高校相比于公立大学，更注重学生实践能力的培养，办学理念多为培养应用型、技能型人才。但是民办高校相较于具有资源优势的公立大学，存在实践项目不够先进、教学模式固化、学生自身审美能力及创作水平有限等不足状况。民办高校获奖情况相对于“双一流”高校和艺术设计类院校，竞赛成果处于较为劣势地位。艺术设计类专业竞赛作为设计专业课程建设的突破口，联结市场、政府和高校的资源整合平台，为民办高校提供了提升教学水平、锻炼学生能力的机遇，受到了民办高校的重视。很多民办高校或将竞赛融入课堂，或开设以竞赛为主题的相关课程，从而提升专业竞争力。以长春光华学院为例，该校以学科竞赛为主导方向，融入教学中，建立了以赛促学的教学机制，取得了优良的教学成果，学生作品在亚洲大学生摄影大赛、全国3D大赛等学科竞赛中取得了优异的成绩。近些年来，随着民办高校的不断发展建设，民办高校的设计水平逐步提升，屡次在国内外知名赛事中崭露头角。2020年，武昌理工学院学生获得了国际级奖项——德国if设计新秀奖，吉林动画学院学生获得了国家级奖项——中国国际动漫节“金猴奖”。随着综合国力的不断进步、我国高校艺术设计学科建设的不断完善，民办高校将会进一步发挥其自身优势，在专业教育领域摘得累累硕果。

（4）中国高职高专艺术设计类专业竞赛调查

2019年1月，国务院颁发了《国家职业教育改革实施方案》，指出职业教育与普通教育是两种不同教育类型，具有同等重要地位。我国高职高专院校以教授专业知识和职业技能为主要授课活动，其间辅以校企合作等实践活动，具有实践性强、行业敏感度高等优势。高职高专院校将专业课程和职业技能大赛相结合，根据竞赛状况调整课程进度，取得了良好的课程效果。常州轻工职业技术学院建立了完整的职业技能竞赛管理机制，对于竞赛组织管理、竞赛遴选、竞赛学生选拔等方面作出了明确的规定和管理。常州轻工职业技术学院艺术设计系建立了一整套“以赛代练，以赛促学，以赛兴教”的教学方法，获得了百余个国内外各级设计奖项。近些年来，我国高职高专院校专业建设逐步增强，获得了国内外权威竞赛奖项的事迹屡见不鲜。广州科技贸易职业学院、广东省轻工职业技术学校分别获得了省级奖项——广东之星创意设计奖和时报金犊奖的优秀组织奖。

4.中国高校艺术设计类专业竞赛结论分析

（1）竞赛层次分析

我国艺术设计类专业竞赛数目繁多，规模水平参差不齐。按照竞赛层次划分，艺术设计类专业竞赛可以粗略地分为国际级、国家级、省级三个层次。国际级艺术设计类专业竞赛是国际上具有知名度的权威性竞赛，如德国红点奖、德国if设计奖、美国IDA国际设计奖等国际知名竞赛。国家级艺术设计类专业竞赛是由国家级协会或中央直属政府部门（中国美术家协会、中国广告协会等）发起、面向全国征集稿件的设计竞赛，如全国大学生广告艺术大赛、中国大学生广告艺术节学院奖、“设计之星”全国大学生平面设计竞赛等专业权威性竞赛。省级艺术设计类专业竞赛由省级协会或省政府发起、面向全省征集稿件的艺术设计竞赛，如江西省工业设计大赛、“河南之星”设计艺术大赛、广东之星创意设计奖等备受欢迎的专业竞赛。除此之外，很多商业机构也积极地举办艺术设计类专业竞赛，面向全国甚至全球征集稿件，但因其缺乏影响力、连续性等问题导致竞赛水平参差不齐，不能单纯以“国家级”“国际级”等一言以蔽之。当代高校学生在吸收日常专业课程所学知识的基础上，面对种类繁多、级别不一的专业竞赛时，要根据自身专业能力、学习进程、个人喜好尽量选择具有社会影响力和连续性的优质竞赛，在完成课堂任务的同时，以优质竞赛获奖作品为目标，完善自己的专业能力。

（2）竞赛区域分析

我国是发展中国家，各地区经济水平和艺术设计相关行业发展水平存在差异。在我国发达地区，艺术设计行业发展起步较早，艺术设计教育发展水平高，设计人才聚集，艺术设计活动较为活跃。发达地区的艺术设计竞赛类别数目繁多，个别赛事依托于地方的先发优势，将影响力辐射至全国乃至全球，产生国际性的文化影响力。深圳作为较早被评为“设计之都”的城市，其地方政府注重发展“设计之都”的城市IP，着力于营造设计文化名城的文化艺术氛围，主办了设计之都（中国•深圳）公益广告大赛、GDC Award等艺术设计类专业竞赛，得到了广泛的认可。中部地区在发达地区行业辐射的基础上，发展较为稳定，艺术设计活动稳步增加，各类艺术设计竞赛层出不穷，但竞赛影响力相对较小，连续性竞赛相对较少。中部地区以文旅IP打造和文创设计助推相关产业发展的方式，将艺术设计和当地经济发展牢牢地绑在一起，谋求共同发展进步，取得了一定的发展成效。经济水平的提升在一定程度上又反作用于专业教育发展，提升高校艺术设计学科建设水平。我国欠发达地区和少数民族地区经济相对不发达，艺术设计行业发展较晚，艺术设计活动较不活跃。云南、陕西等地区和新疆、西藏等少数民族地区的历史文脉具有鲜明的地域和民族特色，近些年来，立足于当地文化的艺术设计竞赛越来越多，利用艺术设计竞赛集合艺术设计人才的巧妙方式来打造特色文旅IP，对当地经济文化发展具有积极的推动作用。通过举办艺术设计类竞赛的方式，可以实现高校和高校、高校和行业资源、高校和政府之间的联结，一定程度上打破地域和空间的界限，依托于网络实现艺术设计人才的流动，实现艺术设计专业发展的共同进步。

（3）竞赛高校分析

近些年来，我国艺术设计学科发展速度较快，各层次的高校都相继开设了艺术设计专业。但目前一些比赛仅面向全国普通高等学校的本科生，如中国大学生计算机设计大赛则对无法参加本赛的全国高校的硕士研究生、高职高专院校没有相关数据统计；而像全国大学生广告艺术大赛、未来设计师·全国高校数字艺术设计大赛、米兰设计周-中国高校设计学科师生优秀作品展等赛事，对竞赛高校的数据统计具有显而易见的对比性。总体来说，我国一流大学、艺术设计专业高校具有教育资源优势、平台优势和人才优势，竞赛参与度高，往往易在国家级、国际级专业竞赛中获得成绩。民办高校、高职高专院校具有人才实践性强、应用能力强的特点，具有一定的后发优势，近些年来不仅在职业技能竞赛、国内省级比赛中崭露头角，还在国际级比赛中获得殊荣。自2017年以来，中国高等教育学会高校竞赛评估与管理体系研究专家工作组发布《全国普通高校大学生竞赛分析报告》后，其中包含普通本科院校大学生竞赛榜单、高职院校大学生竞赛榜单、省份大学生竞赛榜单等，对各类高校的竞赛进行了详细的梳理，为高校竞赛分析提供有力的数据支撑。

（4）竞赛水平分析

近些年来，我国艺术设计类专业竞赛备受各层次高校和设计行业人才的推崇，高校竞赛活跃度不断提高。学科竞赛成果作为衡量高校专业水平的标准之一，也被当作了教学目标建设的一部分。全球每年举办的艺术设计类专业竞赛数不胜数，而不同级别、层次的艺术设计类专业竞赛之间也有很大的差异。笔者精选了一些国内外知名的非临时性竞赛进行整理，以便于对竞赛相关信息进行直观的参考和分析（表1.4）。

国际级竞赛专业水准高、业界认可度高、获奖难度高、参赛群体范围广，很多国际级著名赛事已经超出了设计竞赛的范畴，成为全球一流的设计中心。以德国if设计奖为例，if设计奖自1953年成立，如今已经成为提供设计服务的全球性

表1.4　不同级别的艺术设计类专业竞赛统计表

国际级竞赛	国家级竞赛	省级竞赛
德国if设计奖	未来设计师·全国高校数字艺术设计大赛	江西省工业设计大赛
德国红点奖	中国大学生广告艺术节学院奖	GDC Award
美国IDA国际设计奖	全国大学生广告艺术大赛	“河南之星”设计艺术大赛
Asia Design Prize亚洲设计奖	中国大学生计算机设计大赛	“泰达杯”青年创意设计大赛
美国ADC设计大奖	全国大学生工业设计大赛	东方创意之星设计大赛
……	……	……

专业平台，其提供给获奖者的if标志，成为国际闻名的设计标志，在经济和设计领域，已经成为衡量设计水平的一项重要指标。通过参加国际级的艺术设计类专业竞赛，高校学生拓宽了视野。通过在参赛过程中以国际设计水准为要求不断完善作品，高校学生精进了自身的设计水平。依托于国际赛事的广阔平台，高校学生不断进行自我完善，为日后成为优秀设计师打下了良好的基础。

国家级竞赛参赛群体一般包含全国高校学生和设计行业从业者，相比于国内各层次的艺术设计竞赛，国家级竞赛专业水准较高，获奖难度较高。国家级竞赛在国内行业认可度较高，因其面向全国高校学生，所以往往作为学科竞赛受到高校师生的重视。目前，许多国内高校都将全国大学生广告艺术大赛、未来设计师·全国高校数字艺术设计大赛等国家级竞赛纳入课堂，成为课程学习的一部分，围绕竞赛组建跨学科、跨方向的师生参赛团队。与此同时，高校面对竞赛的反馈结果，对课程内容、形式作出适当调整，完善了艺术设计教学机制。通过参加设计竞赛，学生增强了对项目整体的把控能力，提升了实践能力、设计能力以及对相关行业、市场的敏感度。

省级竞赛作为各省的设计交流平台，受到了各省高校的认可。目前，许多省级竞赛都打破了省际界限，面向全球征稿，依托地方的人才优势和经济文化优势不断扩大自身影响力，不断提高自身专业水准。例如GDC Award、东方创意之星设计大赛等省级竞赛在国内外设计群体中知名度逐年提高，为提升我国高校学生的设计水平、促进地方经济发展起到了重要的作用。如今，得益于艺术设计教育机制的不断完善、艺术设计行业的发展进步以及产学研加速融合，我国高校学生参赛作品质量不断提升，在国内外艺术设计竞赛中不断缔造出创意十足的“中国设计”“中国创造”。

三、研究意义

针对艺术创新与竞赛展演的专门研究，旨在从国家战略、人才培养和教学改革层面解决育人质量问题。

1.迎合国家创新发展战略

2019年2月，中共中央、国务院印发《中国教育现代化2035》，指出要坚定实施科教兴国战略、人才强国战略，遵循教育规律，坚持改革创新。分类建设一批世界一流高等学校，建立完善的高等学校分类发展政策体系，引导高等学校科学定位、特色发展。加强创新人才特别是拔尖创新人才的培养，加大应用型、复合型、技术技能型人才培养比重。加强高等学校创新体系建设，建设一批国际一流的国家科技创新基地，加强应用基础研究，全面提升高等学校原始创新能力。2020年10月，中共中央办公厅、国务院办公厅印发《关于全面加强和改进新时代学校美育工作的意见》，要求面向人人，建立常态化学生全员艺术展演机制，大力推进惠及全体学生的合唱、合奏、集体舞、课本剧、艺术实践工作坊等群体性展示交流。有条件的地区可以每年开展大中小学生艺术专项展示，每3年分别组织1次省级大学生综合性艺术展演。2016年5月，中共中央、国务院印发《国家创新驱动发展战略纲要》，要求世界“一流大学”和“一流学科”要系统提升人才培养、学科建设创新水平，推动一批高水平大学进入世界一流行列。2016年3月，中共中央印发《关于深化人才发展体制机制改革的意见》，要求改进创新人才教育培养模式，探索建立以创新创业为导向的人才培养机制。

以竞赛为载体的培养学生创新能力和创新精神的人才培养方式，正体现了以上国家相关政策的宗旨。要以竞赛为载体，通过竞赛驱动型、压力式、竞争式和危机感教育模式，组织学生有针对性地开展各类设计竞赛，不断探索培养学生创新能力和创新精神的高效可行的育人模式。

2.迎合“一流大学”创新人才培养战略

“一流大学”需要一流的人才培养，学科竞赛是一流人才培养的引擎。为促进竞赛成绩和管理水平的提高，“一流大学”相继出台相关大学生学科竞赛管理办法、教学改革项目管理办法等。以全国普通高校竞赛典型高校上海交通大学和浙江大学为例。上海交通大学2012年出台《上海交通大学本科生科技创新活动管理办法》，详细规定了学科竞赛办法，对竞赛范围、竞赛组织、竞赛经费、学生与教师的鼓励政策方面给予详细规定，目的是推动学科和专业的建设和发展，为优秀人才的脱颖而出创造条件。浙江大学2011年出台的《浙江大学本科生参加学科竞赛的若干规定》，对参赛项目认定、参赛组织管理、参赛经费、参赛奖励、推荐免试研究生资格等给予具体规定，旨在造就21世纪“知识、能力、素质”三者协调发展的具有创新创业精神的高素质创新型人才。国内的“985”高校及现在的“双一流”建设高校，均设立创新创业学院或相关部门开设创新教育课程。

大学生学科竞赛是一流教育教学改革的重要手段，是一流人才培养的重要载体和举措，是检验高水平教学效果的重要手段，是检验创新型“一流大学”建设的重要指标，是建设世界“一流大学”的助推剂。

3.推动设计教育改革与发展

2017年12月，中国高等教育学会发布了《中国高校创新人才培养暨学科竞赛评估结果》，将全国大学生广告艺术大赛等19项比赛纳入竞赛评估，按照本科、高职和省份分类共发布了《2012—2016年全国普通高校学科竞赛评估结果（本科）TOP300》等12个排行榜单，对规范学科竞赛和促进“一流大学”建设及学科发展具有重要的推动作用，对激发大学生的非凡创新力、引导学生创新智慧转化为科技生产力具有重要价值。竞赛治理的要点是优化竞赛布局，为多样化的大学生群体提供多样化的竞赛供给，让所有大学生在全国性学科竞赛中有展现自己的机会，提高竞赛的导向性和辐射度。由此可见创新人才培养对国家发展、“一流大学”建设和人才培养的重要性和紧迫性。

学科竞赛作为推动创新人才培养的重要手段，无疑成为推动教学改革和人才培养的重要载体和途径。以竞赛为载体探索创新育人模式，可以达到以赛促教、以赛促改、赛教结合的目标，设计新的育人构想，建立人才培养目标，完善教学质量评价标准，不断凝练教学成果、扩宽育人形式、丰富教学手段、树立拔尖卓越创新型竞赛育人品牌。

第二节　国内高水平赛事分析

一、中国高等教育学会竞赛排行榜赛事分析

2017年12月中国高等教育学会高校竞赛评估与管理体系研究专家工作组首发《2012—2016年全国普通高校学科竞赛评估结果》。此次评估旨在推动和发挥学科竞赛类活动在教育教学、人才培养等方面的重要作用，规范、引导和协调竞赛机

制，对创新人才的培养起到引导作用。自此，竞赛排行榜每年更新发布一次。

2023年3月22日，中国高等教育学会高校竞赛评估与管理体系研究专家工作组发布《2023全国普通高校大学生竞赛分析报告》，聚焦“四新”建设，关注教育发展，并对榜单内赛事实行动态调节，赋能质量提升。该报告遵循公平、公正、公开的原则，秉承“质量为本、谨慎推进”的工作思路，根据各大赛的规模和影响力进行动态调整，对创新人才培养起到了重要推进作用（表1.5、表1.6）。

表1.5 《2023全国普通高校大学生竞赛分析报告》竞赛目录

序号	竞赛名称	备注
1	中国国际“互联网+”大学生创新创业大赛	
2	“挑战杯”全国大学生课外学术科技作品竞赛	
3	“挑战杯”中国大学生创业计划竞赛	
4	ACM-ICPC国际大学生程序设计竞赛	
5	全国大学生数学建模竞赛	
6	全国大学生电子设计竞赛	
7	中国大学生医学技术技能大赛	
8	全国大学生机械创新设计大赛	
9	全国大学生结构设计竞赛	
10	全国大学生广告艺术大赛	
11	全国大学生智能汽车竞赛	
12	全国大学生电子商务“创新、创意及创业”挑战赛	
13	中国大学生工程实践与创新能力大赛	
14	全国大学生物流设计大赛	
15	外研社全国大学生英语系列赛-①英语演讲、②英语辩论、③英语写作、④英语阅读	
16	两岸新锐设计竞赛•华灿奖	
17	全国大学生创新创业训练计划年会展示	
18	全国大学生化工设计竞赛	
19	全国大学生机器人大赛-①RoboMaster、②RoboCon	
20	全国大学生市场调查与分析大赛	
21	全国大学生先进成图技术与产品信息建模创新大赛	
22	全国三维数字化创新设计大赛	
23	“西门子杯”中国智能制造挑战赛	

续表

序号	竞赛名称	备注
24	中国大学生服务外包创新创业大赛	
25	中国大学生计算机设计大赛	
26	中国高校计算机大赛-①大数据挑战赛、②团体程序设计天梯赛、③移动应用创新赛、④网络技术挑战赛、⑤人工智能创意赛	
27	蓝桥杯全国软件和信息技术专业人才大赛	
28	米兰设计周-中国高校设计学科师生优秀作品展	
29	全国大学生地质技能竞赛	
30	全国大学生光电设计竞赛	
31	全国大学生集成电路创新创业大赛	
32	全国大学生金相技能大赛	
33	全国大学生信息安全竞赛	
34	未来设计师·全国高校数字艺术设计大赛	
35	全国周培源大学生力学竞赛	
36	中国大学生机械工程创新创意大赛	原中国大学生机械工程创新创意大赛-过程装备实践与创新赛、铸造工艺设计赛、材料热处理创新创业赛、起重机创意赛、智能制造大赛
37	中国机器人大赛暨RoboCup机器人世界杯中国赛	
38	“中国软件杯”大学生软件设计大赛	
39	中美青年创客大赛	
40	睿抗机器人开发者大赛（RAICOM）	原RoboCom机器人开发者大赛
41	“大唐杯”全国大学生新一代信息通信技术大赛	原“大唐杯”全国大学生移动通信5G技术大赛
42	华为ICT大赛	
43	全国大学生嵌入式芯片与系统设计竞赛	
44	全国大学生生命科学竞赛（CULSC）	原全国大学生生命科学竞赛（CULSC）-生命科学竞赛、生命创新创业大赛
45	全国大学生物理实验竞赛	
46	全国高校BIM毕业设计创新大赛	

续表

序号	竞赛名称	备注
47	全国高校商业精英挑战赛-①品牌策划竞赛、②会展专业创新创业实践竞赛、③国际贸易竞赛、④创新创业竞赛、⑤会计与商业管理案例竞赛	⑤会计与商业管理案例竞赛为2023年新增
48	“学创杯”全国大学生创业综合模拟大赛	
49	中国高校智能机器人创意大赛	
50	中国好创意暨全国数字艺术设计大赛	
51	中国机器人及人工智能大赛	
52	全国大学生节能减排社会实践与科技竞赛	2023年重新纳入
53	“21世纪杯”全国英语演讲比赛	2023年新增
54	iCAN大学生创新创业大赛	2023年新增
55	“工行杯”全国大学生金融科技创新大赛	2023年新增
56	中华经典诵写讲大赛	2023年新增
57	“外教社杯”全国高校学生跨文化能力大赛	2023年新增
58	百度之星·程序设计大赛	2023年新增
59	全国大学生工业设计大赛	2023年新增
60	全国大学生水利创新设计大赛	2023年新增
61	全国大学生化工实验大赛	2023年新增
62	全国大学生化学实验创新设计大赛	2023年新增
63	全国大学生计算机系统能力大赛	2023年新增
64	全国大学生花园设计建造竞赛	2023年新增
65	全国大学生物联网设计竞赛	2023年新增
66	全国大学生信息安全与对抗技术竞赛	2023年新增
67	全国大学生测绘学科创新创业智能大赛	2023年新增
68	全国大学生统计建模大赛	2023年新增
69	全国大学生能源经济学术创意大赛	2023年新增
70	全国大学生基础医学创新研究暨实验设计论坛（大赛）	2023年新增
71	全国大学生数字媒体科技作品及创意竞赛	2023年新增
72	全国本科院校税收风险管控案例大赛	2023年新增
73	全国企业竞争模拟大赛	2023年新增
74	全国高等院校数智化企业经营沙盘大赛	2023年新增
75	全国数字建筑创新应用大赛	2023年新增

续表

序号	竞赛名称	备注
76	全球校园人工智能算法精英大赛	2023年新增
77	国际大学生智能农业装备创新大赛	2023年新增
78	“科云杯”全国大学生财会职业能力大赛	2023年新增
79	全国职业院校技能大赛	高职赛
80	全国大学生机器人大赛-RoboTac	高职赛
81	世界技能大赛	高职赛
82	世界技能大赛中国选拔赛	高职赛
83	一带一路暨金砖国家技能发展与技术创新大赛	2023年新增高职赛
84	码蹄杯全国职业院校程序设计大赛	2023年新增高职赛

注：1.按照竞赛入榜年份、竞赛名称首字笔画从小到大进行排序。

2.系列赛入榜年份按照第一个子赛入榜年份计算。

表1.6 《2023全国普通高校大学生竞赛分析报告》观察目录

序号	竞赛名称
1	中国大学生方程式系列赛事
2	KTK设计奖·全球华人设计比赛
3	大学生财务决策竞赛
4	“中译国青杯”国际组织文件翻译大赛
5	中国大学生人力资源创新实践大赛（HRU大赛）
6	中国大学生广告艺术节学院奖
7	中国石油工程设计大赛
8	中国国际飞行器设计挑战赛
9	“中装杯”全国大学生环境设计大赛
10	东方设计奖·全国高校创新设计大赛
11	“外教社·词达人杯”全国大学生英语词汇能力大赛
12	全国大学生人力资源管理综合能力竞赛
13	全国大学生计算机应用能力与信息素养大赛
14	全国大学生软件创新大赛
15	全国大学生软件测试大赛
16	全国大学生语言文字能力大赛
17	全国大学生结构设计信息技术大赛

续表

序号	竞赛名称
18	全国大学生商务谈判大赛
19	全国大学生数学竞赛
20	全国邮政行业职业教育快递技能大赛
21	全国供应链大赛
22	全国高校计算机能力挑战赛
23	全国高校企业价值创造实战竞赛
24	全国高校经济决策虚仿实验大赛
25	全国高校模拟飞行锦标赛
26	全国高等学校民航服务技能大赛
27	“求是杯”国际诗歌创作与翻译大赛
28	时报金犊奖
29	国际先进机器人及仿真技术大赛
30	金蝶云管理创新杯
31	“品茗杯”全国高校智能建造创新应用大赛
32	“泰山杯”全国医学影像技术专业大学生（本科）实践技能大赛
33	新华三杯全国大学生数字技术大赛
34	“福思特杯”全国大学生审计精英挑战赛

注：按照竞赛进入观察赛项年份和名称首字笔画从小到大进行排序。

二、中国大学生计算机设计大赛

中国大学生计算机设计大赛（Chinese Collegiate Computing Competition）目前是中国高等教育学会发布的全国普通高校学科竞赛排行榜赛事，是面向我国高校本科生最早的赛事之一。中国大学生计算机设计大赛自2008年开赛至2019年，一直由教育部高校与计算机相关教育指导委员会等独立或联合主办。大赛的目的是以赛促学、以赛促教、以赛促创，为国家培养德智体美劳全面发展的创新型、复合型、应用型人才而服务。大赛是大学计算机基础课程理论教学实践活动的组成部分，是本科阶段计算机技术应用“第一课堂”理论学习之后进行实践的一种形式，是大学生学习的“第二课堂”。大赛旨在激发学生学习计算机知识和技能的兴趣与潜能，提高学生运用信息技术解决实际问题的综合能力。通过大赛这种计算机教学实践形式，可展示师生的教与学成果，最终以赛促学、以赛促教、以赛促创。中国大学生计算机设计大赛自2009年开始，每年均正式出版参赛指南（内容包括大赛通知、大赛章程、大赛组委会、大赛内容与分类、大赛承办单位与管理、参赛要求、奖项设置、违规作品处理、作品评比与评比委员规范、特色作品研讨、获奖作品选登等）。大赛自创立之日起每年设定固定主题，目前分为数媒静态设计、微课与教学辅助、数媒动漫与短片、信息可视化设计、数媒游戏与交互设计、计算机音乐创作、软件应用与开发、人工智能应用、物联网应用等大类，每个大类下设若干个小类，每个参赛院校最终入选国赛的大类和小类作品限定名额，确保大赛的质量和水平。

大赛每年举办一次，以三级竞赛形式开展，即校级赛—省级赛—国家级赛（简称“国赛”）。国赛只接受省级赛（含省赛和跨省区域赛）上推的参赛作品，校级赛、省级赛可自行独立组织。国赛接受上推作品时间为当年5月份，国赛决赛时间在当年7月中旬至8月下旬。参赛学生需按照要求在指定页面登录并上传参赛师生信息、作品简介、开源代码与组件使用情况说明、作品安装说明、作品效果图、设计思路、设计重点难点、指导教师评语等信息。参赛作品需要在百度网盘上传作品文件夹、作品代码文件夹、作品文档文件夹、作品演示文件夹，将以上文件夹中的参赛文件链接分享在报名页面指定区域，上传作品报名表、作品版权声明，完成参赛作品上传工作。参赛同学需要介绍作品并进行现场答辩，这能够锻炼学生专业能力、创新能力、团队合作能力、语言表达能力等，大赛对参赛学生而言是一个高水平、综合性的竞赛舞台。

三、全国大学生广告艺术大赛

全国大学生广告艺术大赛（以下简称大广赛）目前是中国高等教育学会发布的全国普通高校学科竞赛排行榜赛事，由全国大学生广告艺术大赛组委会、中国传媒大学、大广赛文化传播（北京）有限公司共同举办。各赛区由各省、自治区、直辖市教育厅（教委）负责组织、指导。大广赛于2005年创立，是迄今为止全国规模最大、覆盖高等院校较广、参与师生人数较多的国家级大学生赛事。大广赛作为广告及相关专业实践教学改革的试金石、检验平台，目的在于活跃大学生的课外文化生活，激发大学生的创意灵感，加强大学生实践能力、创新能力和合作精神的培养，推动大学新闻传播、广告艺术教育的人才培养模式和实践教学的改革，为优秀人才脱颖而出创造良好的竞赛平台，不断提高人才培养质量。大广赛遵循“促进教改、启迪智慧、强化能力、提高素质”的竞赛宗旨，旨在提高大学生的创新精神和实践能力，激发大学生的创意灵感，促进大学新闻传播、广告、设计、艺术教育的人才培养模式的改革，同时对于课程设置、教学内容和方法的出新起到了推动作用，极大地提高了大学生的动手能力、实践能力、策划能力和综合能力。

大广赛分为校赛、省赛和国赛三级赛制。参赛作品分为平面类、影视类、微电影类、动画类、广播类、广告策划案类、企业公益类、短视频广告等大类。赛事的所有选题均面向社会征集，将企业营销的真实课题引入比赛，广告实践有了更广阔的舞台。参赛流程是：在大广赛官网下载命题策略单真题真做，作品需要在上传平台上注册，填写报名表、承诺书，按要求上传作品成功后，系统将自动生成作品参赛编号，下载、打印报名表，校赛后以校为单位盖章上报省赛（分赛区），分赛区评选国赛入围作品提交至全国大广赛组委会进行评审。

四、米兰设计周-中国高校设计学科师生优秀作品展

米兰设计周-中国高校设计学科师生优秀作品展（以下简称米兰展）目前是中国高等教育学会发布的全国普通高校学科竞赛排行榜赛事，由中国教育国际交流协会、中国高等教育学会于2016至2019年期间联合发起并主办，由中国教育国际交流协会AAP项目管理办公室负责具体承办，赛事旨在真实反映新时代背景下我国设计学科教学水平的现状和教学成果，为全国艺术学科师生搭建展示专业才华和创作水平的国际化交流学习平台。米兰展作为国际化的文化艺术交流平台，旨在全面呈现、传播当代中国艺术设计风貌，推动国内外高等艺术教育的交流与进步，为中外设计院校共创发展理念、比照教学成果打造高地，为世界关注中国设计打开新的视角，也为中国融入世界设计提供灵感碰撞。米兰展活动主要包括作品展览与学术交流两个板块。境外作品展览作为具有突破性和建设性的重要交流项目，以高规格、高品质的内容和形式亮相国际舞台，已成为国内艺术院系向国际社会推介创意新人和创作成果的重要窗口，全面展现了我国美术、设计学科高等教育的最高水平。学术板块则旨在梳理发现国内外理论结晶，以学术期刊为阵地，以赛事为契机，展现优秀理念，培育精英学人。它作为中国教育国际交流协会《高校艺术学科师生海外学习计划》平台化转型的服务项目之一，有效支持了国内外院校共享和对比教学成果，积极推动了我国高等艺术教育的交流与进步。

米兰展分为校赛、省赛和国赛三级评审制。校赛评审是集中提交作品，院校通过校赛遴选优秀作品上报省赛；省赛评审为组委会遴选评审专家跨区域交叉评

审，根据当年提交作品数量及质量，由各分赛区提出作品创作类的优秀奖比例申请，报赛事组委会评审会研究确定；国赛评审是组委会遴选全国知名专家对进入国赛作品创作类进行评判，评选出一、二、三等奖。米兰展参赛方式分为个人提交和单位提交两种方式。个人提交作品参赛方式是在校师生、设计师在线注册→填写个人信息选择个人参赛→上传作品→在线缴费完成报名。单位（院校）集中提交参赛方式为院校负责老师注册→组委会审核资格→师生个人注册上传作品→院校审核作品→院校提交作品→统一缴参赛费完成报名。院校负责老师在大赛官网“院校注册”入口，录入相关信息后，下载院校负责老师申请表，打印、填写、签字盖章、扫描再上传提交至“院校注册”系统，组委会审核通过后，即可获得院校管理权限。

五、未来设计师·全国高校数字艺术设计大赛

未来设计师·全国高校数字艺术设计大赛目前是中国高等教育学会发布的全国普通高校学科竞赛排行榜赛事，是由工业和信息化部人才交流中心主办、15个省教育厅发文立项、“学习强国”学习平台支持的国家级大学生竞赛。大赛始于2012年，每年举办一届，是高校积极参与的重要竞赛之一。比赛设“非命题”“公益”“命题”“创新创业”四个赛道，内容有元宇宙+设计、未来设计、国潮·非遗设计、视觉传达设计、动画与视频设计、交互设计、人居环境与规划设计、工业产品设计、时尚设计、虚拟IP及表情包设计、数字绘画、数字摄影、数字音乐等。大赛秉承“设计为人民服务，培养未来设计师”的理念，坚持艺术与技术并重、学术与公益并重，倡导可持续发展、绿色低碳设计，传承红色文化，助力乡村振兴；鼓励大学生积极参与创新设计，用专业知识服务社会，拓宽国际视野，培养团队协作精神，成为未来的主力设计师，得到“学习强国”学习平台等权威媒体的宣传报道及联合国机构的称赞。

大赛按照校级赛、省级赛和全国赛三级赛制组织。大赛面向普通高校在读大学生（分研究生、本科生、专科生组）及专业教师，以二级学院（系）作为参赛单位统一组织，不接受个人报名。竞赛内容一是非命题赛项：不限主题，坚持中国特色社会主义文化，助推可持续发展。二是公益赛赛项：根据社会公益需求设置公益赛道，如联合国可持续发展目标、乡村振兴、共同富裕等。三是命题赛项：地方政府、机关、企事业单位命题，按照命题要求定向创作作品。四是创新创业赛道：国内艺术类赛事首创赛道。

六、中国好创意暨全国数字艺术设计大赛

中国好创意暨全国数字艺术设计大赛（China Creative Challenges Contest）目前是中国高等教育学会发布的全国普通高校学科竞赛排行榜赛事，由中国电子视像行业协会、中国好创意暨全国数字艺术设计大赛组织委员会主办。起始于2007年，到目前为止已经连续举办17届，是我国第一个以数字艺术为核心，在艺术设计、数字媒体、数字技术等专业领域里的综合性赛事，也是规模大、参赛院校多、影响广泛的权威赛事。大赛鼓励原创，激发创新思维，展示数字艺术与数字科技创新最新成果，传播数字媒体艺术设计、数字科技创新和产学研融合的最新理念。大赛旨在落实国家数字经济、数字创意产业的远景规划，转化高等院校原创知识产权，深度挖掘、选拔和推广中国创意界的精英人才和优秀作品；赛事站在社会发展制高点，把握产业前沿的需要，以行业标准为基础，一直引领高校学科发展、优化专业建设、提升教师教学水平，已经成为高校艺术创意领域的风向标。大赛除了常规投稿类别外，还上升到了哲学高度，专门开辟艺术思辨类作品，就是通过艺术作品，反思我们生存与生活相悖的不当行为并加以改正；同时关注社会危机带来的生存挑战，开辟了社会创新类；也为中国在国际上的文化自信开辟了中国风类；还为国家乡村振兴战略开辟了乡村振兴与全国旅游文创类。大赛秉承社会责任感、产业发展促进感、人才培养使命感，与高校一同前行。

大赛采用校级筛选、省级推优、全国评比的三级赛制（教师单元作品无须学校组织，直接进入全国评比环节）。校级筛选由指导老师把关报送；省级推优由分赛区组委会组织分赛区专家委员会专家，对作品进行优选，并按比例报送国赛；全国总决赛由国赛组委会组织全国权威专家，对各省推优作品进行打分评审后出具国赛获奖名单。征稿对象包括在校学生和在校教师，投稿作品要求弘扬主旋律，传播正能量，体现社会主义核心价值观；作品题材没有特定要求，不限主题，但须具有转化、应用的潜力和价值。大赛投稿类别多样，主要包括视觉传达类、产品造型类、漫画插画类、空间设计类、文化遗产保护类、动画影片类、短视频类、数媒交互类、社会创新类、数字摄影类、跨边界创意类、中国风创艺类、元宇宙未来艺术类、交通艺术设计类、服装服饰类、思辨艺术类、老字号·新国潮创新设计类、乡村振兴与全国旅游文创类、8K影像类、学术论文类、教材教辅类等，为参赛师生提供多样化的选择。该赛事参赛流程包括以下几个步骤。第一步在网站注册报名，填写详实、准确的作者信息和指导老师信息。第二步是分赛区邮箱投稿，一个作品对应一个文件夹，里面是投稿的完整作品，文件夹命名格式：作品ID号。文件夹压缩后以附件形式或者百度网盘链接、阿里云盘链接等（保证作

品链接有效期为永久有效）发送至分赛区邮箱。第三步是教师单元作品投稿同上，将作品直接提交至总赛区邮箱。

七、中国包装创意设计大赛

中国包装创意设计大赛目前是全国普通高校大学生艺术类竞赛榜单赛事，由国家一级行业协会中国包装联合会主办。大赛立足全国，面向世界设计爱好者和广大师生，是中国包装界权威赛事，亦是当前中国包装行业、包装教育、艺术设计教育界备受瞩目的专业竞赛活动，大赛的优秀作品也是教育部、国家职业教育专业教学资源库建设的重要组成部分。作为国家级行业协会，中国包装联合会惠及工业生产、行业标准制定、包装教育与科技、先进设计、智能制造等各个领域，决策部署包装高质量发展战略和中国包装创新创意设计发展规划，引导和推进着我国包装科技进步、创意包装设计、创新包装技术、繁荣品牌文化。中国包装联合会为大赛的举办提供业内高水平的创新竞赛平台。

大赛设自主命题设计类和命题设计类，自主命题设计类主要包括时代主题设计、包装创意类、材料工艺设计、艺术设计类、文创非遗产品设计等；命题设计类主要包括五粮液包装设计、介观–西藏文化传承与设计、黄鹤楼包装设计等（主题每年变化）。大赛分为专业组、应届毕业研究生组、在校研究生组、应届毕业本科生组、在校本科学生组、应届毕业专科组、在校专科学生组。企事业单位人员、院校教师、博士生、毕业两年以上的毕业生参赛为专业组。大赛报名需要在线注册，包括个人和集体负责人的注册。报名、注册、上传作品等需登录大赛官方网站。大赛分为“自主设计”和“命题设计：真题真做”报名，同一个报名通道可以选择不同作品报名。报名时可以选择个人报名和集体报名，集体报名要绑定集体负责人。设计作品以平面方式提交照片、设计效果图（模型图片），需附设计说明来阐述创意设计亮点等信息。

以上列举了中国高等教育学会竞赛排行榜和全国普通高校大学生艺术类竞赛榜单的部分赛事的级别、参赛类别、投稿方式等重要赛事信息，其他榜单赛事不再一一列举，详细赛事信息可查阅每年官方发布的最新榜单及竞赛官网内容。

第三节　全国大学生艺术展演活动

根据《学校艺术教育工作规程》（教育部令第13号）的规定，2005年开始，全国大学生艺术展演活动（以下简称展演活动）每三年举办一届。举办展演活动旨在全面贯彻党的教育方针，促进大学生德智体美劳全面发展，展现大学生朝气蓬勃的青春风貌，展示我国高等学校艺术教育的成果。展演活动坚持育人为本，体现社会主义核心价值观，以先进文化为导向，对广大高校学生进行爱国主义教育，弘扬伟大的中华民族精神。展演活动面向全体高校学生，坚持普及和提高相结合、思想性和艺术性相结合、文化传承和艺术创新相结合，提高大学生的审美修养和人文素养，发展素质教育，以美育人、以美化人、以美培元，培养德智体美劳全面发展的社会主义建设者和接班人。

展演活动坚持以下三个原则。一是坚持立德树人。以社会主义核心价值观为引领，坚持用明德引领风尚，用美育浸润心灵，弘扬中华优秀传统文化、革命文化、社会主义先进文化，引导学生树立远大理想、坚定理想信念、砥砺报国之志。二是坚持面向全体。扩大活动覆盖面，鼓励特色发展，开展具有时代特征、校园特色、学生特点、教育特质的艺术实践活动，让每个学生成为展演活动的受益者，形成“一校多品”的新局面。三是坚持弘扬中国精神。坚守中华文化立场，传承中华文化基因，坚持创造性转化、创新性发展，通过展演活动弘扬中国精神、传播中国价值、凝聚中国力量，引领学生坚定文化自信、增强文化自觉。

展演活动面向全日制普通高校的在读本科生、专科生以及全日制研究生，分为甲、乙两个组别，甲组为非艺术类专业学生，乙组为艺术类专业学生。展演活动包括艺术表演类（含集体项目和个人项目）、学生艺术实践工作坊、艺术作品类（含学生艺术作品和高校校长书画摄影作品）和高校美育改革创新优秀案例四大类。艺术表演类包括声乐、器乐、舞蹈、戏剧（戏曲）、朗诵；学生艺术实践工作坊包括艺术与科技、艺术与生活、艺术与美丽乡村、艺术与校园四部分；艺术作品类包含学生艺术作品和高校校长书画摄影作品，学生艺术作品包括绘画、书法和篆刻、摄影、设计、微电影，高校校长书画摄影作品包括绘画、书法和篆刻、摄影；高校美育改革创新优秀案例包括高校美育专兼职教师队伍建设、高校公共艺术课程建设与推进模式、高校美育评价体系建设等方面。

展演活动分为高校开展活动、省级集中展演和全国现场展演三个阶段开展。每届3月至8月为高校开展活动阶段。各高校组织开展内容丰富、形式多样的艺术活动，将艺术展演与艺术课程、学生艺术社团、校园文化建设相结合，与重大历史事件纪念日和传统节日相结合，积极发动全体学生参与，努力让每个学生有机会至少参加一项艺术活动，形成“校校有活动、人人都参加”的局面。每届9月至12月为省级集中展演阶段。各省级教育行政部门组织开展省级集中展演活动，促进高校间的展示交流。在省级展演基础上，按照各地报送数量，将本省展演总结和公示后的艺术表演类、学生艺术实践工作坊、艺术作品类、高校美育改革创新优秀案例等相关材料报送全国展演活动组委会。每届次年1月至4月为全国现场展演阶段。教育部和湖北省人民政府共同主办全国现场展演。现场展演内容包括艺术表演节目现场展演、学生艺术实践工作坊展示、优秀艺术作品展览、高校美育改革创新优秀案例报告会、学生社会实践活动、现场展演开闭幕式等。

展演活动明确规定了如下工作要求。一是各地各高校要切实加强组织领导，完善工作机制，将展演活动纳入年度工作计划，落实活动经费，制定活动方案、疫情防控方案、健康管理方案和安全预案，整合相关资源，增强活动实效。二是各地各高校要将艺术展演活动与公共艺术课程建设相结合，建立艺术展演活动记录制度，鼓励将学生参加艺术展演活动纳入学分管理。三是各地各高校要以艺术展演活动为契机，积极营造格调高雅、富有美感、充满朝气的校园文化艺术氛围，坚持勤俭节约和量力而行的原则，务实创新，力戒形式主义。在展演活动第一、二阶段，教育部将适时组织专家调研活动开展情况。四是各地各高校要及时总结经验，发挥示范引领作用。要加强宣传，运用报刊、广播、电视、网络，以及微博、微信等平台载体，广泛宣传报道展演活动的特色和亮点，扩大展演活动的社会影响力。

由此可见，全国大学生艺术展演活动是全国高校以展演活动为契机，大力推进文化传承创新和美育工作，以艺术教育和艺术实践活动为载体，传承中华民族优秀文化，吸纳世界人类文明成果，发挥文化育人作用，培养文化自觉和文化自信，推动社会主义先进文化建设。全国大学生艺术展演活动促进了艺术素养的普及与提高结合，各高校以院、系为单位，以学生艺术社团为骨干，发动学生广泛参与，通过举办艺术专题讲座、文艺演出、音乐会、美术作品展以及组织专业演出团体到学校演出等活动，努力做到让每个学生有机会参加至少一项艺术活动。各地组织了艺术表演节目集中展演、艺术作品展和艺术教育论文报告会，活动丰富。全国大学生艺术展演活动带动了全国高校美育工作的广泛开展，表现了高校对高雅的审美追求，展示了优秀的艺术素养，显示出充分的文化自觉和文化自信，对高等学校美育工作产生了积极的引领作用。展演坚持以人为本、全面实施素质教育的战略主题，成为进行中华民族优秀文化传统教育和革命传统教育的有效手段，引领大学生培养良好的审美情趣和人文素养，提升精神境界，激励人生追求，树立报效祖国的使命感和责任感；把社会主义核心价值体系融入展演活动全过程，充分展现当代大学生朝气蓬勃、奋发向上的青春风貌，营造向真、向善、向美、向上的校园文化，形成良好的育人环境。

第四节　国际艺术类赛事分析

除国内艺术类展赛外，国际舞台上活跃的各类艺术展赛成为高校师生和艺术爱好者展示和成长的舞台。国际展赛的主办单位与国内展赛类似，大多由政府组织、协会、高校、团体、机构等部门主办，其中艺术类协会主办的赛事较为多见。下面介绍典型的国际赛事及投稿方式。

一、意大利A’设计奖与竞赛

意大利A’设计奖与竞赛（A’Design Award and Competition）创立于2010年，是目前世界上规模最大、种类最多的综合性设计比赛，是被国际设计理事会（ico-D）、欧洲设计协会（BEDA）所认可的国际赛事；同时，它也是国际工业设计协会（ICSID）、国际设计理事会（ico-D）和意大利工业设计协会（ADI）的成员组织。该奖项是为了给予在全球各个创意领域中来自所有国家在各个不同范畴的最优秀的设计师的荣誉而组织的。参赛作品由经验丰富的高校学者等专业人士建立一个有影响力的评委团进行匿名评审，其威望、声誉和国际知名度使该赛事受到国际设计师的青睐。

A’设计奖与竞赛的投稿通过官方网站（www.adesignaward.com）在线注册的方式上传作品，登录账户后在线以英文语种填写作品的设计名称、基本功能、创作灵感、项目属性描述、操作和互动、创作时间及地点、项目类别选择、制作技术、规格和尺寸、关键词、研究摘要、创作挑战、团队成员、图像信用、所属单位、单位介绍、单位图标、作品集页面文字描述、作品标题等信息，上传作品为系列5幅，主图尺寸为3600像素×3600像素，辅助图为1800像素×1800像素。上传流程较为复杂，但上传作品的整体过程和质量要求严格也是确保获奖作品的高质量和竞赛的规范性。

二、红点奖

红点奖（Red Dot Award）1955年由北莱茵-威斯特法伦设计中心（Design Zentrum Nordrhein Westfalen）在德国埃森市设立，是与if设计奖齐名的一个工业设计大奖，是世界上知名设计竞赛中有影响的竞赛。致力于将获奖的设计概念转化为商品，为获奖创意和商业化合作搭桥牵线。该奖项涵盖了多种产品和传播设计，包括设计论坛、设计出版、设计贸易洽谈会、设计展示、设计推广和顾问服务等内容。红点奖是世界上最大的设计竞赛之一，旨在“寻找好的设计”，红点标签已经成为国际公认的优秀设计最受欢迎的质量标志之一。为了以专业的方式评估这一领域的多样性，红点奖分为产品设计、品牌与传播设计、观念设计三个类别，每年举行一次。

红点奖的投稿通过官方网站（www.red-dot.org）在线注册的方式上传作品，登录账户后选择参赛类别，各类别下有细分的选项，参赛者可选择合适的类别。接下来详细填写申报表，包括申报人信息、参赛作品名称、设计简介、设计目的、设计特点、使用情况、市场定位、销售情况、设计团队等参赛信息，可以添加作品图片、产品介绍视频、市场调查报告和用户反馈等资料，以更好地展现产品的特点和优势。

三、墨西哥国际海报双年展

墨西哥国际海报双年展（International PosterBiennial in Mexico）与芬兰拉赫国际海报三年展、波兰华沙国际海报双年展、日本富山国际海报三年展、美国科罗拉多国际海报邀请展列入世界五大海报展，也是全球三大双年展之一。墨西哥国际海报双年展于1988年由墨西哥自治首都大学、墨西哥国立自治大学、国家美术学院和墨西哥外交部联合倡议主办，是墨西哥政府通过与高等教育机构合作的举措。该双年展为促进墨西哥设计文化交流，整合代表墨西哥日常生活的设计文化，利用这些创意及想法将美感与创新结合到文化传播的活动里，培养审美观念及传播设计创作者。

该赛事面向世界各国设计师、艺术家和高校师生，分为学生组和专业组赛道，每届根据指定网站投稿，需要在线注册。注册后选择作品投稿类别，每届主题会有变化，但基本围绕国际社会热点问题展开，包括文化和活动类海报、社会类海报、生态类海报、社会经济类海报、商业类海报等，设置自有主题和指定主题，投稿作品尺寸基本固定为70cm×100cm。

除上述介绍的国际权威展赛之外，笔者近几年收集了国际上具有影响力的艺术类赛事，如表1.7所示。

表1.7　国际权威艺术类赛事

序号	比赛名称	比赛内容	比赛所在地
1	富山国际海报双年展	海报	日本
2	科罗拉多国际海报双年展	海报	美国
3	墨西哥国际海报双年展	海报	墨西哥
4	波兰华沙国际海报双年展	海报	波兰
5	拉赫蒂国际海报三年展	海报	芬兰
6	金蜜蜂国际平面设计双年展	视觉传达设计	俄罗斯
7	乌克兰“4TH BLOCK”生态国际海报三年展	海报	乌克兰
8	亚洲平面设计三年展	视觉传达设计	韩国
9	A’设计奖与竞赛	视觉传达设计、建筑与室内设计等	意大利
10	红点奖	产品设计、传播设计、概念设计	德国
11	if设计奖	工业设计、视觉传达设计、室内与建筑设计等	德国
12	莱比锡国际海报展	海报	德国
13	Tokyo TDC Annual Awards（东京字体指导俱乐部奖）	字体设计	日本
14	纽约字体指导俱乐部奖（NY TDC）	字体设计	美国
15	纽约ADC艺术指导俱乐部年度奖	视觉传达设计	美国
16	金铅笔（The One Show）	视觉传达设计	美国
17	捷克布尔诺国际平面设计双年展	视觉传达设计	捷克
18	IDEA奖	包装设计、展示设计、工业设计等	美国
19	D&AD Impact Awards（英国D&AD大奖）	视觉传达设计等	英国
20	伦敦国际奖（LIA）	视觉传达设计等	英国
21	戛纳广告奖	视觉传达设计等	法国
22	法国巴黎DNA设计大奖（DNA Paris Design Awards）	建筑、室内、景观、产品及平面设计作品	法国
23	ASLA竞赛	景观设计	美国
24	IFLA国际风景园林大学生设计竞赛	景观设计	挪威
25	FX国际室内设计大奖	室内、环境设计	英国
26	IDA国际设计奖	建筑设计、环境设计	美国

续表

序号	比赛名称	比赛内容	比赛所在地
27	AMP建筑大师奖	建筑设计、环境设计	美国
28	北美PI设计大奖	建筑设计、室内设计	墨西哥、美国等
29	GPD设计大奖	室内、工业、建筑、景观设计	加拿大
30	美国风景园林师协会奖（ASLA）	建筑、室内、景观、城市、规划设计	美国
31	BALI国家景观奖	建筑、室内、景观设计	英国
32	英国皇家风景园林学会奖（LI Awards）	景观设计	英国
33	罗莎·芭芭拉国际景观奖	景观建筑及规划	西班牙
34	WAF世界建筑节奖	乡村、城市设计	英国
35	IAA国际建筑奖	建筑设计、环境设计	美国

第二章
艺术展演与创新竞赛流程设计

第一节　竞赛组队

一、组队方式

1. 先组队后设计选题

小组比赛中如何进行组队是很重要的一部分，如果是在未确定选题的情况下先进行组队，那么需要考虑的方面就集中在队员的设计风格以及特长等方面。需要组队的设计竞赛大多工作量较大且赛程较长，这就需要在组队时仔细考虑队员的人选，彼此之间要能很好地进行配合，无论是在能力水平、性格还是其他方面都应该相互适合。

先进行组队可以在队伍构成方面做到组员能力互补并且能良好地配合，但是先组队后选题也有着一定的不足。在完成组队后再确定选题，能够集思广益、集中所长，选中的选题基本能够很好地迎合竞赛要求，也能够让大家很好地进行分工，不过也有可能选题并不是每一个组员的兴趣所在，经过讨论之后的选题可能是客观上的最优选题，但不一定是每个人情感上的最优选题。

2. 先设计选题后组队

在组队之前确定选题的情况下，选题很大可能是最早加入团队的成员的擅长方向，通常情况是一个能力较为不错的同学根据自己的能力和兴趣确定了选题，之后再招募队友进行团队合作。在确定选题之后招募队员，决定加入的队员一定是对这个选题有着一定兴趣的，兴趣在一定程度上能够使队员对整个作品的创作更有激情和动力，兴趣使然，整个队伍的创作会更具有活力。不过这样的组队方式也有着不足之处，确定选题之后再组队，对选题没有兴趣的同学很可能不会进行申请，而因兴趣使然聚集而成的创作团队，也可能会出现能力无法互补、分工不好进行的情况。

二、组队成员

1. 本专业组队

在本专业选取同学进行组队有着很多优点，本专业内组队能够保证队员彼此之间更容易相互理解，无论是设计思维还是专业术语等，在沟通上基本不会出现障碍和偏差。同时，因为队员都是同一专业，在专业能力上也往往是彼此肯定的，这一定程度上在技术、专业等方面保证了设计作品的质量。还有就是相同专业的同学在课程、教学等方面都是相同或相似的，在交流、交往时也更为熟悉，这样本专业内组成的队伍往往能够配合默契，更好地进行创作以及彼此之间的协助。

2.跨专业学科组队

跨专业学科组队与专业内组队有着很大的不同，总结出来主要有两个优点。一是能够产生思维碰撞，使设计作品的创作中产生不一样的“化学反应”。不同的人思维方式是不同的，而在不同专业的人身上体现得更加明显。以我们最常见的文理科来进行专业区分，理科生的思维大多是理性的、克制的，而文科生的思维方式大多是感性的甚至是浪漫的，这样不同思维方式的人聚集在一起，能够从不同的角度思考问题，在讨论的时候很可能会出现更多的可能性。二是跨专业学科的组队能够给作品带来更多的表达形式。很多设计比赛除设计主体外同样重视设计的应用，在这种情况下，跨专业学科组队的好处得以体现，比如设计专业同学和计算机专业的同学进行组队，那么设计主体在计算机、软件等方面的应用就会是一种新的表达形式。这样的组队能够让设计作品更加具有吸引力，在竞赛评比的时候也更有竞争力。

不过这样的组队方式也有不足，主要体现在团队内工作量的对比。设计比赛中，基于设计主体进行的工作量基本是大于其他表现形式的工作量的，与其他准备工作相比，设计主体的创作会占据整个作品中很大的一部分，而当队伍是跨专业学科组队的情况时，设计专业的同学（也就是主创）在工作量上可能会面临较大压力。

3.跨校合作

跨校合作是比较少见的组队方式，因为这种组队方式有着很大的局限性。在实际距离上，跨校合作就意味着每个队员之间较难进行面对面交流，无论是跨区还是跨市，这都给队伍的交流和讨论提高了难度。在无法进行面对面交流的时候，很多问题光是靠语言表达有时是难以表述清楚的，但距离上又导致了不能彼此面对面进行操作展示，所以在一些问题上的讨论效果可能会不尽如人意。基本只能线上进行的文件传输等问题又有着很大的局限性，当源文件占用空间过大时网上传输就是一件很费时间的工作。跨校合作的局限性太多，也没有什么突出的优点，所以不推荐这种组队方式。

第二节　竞赛流程

一、把握主题

1.主题内涵

在大赛中，除了自有主题赛事或者赛道之外，一般都会按照年度设置固定的主题，引导参赛选手根据主题开展创作。赛事的主题是竞赛的核心和范围，参赛选手要严格按照赛事主题开展创作，否则就会出现跑题现象。赛事主题发布后，参赛选手的第一项工作就是围绕主题展开分析，准确理解比赛的主题内涵和外延，在深入剖析主题思想时，需要了解主题思想的核心要义。主题思想是指该届赛事所要表达的思想和理念，是创作的灵魂和核心。只有清楚了解主题思想的核心要义，才能让创作更加着重深度和内涵。一般来说，赛事主题会有一个逻辑起点，如主题的来源是否为社会热点问题或弘扬社会正能量和主旋律的价值导向问题。即便大赛指定的主题是抽象晦涩的词语，或者是真题真做的商业项目，参赛选手也要充分分析主题，创作的作品要弘扬真善美的主旋律，体现社会主义核心价值观，传递社会正能量。

以中国大学生计算机设计大赛的选题为例，近十年的大赛选题分别是低碳与环保、运动与健康、水、生命、空气、绿色世界、人与动物和谐相处、人工智能畅想、海洋世界、鸟与人类、中华民族传统文化元素（民族建筑、民族服饰、民族手工艺品）、中国古代体育运动、中医药等。从这些主题来看，无论是社会公益主题，还是中华优秀传统文化主题，抑或是前沿技术等主题，都是社会所关注的热点、重点问题和领域。大赛通过主题的设定，引导广大参赛师生通过创作实践和竞赛展演，培育学生树立正确的人生观和价值观，培养主人翁的社会责任感。

2.主题发散

在确定选题之后，首先要做的事情是头脑风暴。所谓头脑风暴，就是一群人围绕一个特定的兴趣领域进行无限制的自由联想和讨论。由于团队讨论使用了没有拘束的规则，人们能够更自由地思考，进入思想的新区域，从而产生很多的新观点和解决问题的方法。当参加者有了新观点和想法时，他们就大声说出来，然后在他人提出的观点之上建立新观点。所有的观点被记录下来但不进行批评。只有头脑风暴会议结束的时候，才对这些观点和想法进行评估。

这样没有约束地对议题进行发散性思维的讨论，能够产生很多意料之外的想法，将每一个方向的每一种可能都记录下来，最终在头脑风暴完成之后再对可行性进行讨论，这是一种集体开发创造性思维的方法。设计作品最重要的就是创意，越是意料之外的越能够吸引观者的兴趣，同时在对其可行性进行讨论之后，选定的方案必然是情理之中的，好的设计作品追求的也就是“意料之外、情理之中”。另外，选题时需要思考的方面是时下政策，例如文化、公益等方面，可以结合当下热点来进行选题的分析与思考。

3.注意事项

一是严格原创与创新。原创是设计的基础，作品是对自己思想的表达，所以必须是原创的。在完成资料收集之后，就要开始进行作品的构思、草图的绘制等一系列工作，每一个步骤都建立在原创的基础上。当然，原创也是每一个设计比赛最基本的要求。原创是作品的基础，创新则是作品的特色和亮点。所谓创新，便是创造出新的不同于常规和常人思路的见解，可以是创造新的表达形式，也可以是创造新的商业价值等。这些不同方向的创新都将会赋予作品魅力和闪光点，也可以说，创新是让作品脱颖而出的关键。

二是向优秀作品看齐。很多进步是在对优秀作品的学习和创新中获得的。在确定了选题和设计方向之后，对相关方向的优秀作品进行收集和学习是十分重要的一件事情，这样的学习能够让我们知道这一方向的设计到达了什么程度，从中思考相关作品采用了什么手法、我们可以学习到什么以及我们能够创新出什么。《论语》中有句话是“见贤思齐焉”，原意指看到有德行、有才能的人就向他学习，希望能向他看齐。在设计领域中也是同样，见到优秀的作品时应该分析和学习其中的优点，最后达到对自身的提高，使自己获得进步。

二、创作调研

1.实地调研

实地调研是为了深入了解项目、选题或活动的现状，查找和分析问题，在实地开展第一手素材和资料收集的市场调研活动，为后续项目、选题或活动工作有效顺利的开展提供资料储备和参考依据。由此可见，实地调研具有实践性强的特点。艺术创作的市场调研是在确定选题方向后，或有必要对多个选题方向进行比较论证时，开展的指定地点、指定内容、指定目标和指定问题的资料收集活动，目的就是为解决问题制定依据充分和切实可行的解决方案。以中国大学生计算机设计大赛、“互联网+”大学生创新创业大赛等为例，选题方向确定后，需要研讨选题方向的可行性、前人的研究基础、创作的价值及后期推广意义、创作的一手素材等一系列问题。部分赛事如全国大学生广告艺术大赛、未来设计师·全国高校数字艺术设计大赛等选题单中为参赛学生提供了相关选题方向的资料介绍及创作素材包，为学生创作提供了便利。实地调研通常采用访问法、观察法、实践法等调研方法，通过走访当地博物馆的实地场馆、访谈当地相关人员、举办座谈会、拍摄或录制调研资料、发放问卷调查和路访等形式开展。通过调研，可以了解艺术创作选题方向的代表性和典型性问题，校验选题方向的可行性问题，或查找多个选题方向的差异性问题，从而为解决创作实际问题提供一手素材和参考依据。

如2018年中国大学生计算机设计大赛一等奖作品《飞天礼赞》，参赛队员选题确定为敦煌飞天后，亲赴敦煌进行为期一周的实地考察，调研了敦煌莫高窟、敦煌市博物馆、敦煌市文物管理局、敦煌石窟文物保护研究陈列中心、敦煌文化学会等场所和部门，收集这一“古丝绸之路”重要要塞的文化保障素材资料。从队员自己的专业领域开展调研和创作，宣传敦煌文化，传承中华艺术文脉，进而为后续的敦煌飞天壁画中的主体人物素材进行数字化插图创作，以及线上线下的周边衍生产品的设计和推广。

再如2018年中国大学生计算机设计大赛一等奖作品《年画新语之吉瑞精灵》，参赛队员的创意来自中国杨柳青年画。年画原本用于寄托民间劳动人民辟邪除灾、迎祥纳福的美好愿景。该作品将现代电脑技术应用于传统年画之中，使之与当代插画风格相结合，将其变为一幅日常生活的装饰品。为了更加深入地了解杨柳青年画，该小组亲赴天津杨柳青古镇探寻年画足迹，寻找年画的真谛。该小组成员考察杨柳青当地博物馆、年画市场，采访了当地年画家，现场拍摄了大量的年画资料，录制了画师现场创作的视频，为后续创作提供了丰富的一手素材。

2. 线上调研

相对于实地调研对一手资料的收集方式而言，线上收集和整理相关文献等理论成果也是必不可少的。与实地调研的实践性相比，线上调研更注重前人成果的理论梳理与综述分析。线上调研主要利用互联网调研手段在线收集论文、著作、报告等相关数据信息，具有快速、高效、成本低等特点。当艺术创作的选题方向确定后，参赛成员按照分工要求，负责调研的成员一般基于线上文献的收集与整理，查找前人的论文和著作等研究成果、数据和案例等资料，在此基础上推动创作的进一步开展，为创作的进一步研究奠定理论基础。除线上收集相关文献和数据等资料外，线上开展的问卷调查、选题相关的官方网站、线上博物馆等也会为创作提供重要的数据支撑。

如2015年中国大学生计算机设计大赛一等奖作品《盛世大唐 前年风华——大明宫建筑群漫游动画》，参赛成员在创作过程中调查和研究了大明宫相关的文献资料、建筑风格、建筑数据，进行资料整合与设计分工；查阅了王静《唐诗中的大明宫》、杨鸿勋《大明宫》、王璐《唐大明宫丹凤门遗址保护初探》等史实资料，按照建筑数据还原了大明宫整体平面图、立面图和效果图。

再如2017年中国大学生计算机设计大赛二等奖作品《金陵十二钗》，参赛成员查阅了大量有关《红楼梦》的著作和文章等典籍资料，尤其在著作中关于十二钗人物性格、表情和心理的刻画，对于人物插画创作中性格和气质的表现起到了重要的参考作用；对原著中人物服饰、款式、图案、配饰的刻画，背景建筑装饰的描写，以及在作品海报设计中加入的人物性格描述的文字，均来源于文献资料的收集，这些资料对该作品的创作都起到了重要的支撑作用。

三、作品加工

1.分工协作

作品正稿的加工制作是整个作品创作过程中最重要的部分，接下来的一切辅助衍生品设计都要基于这些主体的正稿来进行。首先要确定作品的风格，定位简约、写实、装饰、漫画或卡通风格，应根据参赛学生最擅长的手法和主题的关联性来选择。然后在上述草图基础上开展正稿主体插图的绘制，以手绘为基础再进行加工，或直接使用设计软件进行创作均可，团队成员需要进行深入的讨论，做好创作分工，实现作品表现形式的最优化和艺术效果的最大化。在团队创作过程中，可以进行适当分工和流水作业，如同学A绘制作品的主体插图，同学B绘制作品的背景及版式，同学C负责作品的衍生品设计。也可以按照团队同学数量分工完成，但前提是风格需要保持统一。

作品正稿的深入加工是确保参赛作品质量的核心和关键。一是分工明确、协作担当。主创或者主绘同学的画面整体把控能力和深入细节的水平，以及团队成员的深入协调配合要有成效，在分工的同时要确保协作、担当与补位，一旦分工不合理将会出现木桶效应，会影响团队创作的全盘进展。二是围绕基本的评审标准开展加工创作。参赛作品正稿的完善程度，按照多年来参赛与评审的经验来看，可以围绕创、量、健、技、美五个标准来进行，即正稿作品要体现创意创新、工作量饱满、主体健康、技术完善、艺术美感。下文将对这五个标准进行深入解读。

2. 精耕细作

细节决定成败，在参赛作品中尤为重要。作品技术表现的娴熟程度及细节的刻画深度，决定着参赛作品的质量。对作品的正稿进行深入刻画时，为了确保作品细节的完整性和丰富性，需要创作人员不断完善和细化作品，做到精益求精。在不同的竞赛中，不论是线上评审还是线下答辩评审，重点展示的都是作品的整体效果。尤其是线下答辩评审的赛事，包括主题方向、艺术效果、技术呈现、应用展示、推广价值、答辩效果等，但评审的核心还是围绕作品的质量进行评定，这就要求作品具有较高的艺术呈现效果和技术表现效果。评委在评审线上作品时，通常会点击缩略图放大查看参赛作品细节和技术呈现效果；评委在评审线下答辩的作品时，参赛队员通常将作品打印在较大幅面的展板上，制作一些周边衍生品辅助展示。作品的放大展示对作品的细节深入性和完整性有更高的要求，一旦作品刻画不深入，细节不足，缺点就会一览无余，将会事倍功半。

参赛队员在作品的深入刻画过程中，通常采用手绘板、PAD等进行绘制，查看作品效果的尺寸大多也是停留在电脑屏幕呈现作品效果的尺寸；而作品放大后大概率会出现不完整、不深入、不清晰等问题，这就要求队员在设置文件时确保文件的高清尺寸，创作过程中不断放大显示查看作品的细节，或百分百放大刻画细节；在导出文件时，也要导出足够尺寸的文件，确保作品的高清质量。

3. 案例分析

除了上述作品正稿的深入加工与刻画决定着参赛作品的质量和呈现效果之外，系列作品展示的整体工作量也是作品评审的关键，工作量饱满的作品能增加视觉冲击的艺术效果，也能体现团队对作品创作的态度和付出。因此，多幅的系列作品比单件的作品具有一定的优势。下面以部分获奖作品案例进行分析，具体如下。

案例一

作品：《生命之殇 雾霾实记》

作者：刘洋、刘卓然、赵昕

奖项：2014年（第7届）中国大学生计算机设计大赛一等奖

主办单位：教育部高等学校计算机类专业教学指导委员会等

指导教师：霍楷

作品介绍：

作品的创意来源于生活中的雾霾现象和相关报道，从而引发对雾霾于生命之危害的关注与思考。

《生命之殇 雾霾实记》的雾霾海报分为四个篇章：城市篇、植物篇、人物篇、动物篇。首先，创作者用电脑绘画的方式将世界上各典型城市受霾灾侵害的形象写实展现，从视觉上让人们感受霾污染的严重现状。然后以写意的方式去传神地表现被雾霾侵蚀的人体器官、各类植物与城市，并夸张塑造动物形象，展现雾霾之深入侵害、无处不在、凶猛之态。

作品意义：

活用电脑绘画：用电脑绘画语言表现雾霾下的城市、人体器官、植物、动物四大类，活灵活现地再现雾霾之危害。追求艺术个性：将电脑绘画风格推向极致，追求不可复制的艺术个性，深入表现生命主题。强化推广意义：系列作品将雾霾融入生活的各个方面，使雾霾危害深入人心，具有深刻的社会推广意义。学科交叉互补：跨专业组成团队，学科交叉发挥专业优势，专业知识互补，提高了作品的科学性和艺术性。

作品效果图（图2.1）：

案例二

作品：《璀璨民族之百花齐放》

作者：樊幸、张道海、周舒婷

奖项：2015年（第2届）中国大学生动漫游戏创意设计大赛一等奖

主办单位：教育部高等学校计算机类专业教学指导委员会等

指导教师：霍楷

作品介绍：

56个民族，56枝花。56个民族如同盛开在中国大地上的似锦鲜花，为其增添了不可或缺的绚丽色彩。自20世纪80年代起，西方文化包括其服饰文化涌入中国，面对严峻的形势，我们更加应该保护和发扬具有民族特色的传统服饰。色彩绚丽、款式造型独特、服饰图案意蕴深远、工艺精巧绝伦的民族服饰是少数民族文化最大的特色。我们从56个民族的传统服饰中精心甄选了12种，运用专业技能，将传统民族服饰与新媒体结合起来，经过艺术处理，创作出更贴近现代审美的民族服饰插画、海报、表情等作品。

作品意义：

自20世纪80年代起，西方文化包括其服饰文化涌入中国，面对严峻的形势，希望通过这组作品，让更多人尤其是年轻人认识传统服饰之美，从而更好地传承与推广传统民族服饰文化。作品在充分尊重传统的基础上，突出原创性。创作中查找了大量文献、图片等资料，经过多重考究，在尊重传统服饰纹样图案的基础上加以细化，通过现代的工具软件将其电子化、平面化，更加利于深入了解和传承传统民族服饰文化。

作品效果图（图2.2）：

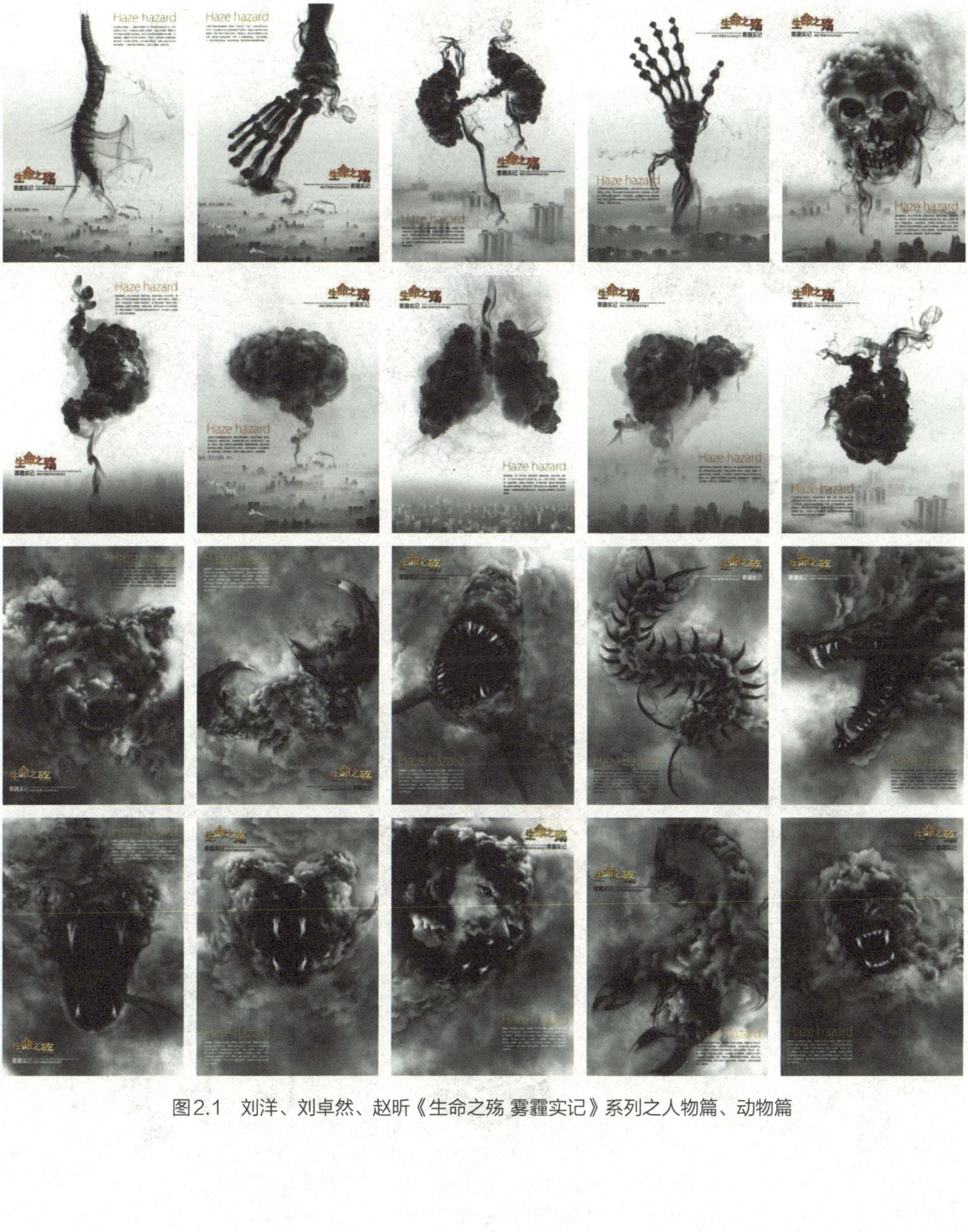

图2.1　刘洋、刘卓然、赵昕《生命之殇 雾霾实记》系列之人物篇、动物篇

白族
民族璀璨
百花齐放

民族璀璨
百花齐放
藏族

民族璀璨
百花齐放
朝鲜族

京族
民族璀璨
百花齐放

民族璀璨
百花齐放
傈僳族

民族璀璨
百花齐放
满族

图2.2　樊幸、张道海、周舒婷《璀璨民族之百花齐放》系列

案例三

作品：《凤冠霞帔》

作者：黄嘉雯、刘德馨、陈钰函

奖项：2015年（第8届）中国大学生计算机设计大赛一等奖

主办单位：教育部高等学校计算机类专业教学指导委员会等

指导教师：霍楷

作品介绍：

《凤冠霞帔》作品是以绘制的一系列宫廷命妇服饰的插画为主体，并外延衍生相关的文化创意产品。首先，插画作品从凤冠和霞帔入手，通过电脑绘画形式重点刻画内在的纹饰和外在的形象，达到装饰纹样审美的内部规律化和外在规范化。再次，作品以卡通手法表现画面，将凤冠霞帔赋予灵动的卡通人形象，唯美的造型、婀娜的动势、活泼的表情给凤冠霞帔增添了色彩。最后，系列平面插画增加了背景渲染因素，采用写意的花卉背景烘托主题人物形象，形成写实与写意的对比、具体与抽象的对比。

作品意义：

在新时代，优秀的传统文化需要传承和发展，更需要在传承和发展传统文化精髓的基础上进行创新，重新赋予其内涵与外延新的定义。《凤冠霞帔》作品的创作不仅使传统服饰凤冠霞帔的文化得以传承，并使其在继承的基础上发展和创新，拓展文化的创意衍生品，利用多样化媒体传播渠道掀起凤冠霞帔这一传统文化的热潮，促使民族服饰文化更好地延续前进。

作品效果图（图2.3）：

图2.3　黄嘉雯、刘德馨、陈钰函《凤冠霞帔》系列

案例四

作品：《绿之灵》

作者：王凤琦、潘竞苏、李泽华

奖项：2016年（第9届）中国大学生计算机设计大赛一等奖

主办单位：教育部高等学校计算机类专业教学指导委员会等

指导教师：霍楷

作品介绍：

自然界中植物与动物是息息相关、和谐共处的。《绿之灵》将绿叶、枝条、藤蔓等植物元素与动物同构在一起，表现技法上采用水彩手绘与电脑软件处理相结合的方式，表达了自然界中各种生命和谐共生这一主题。海报的背景表现的是当今被污染的自然生态，所以用灰暗色调处理，海报主体的剪影即是表现人们想要去掉的那一抹灰暗，所呈现的就是未来美好的自然生态，因而用“绿之灵”来诠释这一含义。

作品意义：

作品所表达的意义是减少环境污染，重建美好和谐的大自然，引发人们深思，激起人们保护自然的意识，所以具有深刻的现实意义和社会推广意义。而且Q版形象更具有趣味性，使作品能以各种线上、线下的推广方式进行宣传。

作品效果图（图2.4）：

案例五

作品：《唐风华韵 盛世霓裳》

作者：贾品第、吴佳怡、赵晨旭

奖项：2017年（第10届）中国大学生计算机设计大赛一等奖

主办单位：教育部高等学校计算机类专业教学指导委员会等

指导教师：霍楷

作品介绍：

作品选取了唐代十个典型女子形象进行创作，分别是杨贵妃、武则天、关盼盼、薛涛、太平公主、刘采春、李冶、梅妃、上官婉儿和鱼玄机，并结合建筑水彩背景和花鸟背景进行了插画绘制。

作品意义：

通过对唐代女子服饰的研究，在以唐风元素为主的调性下，挑选各少数民族和海外同胞服饰的传统元素，运用重构融合的创意手法，在传承和发展传统文化精髓的基础上进行

图2.4　王凤琦、潘竞苏、李泽华《绿之灵》系列

创新。而后用现代人熟知的时尚语言把唐朝文化进行再设计和推广，是唐朝服饰文化在当代进行传播和创新的优秀举措。

作品效果图（图2.5）：

图2.5　贾品第、吴佳怡、赵晨旭《唐风华韵 盛世霓裳》系列

案例六

作品：《赞歌》

作者：罗章强、宁宇时、蔺倾程

奖项：2017年（第10届）中国大学生计算机设计大赛一等奖

主办单位：教育部高等学校计算机类专业教学指导委员会等

指导教师：霍楷

作品介绍：

《赞歌》从生活篇、情感篇、赞美篇三个方面，从现实生活、故事传说、名人名事中取材，突出人与动物和谐相处的主题。

作品意义：

人与动物的关系问题，不仅关系到动物的生存和延续问题，而且关系到人类社会的生存和延续问题。善待动物就是善待人类自己。作品彰显了动物在人们生活中的重要性、动物带给人类的快乐与精神上的富足，呼吁人们树立保护动物、关爱动物、众生平等的观念。将插图、卡通形象、海报等周边产品设计通过线上、线下方式进行推广，可以让更多人关注人与动物和谐相处的问题，从而建设和谐美丽的家园。

作品效果图（图2.6）：

图2.6　罗章强、宁宇时、蔺倾程《赞歌》系列

案例七

作品：《飞天礼赞》

作者：魏荣、张煜偲、王艳敏

奖项：2018年（第11届）中国大学生计算机设计大赛一等奖

主办单位：教育部高等学校计算机类专业教学指导委员会等

指导教师： 霍楷

作品介绍：

《飞天礼赞》作品选取大众熟悉的敦煌壁画中的飞天形象作为创作对象，将现代审美和传统艺术形式相结合，对飞天人物造型、动势、服饰、配饰、乐器等进行加工、提取刻画，绘制形成一套符合现代审美需求的完整的飞天人物矢量插画。在此基础上绘制了线上线下衍生品、线上表情包等一系列辅助设计。

作品意义：

作为“古丝绸之路”的要塞位置，敦煌具有极为悠久的文化底蕴，其背后蕴藏的设计元素、文化故事、民族艺术更是取之不尽、用之不竭。通过此作品来宣传敦煌文化，有助于传承中华艺术文脉，发扬中华民族传统文化，让敦煌艺术的传统文化在当下得到更好的创新发展。

作品效果图（图2.7）：

案例八

作品：《年画新语之吉瑞精灵》

作者： 王宇蒙、杨璟赟、罗雯

奖项： 2018年（第11届）中国大学生计算机设计大赛一等奖

主办单位： 教育部高等学校计算机类专业教学指导委员会等

指导教师： 霍楷

作品介绍：

作品的创意来自中国传统年画。作品共十二张，对应农历十二个月。每一张都做出适合月份特征的设计。以矢量绘图形式来表现娃娃的不同形态。通过变古典画风为现代风格，保留传统娃娃的动感以及衣服的云锦纹样，将娃娃可爱、灵动、轻盈的质感表现出来，并添加一定的现代元素作为背景，使得作品更加和谐流畅，也更符合现代人的审美取向。线上、线下产品包含：手机主题设计、专属公众号、H5游戏、表情包、办公用品、展板、T恤等。

作品意义：

通过作品呈现的这一全新表现形式的年画娃娃，让原本的“俗”文化变成“雅俗共赏”的文化，在传统和现代之间找到了平衡点，得到了年画娃娃新生的最佳状态，从而呼吁社会关注非物质文化遗产，留住“年”的标志，延续“年”的气息。

作品效果图（图2.8）：

图2.7　魏荣、张煜偲、王艳敏《飞天礼赞》系列

图2.8　王宇蒙、杨璟赞、罗雯《年画新语之吉瑞精灵》系列

案例九

作品：《非物质遗产》（*Intangible Heritage*）

作者：周肖舒

奖项：意大利A’设计奖与竞赛银奖

主办单位：国际工业设计协会（ICSID）等

指导教师：霍楷

作品简介：

非物质文化是植根于中华民族的一种文化，通过琵琶、艺术、龙泉青瓷、自贡艺术节四种传统非物质文化符号进行创作，是对传统文化精髓的重要继承和展示。作品以符合现代艺术的方式进行创作，呼吁人们关注非物质文化的传承、发展和保护。

作品效果图（图2.9）：

图2.9　周肖舒《非物质遗产》

案例十

作品：《节俭日历》（*Save Calendar*）

作者：李孟贾

奖项：意大利A’设计奖与竞赛银奖

主办单位：国际工业设计协会（ICSID）等

指导教师：霍楷

作品简介：

作品的灵感来源于春、夏、秋、冬四季。从四季的田野出发，画面中的碗承载着四季的农作物，这是大自然馈赠给人们的礼物。作品顶部添加了月份和季节信息，进一步突出了“节俭日历”的作品主题，呼吁和提醒人们珍惜粮食。

作品效果图（图2.10）：

图2.10　李孟贾《节俭日历》

案例十一

作品：《丽江古城》（*Old Town of Lijiang*）

作者：鞠济璟

奖项：意大利A’设计奖与竞赛银奖

主办单位：国际工业设计协会（ICSID）等

指导教师：霍楷

作品简介：

丽江古城是中国文化遗产的宝库，是世界上最具吸引力的古城之一。作品创造性地继承了古老的城市元素，并将这些元素带进社会公共生活和人们的现代生活。画面采用民族服饰、建筑、图案等元素的组合，体现了现代文化与古城文化的碰撞，具有创造性、民族性和时代性，呼吁人们在新时代更好地传承丽江古城文化遗产。

作品效果图（图2.11）：

图2.11　鞠济璟《丽江古城》

案例十二

作品：《永乐宫神话》（*Yongle Palace Myth*）

作者：王宇蒙、霍楷

奖项：意大利A’设计奖与竞赛铜奖

主办单位：国际工业设计协会（ICSID）等

指导教师：霍楷

作品简介：

作品使用计算机技术，将中国永乐宫壁画人物形象设计成一套卡通人物形象，对传统壁画的继承设计，具有创新价值和美学意义。永乐宫卡通人物形象展示了永乐宫壁画的一种新的审美方式，将壁画中的皇帝、太后和宫女刻画得栩栩如生。它将传统的壁画艺术转化为人们所接受和喜爱的现代漫画插图，迎合了现代社会的审美需求。

作品效果图（图2.12）：

图2.12　王宇蒙、霍楷《永乐宫神话》

四、文案设计

设计作品风格的不同会造成评委和观者对设计主题理解的不同，例如写实风格的设计作品能够让观者在短时间之内就获取关键内容，易于理解；而抽象风格的设计作品对观者来说就较难在短时间之内抓取设计主题。这就要求参赛作品要有鲜明且创新性的主题和广告语，以起到画龙点睛的作用。以线下答辩展示为例，设计比赛的答辩时间通常较短，在限定的时间内让评委老师了解设计主旨的方式就是通过作品的文案设计，包括广告语、辅助说明文字等。在有限的答辩时间里，通过文案让评委老师领略到设计主旨，把设计立意呈现给评委老师并且进行简单的解释，能够使评委老师尽快理解作品内涵，并在此基础上去抓取作品中的亮点；而若是没有文案设计这一环节，评委老师将花费更多的时间在理解作品上，在有限的时间里很可能错过一些设计的亮点及精华。

另一方面，有很多设计作品在创作中采取的元素可能专业性、文化性较强，也需要好的文案设计来带领观者了解作品。如一些大赛主题是中国传统文化，选题内的一些作品在创作中会融入中国传统纹样、服饰、建筑和故事等元素，其中蕴含的民间习俗、寓意等通过一定的文案设计呈现出来，会起到事半功倍的效果，也便于评委在评审时通过文案设计对作品有进一步的了解。

五、答辩PPT设计

答辩PPT是整个答辩过程中主要的文件材料，针对设计作品的展示和介绍全依托于答辩PPT，因此要十分重视对于答辩PPT的设计。在整个答辩过程中，视觉方面的展示是最主要、最能够展现作品内容及特色的方式，前文提到的文案设计和陈述表达也都是辅助答辩PPT来进行展示。答辩PPT不仅仅是设计流程的罗列和设计作品的展示，也是设计的一部分，要同样能够展示出整个创作的风格。

答辩PPT的设计风格要与设计作品主体风格一致，比如传统文化主题的创作，PPT就不能是科技风等其他风格。在元素的排列上也应该注意取舍，PPT虽然要展现作品的风格，但很大程度上文字的设计、排列以及作品主体的展示才是重点，PPT的装饰不能够过于花哨，以免评委老师的注意力被PPT的装饰分散，或增加PPT内容的阅读难度。

六、答辩稿设计

答辩稿整体包含了一个完整的答辩过程，所有涉及的模块都要在答辩稿里体现，其包含了前文提到的文案设计、陈述表达以及作品展示等各个方面，将各个部分汇总成为一个整体。答辩稿的设计主要包括自我介绍、作品展示和评委问答三个部分，答辩稿要将三个部分的语言设计好，并且用语言将每个部分串联起来。自我介绍部分包括了进场之后的问好与对自己的介绍，之后要设计语言引出作品展示环节。在作品展示环节，答辩PPT中不会把要说的话全部用文字展示出来，这些被省略的部分应该被包含在答辩稿中，在展示环节用作PPT的讲解和补充。从开始的问好、自我介绍到最后的感谢和再见，每一个答辩环节中会出现的要点都应该被集合在答辩稿之中，完整的答辩稿是整个答辩过程的指南，是展现一个完整、优秀的答辩所必须准备的东西。

答辩稿案例一

尊敬的评委老师，大家好，我们是《唐风华韵 盛世霓裳》参赛队伍，接下来将由我代表我们队进行答辩展示。我们将从创意来源、设计方案、作品展示、团队介绍、专业技术、作品特色六个方面展开介绍。

（一）创意来源

我们都知道盛唐文化承载了亿万国人的复兴梦，无论男女老幼、官商市井，唐装往往成了国人出席重大社会活动时的首选，俨然成为一种衣着时尚。为传达我国民族传统服饰文化之大美，在以唐风元素为主的调性下，挑选各少数民族和海外同胞服饰的传统元素，运用重构融合的创意手法，在传承和发展传统文化精髓的基础上进行创新，重新赋予其内涵与外延新的定义。

（二）设计方案

首先，作品从头饰和服饰入手，通过电脑绘画形式重点刻画内在的纹饰和外在的形象，达到装饰纹样审美的内部规律化和外部规范化。其次，将头饰和服饰配在古典的美女形象上，唯美的造型、精致的妆容、婀娜的动态给盛唐服饰增添了色彩。最后，系列平面插画增加了背景渲染元素，采用写意的花鸟背景以及建筑水彩背景两种形式烘托主题人物形象，形成写实与写意的对比、具体与抽象的对比。

（三）作品展示

首先请评委老师欣赏我们的系列插画，我们选取了唐代十个典型女子的形象进行创作，分别是杨贵妃、武则天、薛涛、刘采春、上官婉儿、梅妃、鱼玄机、李治、太平公主、关盼盼，并结合建筑水彩背景和花鸟背景进行了插画绘制。接下来结合创作过程和人物细节展示进行详细介绍。

杨贵妃：回眸一笑百媚生，六宫粉黛无颜色。杨贵妃身穿婚服，裙用鸟衔花草纹（多为鸾凤、孔雀、大雁、鹦鹉等禽鸟嘴中含有瑞草、璎珞、同心百结、花枝等）和穿枝花（以波状线结构为基础，将花、花苞、枝叶、藤蔓组合成富丽缠绵的装饰纹样）为装饰，有吉祥之意。

武则天：巾帼英才扭乾坤，一代女皇绝古今。武则天身着宽袖对襟衫，并印有暗喻女皇权力的凤纹装饰，腰间有从胡服上吸收的革带装饰。

薛涛：锦江滑腻蛾眉秀，幻出文君与薛涛。薛涛穿绛紫牡丹花裙，衣袖有受外来样式影响的唐卷草纹。

刘采春：言辞雅措风流足，举止低回秀媚多。刘采春上着茜色长袖短襦，下身束靛青长裙，中裹杏黄宝相花团纹抹胸。

上官婉儿：自言才艺是天真，不服丈夫胜妇人。上官婉儿衣着黄色长裙，绿色牡丹暗纹衫，这是唐朝年轻女子的流行配色，衣领有绶带玉环忍冬纹作为装饰。

梅妃：南国有佳人，轻盈绿腰舞。梅妃穿宝相花纹石榴裙，披绛色印花纱，再跳那惊鸿舞，更显风姿绰约。

鱼玄机：自能窥宋玉，何必恨王昌。鱼玄机的笑含蓄又充满风情，她外披松花绿碧色大袖衫襦，内搭妃色曳地长裙，胸前绣着双蝶恋花纹。

李冶：弹著相思曲，弦肠一时断。李冶身着襦裙常服，领有牡丹穿枝花装饰，裙印双尾单凤纹，手抱琵琶弹奏相思曲。

太平公主：扇掩将雏曲，钗承堕马鬟。太平公主头挽堕马髻，斜插大粉牡丹，内着丁香色宝相花襦裙，外披钴蓝色长袖褙子，做出欲以扇掩面之态。

关盼盼：醉娇胜不得，风袅牡丹花。关盼盼外披赤色宝相花团纹大袖衫襦，内搭秋香色齐胸长裙，胸前系瑞凤衔草纹宫绦。

这是我们的唐朝人物头饰系列海报。运用水墨背景衬托，将唐朝人物头饰与旭日东升的形象结合，寓意着恢宏大气的唐朝文化。

除此之外，我们还制作了很多延展品，包括线上、线下两个部分。这是我们的线上延展品。一是静态表情包。新媒体形式和新的传播技术层出不穷，而我们设计的表情包适合于不同人群，用现代人熟知的时尚语言把唐朝文化进行再设计和推广。这是我们线上表情包的应用。二是我们制作的H5，评委老师可扫描二维码观看。除此之外，我们还进行了APP的设计、网页的设计，并开通了微信订阅号充分利用新媒体进行文化的宣传和推广。线下延展品有插画、桌布、手绢、广告牌、展板、书签、明信片、信封、火漆蜡、背包、手拿包、抱枕、胸牌、扑克牌、石版画、印章、镜子、水杯、镇纸等。

（四）团队介绍

我是队长贾品第，负责创意设计和插画矢量绘制，队员有吴佳怡、赵晨旭。这是我们的工作场景。我们的作品制作从2016年12月就开始，经过查阅资料、翻看图集、反复创作和修改之后的成果有：半身插画10张、全身插画5张、唐饰海报6张、建模大明宫建筑8张、线上表情人物10张、线上宣传方式5种、线下成品延展品近20件。

（五）专业技术

我们作品主要应用了PS、AI、AE、Axsure等。

（六）作品特色

活用电脑软件，刻画精细完善。采用立体的刻画方式，从头饰到面庞刻画精细，色彩艳丽、雍容华贵，富有艺术个性，具有很强的推广意义。

这是我们的参考文献及图画资料，包括《中国服饰艺术论》《中国古代服饰研究》《簪花仕女图》《步辇图》《唐人宫乐图》等，除此之外，我们人物服饰的唐朝图案全部参考自《中国纹样全集》。这让我们的作品做到有所依据。

答辩稿案例二

大家好，我们是《年画新语之吉瑞精灵》小组，我是组员王宇蒙，接下来将由我做代表，分别从创意来源、设计方案、作品展示、团队介绍、专业技术、推广效应、作品特色等方面对我们的作品进行讲解。

一是创意来源方面。本组的创意来自中国杨柳青年画。年画原本用于寄托民间劳动人民辟邪除灾、迎祥纳福的美好愿景。作品将现代电脑技术应用于传统年画之中，使之与当代插画风格相结合，将其变为一幅日常生活的装饰品。作品共十二张，对应农历十二个月份。每一张都做出适合月份特征的设计。为了更加深入地了解杨柳青年画，本小组亲赴天津杨柳青古镇探寻年画足迹，寻找年画的真谛。

二是在设计方案上，我们将设计作品大致分为插画、线上延展品和线下延展品三部分。主体设计上，我们将传统年画娃娃的动态形象加以保留，在原有的基础上进行质感和表现方式的转变。同时，将传统儿童衣服的纹样绘制其中，加之十二个月份的不同特征，使得整体画面和谐精美。线上延展品方面，本作品将娃娃插画绘制成手机主题，以图标或网页的形式进行设计展示。线下延展品则是制作成台历、画册、抱枕等生活用品进行展示。

三是作品展示方面，大家现在看到的是我们的二十四张初始草稿，随着后期我们对年画娃娃了解的不断深入，经过反复修改才有了最后呈现给大家的十二张作品。这十二张作品便是我们的主作品，每一张都需要根据不同的季节、月份做出不同的设计。另外辅之以两张大海报、四张季节海报、六张背景海报、六张GIF动态海报。以下是我们的作品展示。

这一幅是一月的过程展示。这是一月的细节分析图。背景中一只炯炯有神的公鸡象征着“雄鸡一声天下白”，在此用来比喻新一年的开始。鸡又被称作“小凤凰”，声同“吉”，是对一年美好的祝愿。娃娃衣服上的牡丹图案取富贵平安之意。

这一幅是二月的过程展示。这是二月的细节分析图。青蓝色的背景体现二月时节的气候特点。惊蛰声起，冬眠的动物都开始活动，采用古老传说中的龙这一意象作为象征，也顺应了“二月二龙抬头”的传统节日。图中娃娃与龙互动，体现万物复苏时欣欣向荣的活力。娃娃衣服上的花草纹样也结合了传统的装饰元素。

这一幅是三月的过程展示。这是三月的细节分析图。飞鹤北上，代表春季的到来。图中的鹿和彩色衣服纹样都体现了春季的临近。

这一幅是四月的过程展示。这是四月的细节分析图。娃娃采用古典吉祥娃娃吹玉笛的动势，衣服缀以宝相花。这都展示了四月的季节特征。

这一幅是五月的过程展示。这是五月的细节分析图。鲜花盛开体现了五月的繁花似锦。娃娃衣服上选择了缠枝牡丹，寓意富贵万代。

这一幅是六月的过程展示。这是六月的细节分析图。因为六月是荷花盛开的季节，因此我们绘制了大量的荷花图案，配以紫粉色的背景，营造了时节的氛围感。同时衣服上的纹饰也选用了相似但不相同的荷花花纹，整体十分和谐。背景的意象中加入了水灯、萤火等元素，使得时令感更强。

这一幅是七月的过程展示。这是七月的细节分析图。背景中彩色的树象征着生机盎然。点点萤火烘托出了夏夜的环境，使得画面灵动而轻盈。娃娃手中的莲花灯与萤火相呼应，丰富了画面的色彩。

这一幅是八月的过程展示。这是八月的细节分析图。八月桂花香，整幅图采用了蟾宫折桂的意境，烘托了八月的环境氛围。

这一幅是九月的过程展示。这是九月的细节分析图。娃娃手抱一只轻盈的鹿，衬托了山林的静谧。衣服采用南京云锦图样，用冷色云纹来体现天气的寒凉。

这一幅是十月的过程展示。这是十月的细节分析图。十月柿子丰收，同时衣服上也采用了成熟瓜果的纹样。

这一幅是十一月的过程展示。这是十一月的细节分析图。背景取自清风明月，体现了十一月的清冷。娃娃衣服上选用了南京云锦的花团图案，并佩戴长命锁作为装饰。整体画面既有寒凉感又有喜庆的氛围。

这一幅是十二月的过程展示。这是十二月的细节分析图。雪花纷飞的背景烘托出了十二月清冷的气氛，同时运用金鱼元素象征着年年有余、金玉满堂。衣服上的福字团纹与梅花交相辉映，展现了腊月的季节特征与美好愿景。娃娃手提红包的设计使用了现代跨年的元素，展现了传统与现代的结合。

这是我们作品的构图分析，每一张图的元素都经过严谨的分割计算来放置。

现在是我们的主作品总览，一共有十二张，每一张都个性鲜明，别具一格。这是我们的两张大海报展示，一龙一凤象征龙凤呈祥。现在播放的是季节海报，一共四张，分别寓意春、夏、秋、冬。另外还有六张GIF动态海报、六张背景海报。

现在大家看到的是我们的部分线上、线下产品。线上我们有一套八组表情包以及相配套的海报、手机主题、网页、专属公众号、微信推广游戏。线下有画册、台历、明信片、月历、办公用品、文具、抱枕、海报、装饰画、户外广告、灯箱广告和电子屏幕。

四是我们的团队介绍。本团队共有三个人，分别是视觉传达设计专业的罗雯、王宇蒙、杨璟赟。本小组组内成员通力合作，及时沟通，分工明确，共同进步。

五是我们的专业技术，我们所使用的设计软件有PS、SAI、AE、AI、PR、秀米等。

六是我们作品的推广效应。本作品将年画这一民俗艺术的符号进行再提取，加之以创新，取精华，去糟粕。采用了保留年画精髓的处理方式，不拘泥于现代插画绘画风格，努力找寻并发扬大俗之美。此外，本作品不仅是为了参赛而创作，还是以宣传和推广国家非物质文化遗产为目的的再创造。现已申请了外观专利以及大创等项目，立志将保护和发扬非物质文化遗产风采的精神继续开拓。

七是我们的作品特色。我们活用电脑绘画，刻画精细完善，追求艺术个性，并进行了广泛的社会调研，查阅了相关文献资料，态度严谨。

接下来请各位老师观看我们的视频。

以上是我们的全部内容，请老师点评。

七、周边衍生品设计

不同的设计比赛对于最终作品的要求不尽相同，一类设计比赛只要求设计相应类别的作品或是概念作品，还有一类比赛则更希望强调设计的实用价值。排除一些本就是以产品作为主体的产品设计，其他方面的设计如何拥有实际价值更需要进行思考。以平面类作品为例，这类作品的使用不能局限于打印出来进行张贴或是单纯的网络传播，更应该去探索其他途径的应用，比如商业应用或是公益应用等，具体体现就是作品相关的周边衍生品设计。周边衍生品设计主要可以分为两种，一种是线下周边衍生品设计，也就是实物设计；另一种是线上周边衍生品设计，表现为网页、交互、游戏等形式的作品设计。

常见的线下周边衍生品设计形式多是将作品和纪念品、工艺品、部分日用品类物品结合起来，这些产品既有实用价值又能够结合设计作品达到宣传的目的。参赛学生通常以参赛的主体作品为依托，进行文创产品的设计与制作。同时，周边衍生品设计创作的方向也不是单维单一的，而是包含二维平面和三维立体等形式的多样化转化。平面形式比较常见的是在生活用品上印制体现作品审美和内涵的作品图案。例如提取作品图案或者将设计作品直接印制在手提袋、手机壳、水杯等日常生活用品上，这样的周边衍生品设计虽然比较简单，但是既保留了作品的完整性，又准确传达了设计者的创意与思想。更重要的是，这些日常生活用品是大众经常会用到的，时刻传达着作品蕴含的审美与优秀文化精神，可以做到潜移默化地传播优秀文化，提升大众审美。除了生活用品外，还有些具有观赏、收藏、装饰作用的日用品的创新创作也是成果转化可结合的方向。例如承载回忆的信封、明信片、书签等，虽然时代在变快，但这种邮递的情怀一直都存在于当今时代。还有个性化的卡贴、贴纸、手机壳等装饰物件，这种衍生品不光可以体现个性化的特点，还体现了文化在日常的方方面面传播的特点。此外，二维平面文化创意产品的设计还有办公用品系列，如简易便利的便利贴、火漆蜡等。

为了使得竞赛中优秀的文化作品更深层次地传递给不同的社会阶层，文化创意产品的创作还需结合大众普遍接受的具有具体特征的元素进行创新设计，在周边衍生品的设计转化中，不局限在二维平面，更加灵活、发散、自主地突出作品的特征和特色。同时可以结合科学的制作方式，更好地延展作品可创造发挥的可能性。很多成果转化的周边衍生品在体现作品特色的同时，又要具有功能性、实用性，这种结合科学技术的成果转化会是未来文化创意产品的主要发展方向。例如，将周边衍生品的设计结合3D打印技术。参赛学生结合参赛作品自主创意设计绘制三视图草稿，使用3ds Max等建模软件建立模型，考察好打印技术与材料的种类，分层分块打印，然后拼接粘贴，再进行打磨抛光，接下来根据文创产品所需要的功能、性能进行加工设计，最后出成品。

线上部分利用网络信息媒介进行宣传推广，比如将海报插画中主体人物或者动物形象等设计制作成卡通形象或者静态、动态表情包等，推动作品赛后的宣传与推广，增强作品与人的交互互动，为作品增添感情色彩，从而使作品更加深入生活。另外，一些互动宣传的载体比如微信公众号、动态H5等，将作品通过科普、互动等形式进行运营，让创意设计、优秀文化达到更广泛的传播。还有手机APP的创意制作赋予竞赛作品多重功能、多样属性，使之具备更多的社会价值，以达到发展优秀传统文化的目的。手机主题与图标的创意制作更让优秀作品中代表传统文化精神的图案元素得到发挥与宣传。除此之外，还可以进行网页设计、视频创作、动画制作、游戏制作等多种设计方向的转化宣传。线上文创产品不应局限于作品，而应发掘作品的主旨并进行升华，将作品与公益、文化等方向联系起来，希望通过作品能够对公益、文化的推广出一份力。

除此之外，赛后作品应结合其设计理念、文化内涵制作成周边衍生品，以多样媒介为载体，以多种维度来展现。这样的创作与推广可以促使优秀竞赛作品在多维度、多环境中更好地发展，增强优秀文化与受众的互动，增强优秀作品与大众的联结，同时也推动设计范围的扩大，提高社会审美水平。

案例一

2017年（第10届）中国大学生计算机设计大赛二等奖作品《盛清华裳》周边衍生品（图2.13）。

图2.13 《盛清华裳》周边衍生品

案例二

图2.14 《唐风华韵 盛世霓裳》周边衍生品

2017年（第10届）中国大学生计算机设计大赛一等奖作品《唐风华韵 盛世霓裳》周边衍生品（图2.14）。

案例三

2018年（第11届）中国大学生计算机设计大赛一等奖作品《飞天礼赞》周边衍生品（图2.15）。

图2.15 《飞天礼赞》周边衍生品

案例四

2018年（第11届）中国大学生计算机设计大赛一等奖作品《年画新语之吉瑞精灵》周边衍生品（图2.16）。

图2.16 《年画新语之吉瑞精灵》周边衍生品

八、整合投稿

前文详细介绍了创作与准备答辩的所有方面，在每一部分都完成之后要做的事情就是创作流程的最后一步，即整合。这一步要将所有答辩需要的文件和物品准备齐全，以中国大学生计算机设计大赛为例，报名信息要在指定时间内上传到大赛官网，包括参赛师生的报名信息、作品简介、设计思路、重点难点、指导教师评语等。要整理好作品文件、答辩辅助文件、作品信息概要表、作品展示视频等上传到百度网盘，并将链接分享在报名官网的指定区域。线下要确定文创产品的设计，并通过打印等方式将其制作成实物，方便答辩时进行展示。要注意比赛相关通知，根据要求提交组委会所需信息。同时，对于路途较远的答辩场次，要及时解决住宿等相关问题。最后一步一定要仔细、认真，真正做到万事俱备。

投稿内容案例一

作品：《器韵药语 坤载域物》

作者：齐思远、孙艺菲、王以琳

奖项：2023年（第16届）中国大学生计算机设计大赛一等奖

主办单位：中国大学生计算机设计大赛组织委员会

指导教师：霍楷、樊丁宜

作品简介：

本作品的创作初心是弘扬中华优秀传统文化中的中医药文化。我们经过线上调研、网络调研，准备充分，收集了大量一手中医药及相关器具的素材，对我国中医药的道地药材按地域进行分类，将中医药器具与各地域的道地药材相结合后进行插图和海报绘制，并加入Q版草药精灵，让大家系统了解中医药文化，有利于促进传统中医药文化的传承和弘扬，让人感受美与历史的交融。

设计思路：

作为中华优秀传统文化的重要组成部分，中医药文化历史悠久，底蕴丰富，是中华民族的伟大创造，是中国古代科学的瑰宝。为推动中医药文化更广泛融入人民群众的生产生活，促进中医药文化的保护、传承和传播，小组成员将创新作为推进研究的动力，以中国各地域的道地药材及中医药器具为主体，运用插画和海报形式将作品呈现出来，以表示对中医药文化的欣赏与赞美。

古代医学家经过长期的使用、观察和比较认识到，即便是分布较广的药材，由于自然条件的不同，各地所产往往也不同，由此逐渐形成了“道地药材”的概念。在插画作品绘制过程中所选取的中草药就是遵循了按地域进行分类的方式。我们选取了五味子、细辛作为草药，药锅子作为器具，组成第一幅——关药；黄芪、白芷作为草药，博山炉作为器具，组成第二幅——北药；藏红花、麝香作为草药，药碾子作为器具，组成第三幅——藏药；陈皮作为草药，晒药架作为器具，组成第四幅——广药；黄连、天麻作为草药，药箱作为器具，组成第五幅——云贵药；温郁金作为草药，天平秤作为器具，组成第六幅——浙药；白芍、附子作为草药，药罐子作为器具，组成第七幅——川药；怀菊花、怀牛膝作为草药，捣药罐作为器具，组成第八幅——怀药。我们希望以生动易懂的形式让更多人学习和了解中医药文化。

在深入了解、实地调查以及走访了医圣祠和乐仁堂中医药健康科普馆后，我们进行了文献研究和论文发表。我们还进行了Q版草药精灵的绘制，在插画中对草药精灵的动作、妆发、服饰、造型深入刻画，传神描绘，展现出草药精灵活泼生动的形象，并在服饰和头饰设计中融入草药元素，以求更好地展现出原创插画作品中一系列服饰设计的效果。

作品在绘制过程中采用板绘与鼠绘相结合的方式，使用了PS、AI、Procreate、AE、PR等软件进行绘画和视频剪辑，创作出了一系列中医药文化插画及海报作品。并基于插画作品，设计了一系列文化创意产品，在提高其社会文化价值的同时，旨在传承、弘扬和宣传中华优秀传统文化中的中医药文化，让人感受艺术与历史的交融。

设计重点难点：

在选取中草药的过程中，我们充分地认识到了天然药材的分布和生产离不开一定的自然条件，因此我们从地域角度出发，将中国各地域的道地药材与中医药器具相结合。但由于中国地域辽阔，中医药文化底蕴丰厚，历史悠久，所以在选材过程中需要细致且大量地了解每个地域的自然特征、生态环境，进而调查该地域典型生长的道地药材，并加以勾绘，这是我们在绘画过程中出现的一大难点。在插画作品绘制初期因专业不同、学术研究方向不同，我们对中草药的了解程度不深，道地药材分类较为困难，且初期绘制的插画主题不够鲜明，植物绘制较为写实，缺乏生动性和趣味性。

第二个难点在于插画风格的设计。插画作为该作品的主要表现形式以及中医药文化传播的重要媒介，其视觉冲击力和艺术表现力都显得尤为重要。起初，我们专注于各元素的相互协调，在道地药材和中医药器具的选取上投入了大量精力，在选材符合大赛主题和单幅作品主题的前提下，忽略了作品内容的主次之分，在平面和立体风格之间徘徊。经过草稿和方案的反复修改调整，在不断试错并改进后，我们最终确定了该作品的可行性方案。

在设计中草药以及中医药器具的过程中，我们加入了Q版草药精灵来辅助作品的创作，如何使其给人耳目一新的感觉是该作品绘制的第三大难点。俗话说“人靠衣装”，我们由浅入深讨论了Q版草药精灵的服饰、头饰和整体插画的协调性、系列性。这是首要着眼点，也是观察者最易观察到的地方。而后在色调选取合适的基础上绘制与草药匹配的服饰和妆发，呼应每一套作品的设计主题，最终呈现富含地域文化的中医药插画与海报作品。

自评：

面对视频展示的难题，在创作后期我们定格每一帧动画进行了深入探索与思考。无论是动画效果还是背景音乐辅助，都进行了反复考量，在不断修改和调整后，最终以系列海报形式将中医药文化表现得生动易懂，有力地推动了中医药文化的传承、弘扬和宣传。

指导老师评价：

该作品以中华优秀传统文化——中草药组成及中医药器具为表现内容，开展中草药为媒介的插画及周边产品创作。小组成员的创意确定后，经过线上调研、网络调研，准备非常充分，收集了大量一手中草药及相关器物的素材，为本次创作提供创意素材来源，对中草药中的造型、艺术表现和形式美做了充分的研究准备。线上、线下查阅大量文献和图书资料，为该系列作品创作的科学性、合理性、严谨性奠定了基础。该作品表现形式以中草药及器物为表现对象，遵循客观的中草药特征形象，又有主观的诠释、认知和表达，刻画了一系列中草药插画，并将中草药插画应用在相关文化衍生品之中进行推广。作品采用新技术、新媒介讲述中草药及相关加工方法，传承中草药文化，通过现代计算机技术表现了传统中医药文化与现代人审美认知的巧妙结合，将传统优秀文化用全新的视角和形式进行传承、创新和发展。系列作品的创作历时半年之久，工作量非常饱满，作品非常精细；计算机技术应用充分和深入，多个软件刻绘作品灵活又娴熟；插画与文创产品的创作丰富多样，具有社会推广意义；作品形式优美、生动形象、艺术性极强。该系列作品是一套完整、深入又有应用价值的优秀作品。

投稿内容案例二

作品：《清明》

作者：亢梦谣、牛利艳、向靓

奖项：2023年（第16届）中国大学生计算机设计大赛二等奖

主办单位：中国大学生计算机设计大赛组织委员会

指导教师：霍楷

作品简介：

唐诗是中华文化宝库中的一颗明珠。为了让学习《清明》的中小学生能够更好地理解这首古诗，通过微课更高效地带给他们与线下课堂不同的学习体验，激发学生学习唐诗宋词的兴趣，感受中华诗词之美。我们运用多种技术以动画的形式呈现了《清明》微课。在制作之前做好充分的材料知识准备，并积极制作利于吸引学生注意力的有趣形式，根据诗句意境绘制插图，创设情境插入教学视频，利用科技教育艺术跨界融合的优势，使学生能够身临其境感悟诗词之美。

开源代码与组件使用情况说明：使用通用的媒体播放器播放，无须安装其他软件。

设计思路：

老师授课时使用渐进模式，由浅入深。先让学生简单了解《清明》这首唐诗的重难点，由老师导入课堂，通过介绍诗人简要了解杜牧的生平事迹。再推进到赏析环节，从诗人的角度进入情景，赏析诗句，在体会古诗意境的基础上，插入重点字词意思讲解。通过识字组词小游戏，和学生产生互动感，深入学习知识点。然后给学生科普清明节习俗等，最后留下思考小问题，巩固学生对这首诗的学习成果。

教学过程的具体环节如下。

① 从诗人入手，引入古诗。激趣导课，由开场动画引出课堂学习内容，以有趣的形式吸引学生的注意力。

② 从诗人的角度品读诗句，深入探究。赏析全诗，创设情景，感受意境。在了解诗词含义的基础上，讲解诗人表达的情感。从诗人的角度赏析诗句，深入学习《清明》。诗的前两句形象地描绘了清明节前后春雨的特点，同时十分传神地表达出了清明节雨中行人的复杂心情。画面情景生动，意境悠远，为学生提供了广阔的想象空间。

③ 朗读古诗，学习词义。朗诵熟悉《清明》，推进学习重点字词及知识点，深入了解这首古诗表达的意思及意境，抓住关键字词的含义，结合插图更好地理解全诗内容，更好地深入学习字词及知识点。

④ 浅话清明，发扬传统。结合插图简要介绍中国传统节日清明节，让学生了解清明节及清明节的传统习俗。

⑤ 进行课堂思考，巩固学习成果。通过最后的思考小问题，巩固学生所学到的知识点，回顾诗词情感，加深对诗文的理解和记忆。

⑥ 结合公众号延伸，获取测试习题及答案。线下利用卡片学习知识点，线上对清明节及二十四节气进行宣传科普，全方位拓展《清明》相关内容。通过线上线下相结合的方式，学生能够更好地学习《清明》。

设计重点难点：

一是赏析全诗，领悟思想感情。从诗题自然引出本诗，介绍诗人，拓展文学常识。从诗人的角度感受本诗，使学生兴趣盎然地进入教学情境。抓住重点字词并结合图片理解诗文，在理解的基础上学会有感情诵读古诗，锻炼学生理解古诗、有感情诵读、积累古诗的能力。使学生通过读诗想象、看插图并结合生活实际了解诗的大意，体会诗人的心境。使学生在理解诗意的基础上，正确反复熟读后，完成背诵目标。

二是学习重点字词的读写。指导学生对重难点生字的书写，培养学生写字的兴趣，教会学生正确的写字方法，为学生养成良好的书写习惯打下基础。

三是了解清明节传统习俗。补充清明节的习俗，使学生有一个全面的认知。最后留下思考小问题，巩固学生所学到的知识点，回顾诗词情感，加深对诗文的理解和记忆。

四是营造诗中场景，让学生能够代入诗人的感受，领悟诗人的思想感情。利用科技、教育、艺术跨界融合的优势，帮助学生感受多样化课堂，全面充分学习《清明》诗意及知识点。

我们希望通过微课教学让学生更好地学习《清明》这首唐诗，清晰地了解诗人创作时的思想感情，并通过动画视频这种形式，讲授知识点及赏析，帮助学生更好地掌握这首古诗。并借助注释和有关资料，结合插图引导学生展开联想。

自评：

我们在制作过程中认真准备各种知识材料，根据古诗内容及学生的实际情况，设计微课的各个环节，拟定采用的教学流程，并发散思路融入有趣的教学方法，对教学过程的顺序及时间安排进行详细的记录，认真准备教案及微课视频脚本，及时进行语言推敲。每个环节都做到有备无患，每个环节都在制作微课之前做好充分的材料知识准备，并积极制作利于吸引学生注意力的有趣形式，力争做出一堂精彩的微课。在制作中不断成长，不断丰富团队自身技术，充分发挥科技、教育、艺术跨界融合的优势，促进教学课堂多样化。

指导老师评价：

该微课作品以《清明》为主要教学内容，将优秀传统文化与现代教育技术中的动画技术、互动技术等进行形式创新和手法创新。本作品通过设计人物和场景来展现《清明》的景象，再现了诗人在诗句中所要表达的生动场景，弘扬了中华传统的古诗词文化。作品前期经过网络调研和图书馆调研，收集的资料详实丰富，为该作品的拓展提供了科学、严谨的资料和素材。同时该作品灵活运用多种软件，使作品呈现的视觉效果完整又恰到好处。该作品创作尊重古诗中表达的意境，在查阅和参考朝代背景文化基础上，大胆地动漫化人物造型和建筑样式，力求还原《清明》的背景面貌。作品贴合学生的心理状态，工作量非常饱满，造型简洁，视角变化多样，视频产生抑扬顿挫的效果，在短短的几分钟时间里将很多学生难以理解的古诗词，通过丰富有趣的形式表达出来，视听合成效果和谐自然，既达到了教学的目的，也实现了教学过程的艺术性。该作品所有人物插图、背景建筑、风景、教学场景等形象均为作品团队成员原创绘制，表现力强、艺术性强、原创性强，是一部非常优秀的微课视频。

九、答辩展示

1.答辩形式

答辩展示的形式对于作品的表现有着程度上的区别，找到适合作品且能够让评委老师充分感受作品的展示形式是最重要的。通常在答辩中必备的形式是PPT，但是只依赖于PPT的展示会让整体显得较为单调，并且一些作品类型是不适合用PPT形式的，这种情况下需要设计更适合的展示方式。以交互类设计作品为例，这一类作品的重点在于“交互”，单纯的PPT形式无法将用户的使用过程展示全面，无法体现交互的过程，所以这类作品通常采用视频形式进行展示，在视频中将交互的过程展示出来。视频形式通常可以配合PPT满足各种类型的设计作品，通过动态展示来弥补PPT中偏向图片和文字结合的展示形式。

除了上述两种形式之外，还可以辅助以实体展示形式。常见的实体展示形式多为文化创意产品和3D模型，实体化之后方便评委老师近距离观察，并且能通过立体的形式对多媒体文件的展示进行补充。另外，答辩时可由一人主答，其他人辅助，也可使用两人共同答辩的形式，或增加答辩的互动效果。

2. 答辩陈述

陈述表达也是很关键的一个方面，在整个作品展示的答辩阶段，陈述表达的好坏关乎着选手带领评委老师向作品走近了多少。答辩通常包括两个环节，分别是作品的展示讲解和评委问答环节。在答辩的第一个环节中，好的陈述表达能够更加有条理地对作品进行讲解，流畅的表述也比磕磕绊绊、断断续续的表述更加能吸引听者的注意力，更能令其集中精神。流畅且条理清晰的表达能够营造较为舒适的视听环境，同时也能让评委老师更加深入地了解作品的重点以及内涵。答辩的另一个环节是评委老师与选手之间的问答，陈述表达在这一环节更加重要。评委老师向选手提出的问题多是经过上一个环节的展示讲解之后仍旧存有疑问的地方，这些就需要选手结合收集的资料、创作过程的经验以及自身对主题的理解来进行解答。并且在这一环节留给选手的思考时间也不会太多，选手要将自己短时间在脑海中整理出来的答案通过逻辑清晰并且较为简短的语句表述出来。呈现的答案如何，对于整个作品的评分也有着一定的影响。陈述表达不是完全依靠学生们的日常文学积累，也可以在创作进程中关注一下相关内容，有针对性地进行一些排练、预演，这样也能在最终的答辩中不怯场、不慌乱。

3. 答辩风貌

人靠衣装马靠鞍，恰当的着装能够很好地体现一个人的精气神，因此准备适合的着装进行答辩也是很重要的一点。着装的选择可以结合作品主题或者组内进行讨论，主要可以分为两类，分别是正装和其他风格着装。当作品风格比较严肃时可以选择正装作为统一服饰，不考虑主题、单纯想要表现出认真专业的态度时也可以选择正装。如果觉得正装较为严肃也可以选择其他较为日常的服饰，但是要注意一点，一定要整齐统一。通常可以选择印刷了作品的T恤统一作为上装，下装选择同颜色或同色系的单品进行搭配。在答辩着装的选择上要注意的原则就是统一、简洁、大方、颜色不跳脱。一些设计比赛的主办方会提供统一的T恤，这个时候只要搭配颜色统一的下装就可以，风格不要过于突出。统一恰当的着装能够很好地展现队伍的精神风貌，表现出自身认真、专业的态度。

4. 应变能力

对于答辩中可能遇到的问题，多数人在作品创作过程中就进行了一定的预演和准备，但在答辩期间依然有很大概率被提问到没有思考过的问题。在遇到意料之外的问题时不要过于紧张，过于紧张会影响思考，可以将问题与准备的材料进行联系，结合作品的创作经验以及对作品的思考来回答问题。当不能立即回答出问题时可以大方地向评委老师表达出需要一点时间进行思考和组织语言，不要因为追求回答速度而导致回答的语句磕磕绊绊、颠三倒四，逻辑上也出现问题。这样虽然立即回答了问题，但是并不能充分表达出想要表达的内容，给评委老师的观感较差。当评委老师通过问题指出作品实际不足时，不要强行解释，要虚心接受老师的建议，从而让作品变得更好。大方稳重、有理有据是回答问题最好的态度。

第三节　竞赛组织流程

经过多年的竞赛组织、指导、参与，形成一套由学校主导和管理、教师分工和指导、学生创作和参与的系统化组织流程。按照参赛的自然年为单位，对年度展演和竞赛的程序进行梳理，对竞赛活动的对象进行规范，对竞赛的具体内容进行细化。

一、宣讲会

在春季学期之初进行艺术展演和竞赛的宣讲会。一是面向学生召开年度艺术展赛的讲解和推广会，重点讲解中国高等教育学会竞赛列表赛事、中国高校艺术类指数清单赛事和其他国内外高水平赛事。宣讲会期间，组织上一年度国赛一等奖代表性作品现场答辩，为学弟、学妹现场观摩展示一等奖作品范例，分享一等奖作品的质量评价标准，使学生明确创作的方向和目标，为年度竞赛奠定基础。二是针对艺术类教师开展创新创业类教师培训与经验交流会，在教师层面开展年度竞赛的组织与分工。一方面结合一赛一课的“设计创新与竞赛”“艺术设计创新创业活动”课程，在课上重点组织和指导本硕学生创作作品、撰写论文，参加中国高等教育学会竞赛列表以及创新创业各类年会的论文投稿；另一方面动员教师将赛事融入各门专业课程之中，以赛促教、以赛促学、以赛促研，将创新创业理念贯穿课程的全过程、贯穿人才培养的全过程。

二、竞赛组织

按照校赛组织工作分工及流程，开展各类竞赛的组织工作。在学校层面，由创新创业部门和艺术学院合作开展艺术类竞赛的校赛组织工作，承办中国高等教育学会竞赛列表中的艺术类赛事的校赛，包括中国大学生计算机设计大赛、全国大学生广告艺术大赛、米兰设计周-中国高校设计学科师生优秀作品展、蓝桥杯视觉艺术设计赛、未来设计师·全国高校数字艺术设计大赛、中国好创意暨全国数字艺术设计大赛、两岸新锐设计竞赛华灿奖等赛事的校赛组织与评选工作。在教师层面，按照中国高等教育学会竞赛列表等高水平赛事进行分类，教师分工协作共同组织和指导学生参加多项高水平赛事，指导学生作品的选题、加工创作、投递以及负责校赛的评审等工作。在学生层面，除了各小组开展创作之外，学生科技创新部门的负责同学在院校负责人的指导下，专门组织学生各项参赛作品、论文等的收集与整理、投递，并负责报销事宜，配合学校完成校赛的承办组织工作。

三、竞赛组别

将竞赛参赛组别分为本科专业组、本科普通组和硕士组三个组别，按照本硕相关课程、教师指导内容等不同参赛。针对艺术类专业本科生，开设“设计创新与竞赛”课程，可让他们主要参加各类竞赛学生组别的专业类；针对全校本科学生的非专业组，开设“艺术设计创新与竞赛”课程，可让他们主要参加各类竞赛学生组别的普通类，或参加不限组别的各类赛事及艺术展演；针对硕士研究生，开设“艺术设计创新创业活动”课程，主要指导学生创作作品参加高水平竞赛，撰写论文参加各类论文征集活动等。上述三个组别分工明确，对本科生而言，可重点参加中国高等教育学会排行榜赛事和艺术类指数清单赛事；对硕士研究生而言，除了参加上述本科赛事之外，重点结合美育、创新创业等领域教改课题，撰写相关教学改革论文发表或参赛。将各类竞赛的参赛对象分为上述三个组别，有利于具体化、针对性地开展各类赛事和艺术展演活动，符合美育中审美能力的普及和提升的素质教育要求。

四、教研竞赛

本部分重点针对艺术硕士领域研究生，将撰写创新竞赛论文参加各类年会作为一项重要的教学内容。在“艺术设计创新创业活动”课程中，重点指导艺术硕士撰写艺术创新创业类论文，以国际视角、前沿理念为指导，在课程中融合PBL（问题导向法）、OBE（成果导向法）等教学理念，以教师为主导、学生为主体、目标和成果为导向，探讨教学方法、手段、内容、理念革新，撰写艺术类专业与创新创业等相结合的教改论文。这些教学改革论文一是积极参加清华大学发起的中国高校创新创业教育联盟年会、厦门大学发起的全国大学生创新创业实践联盟年会、山东大学发起的中国高校创新创业学院联盟年会，以及中国高等教育学会创新创业教育分会年会、中国高等教育学会大学素质教育分会等的论文和案例投稿；二是积极参加米兰设计周-中国高校设计学科师生优秀作品展、中国好创意暨全国数字艺术设计大赛等国内高水平赛事的论文投稿。通过教学改革论文的投稿，不断促进学生在专业学习中积极参与本专创融合、思创融合等教学改革研究，培养学生创新思维和积极思辨的意识，推动教学质量不断提升。

五、颁奖论坛

本硕学生可参加中国高等教育学会排行榜赛事、艺术类指数清单赛事，以及撰写论文投稿省、市科学学术年会等各类学术会议。学校可推荐和组织学生参加各类竞赛颁奖会及学术年会。一方面，组织学生听取业内专家学者讲座，有助于学生学习本领域前沿知识和理论观点，把握本领域发展的新动向；另一方面，积极推荐学生尤其是硕士研究生在学术会议论坛上分享论文，有助于学生在各类学术观点的碰撞中开拓视野，增长知识，提升学术能力，培养学生具有一定的独立从事科学研究的能力和水平。如中国包装创意设计大赛颁奖及论坛上举办了优秀作品展和丰富多彩的学术论坛，学生在会场不但能够学习一等奖作品的优秀案例，还能够领略来自本领域顶尖学府专家学者分享的前沿知识，从创新实践和艺术理论方面开拓视野。再如学生积极参加中国与俄语国家文化艺术教育国际论坛并踊跃投稿，在研讨会期间，师生面向中俄两国专家学者，分别分享了《PBL与OBE向度：艺术类专业创新创业教学改革研究与实践》《艺术类高校传统文化与前沿科技融合与实践研究》《高校艺术设计与创新创业融合发展研究》《后疫情时代艺术设计专业创新创业教育改革的探索与实践》《课程思政背景下艺术设计专业教学创新探索》《美育背景下艺术类专业立体混合式教学改革研究与实践》等多篇创新创业、美育相关文章，推进了学术交流。

六、总结交流

在秋季学期末，各类竞赛基本接近尾声，一方面教师和创新团队参加年度的学校创新创业成果汇报及经验交流会，在会上学习各团队一年来指导创新创业优秀团队的做法和经验。学校众多学生创新团队分享在高质量竞赛、教学改革研究、项目研究等领域取得的丰硕成果。通过团队的经验分享，促进各团队之间的经验交流和共同提升，为下一年度本团队开展艺术类创新创业教学工作奠定基础。另一方面提前布局，投入新一届的赛事组织之中。面向下一年度参赛学生开展艺术类赛事初步组队和分工，鼓励学科交叉优势互补；鼓励学生提前组队与指导教师建立竞赛小组，确定选题方向；建议学生利用寒假期间做好前期调研，为竞赛储备一手实地调研、网络调研等实践素材和理论资料。具体的年度竞赛组织流程如表2.1。

表2.1　竞赛组织流程

组织程序	活动对象	具体内容
宣讲会	学生	开展中国高等教育学会竞赛列表赛事等各类竞赛宣讲，组织国赛一等奖作品展演
	教师	开展教师培训与经验交流会，开展竞赛分工与推广会
竞赛组织	院校负责人	组织校级赛事
	教师负责人	负责指导学生参加多项竞赛、指导学生作品的投递等
	学生负责人	组织各项竞赛作品、论文的收集、投递并负责报销事宜
竞赛组别	本科专业组	组织参加本科专业组艺术展赛
	本科普通组	组织参加本科普通组艺术展赛
	硕士组	组织参加硕士组艺术展赛和论文投稿
教研竞赛	创新创业年会	参加创新创业教育四大年会的论文和案例征集活动
	竞赛论文	参加各类竞赛论文征集活动
颁奖论坛	竞赛颁奖论坛	组织学生参加各类大赛颁奖论坛会、讲座
	年会颁奖论坛	组织学生参加各大年会颁奖论坛会、讲座
总结交流	教师	汇报创新团队成果与进行经验交流
	学生	进行竞赛总结与下一年度竞赛组队工作

第三章
艺术展演与创新竞赛经验

第一节　竞赛作品评审标准

一、创

思想的原创性是作品的生命线。参赛作品的核心观点、主要内容、创作素材等都要出自作者独立的思考。原创性是具有核心竞争力的基础，在坚持原创性的基础上追求作品的创新性，才会创造出新颖而独特的作品，这样的作品才有可能在设计竞赛中脱颖而出。表现技巧可以通过训练而得到，而设计思想和创意是设计的精髓所在，“情理之中，意料之外”的创意往往别具匠心。原创性是对一个作品最基础也是最重要的要求，它要求作品的主旨、具体的表现形式和手法，以及作品中蕴含的情感都是创作者进行独立思考后确定的。非原创在创作成本上的花费确实很少，但这是对他人作品的不尊重，是对版权的无意识，是对自己的不负责。原创性是所有设计比赛都会要求的一点，将原创性作为前提来进行设计，创作者们才能真正地去探索自己想做的、想要表达的究竟是什么，真正做到思维的激荡。原创性也是对创作环境的一种促进，当创作者都遵守规则进行创作，最终的作品就会具有精神和思维世界的独创性，整个创作领域也会在这种规则下逐渐进步。

创新性是一个作品的闪光点。打破固有的思维模式，从新的角度、新的方式构思出的作品更具有吸引力。创新的作品带有原创的特点、性质和闪光点，那些“见人之所未见”的发人深省的创意，往往让人耳目一新。设计作品的创新可以从两个方面进行思考，一是作品自身，二是作品衍生的文化创意产品。在作品自身的创新上，重点关注表现形式和情感表达。例如二维和三维的转换、抽象和具象的选择，甚至是色彩的搭配等，在构思的过程中找到属于作品自身独特的表现形式。另一方面的创新体现在作品衍生的文化创意产品中，文创产品的形式不拘泥于常见的产品，跟随信息化的脚步将新媒体、游戏等与作品相结合是更贴近于信息时代的创新展示形式，怎样巧妙结合就考验了设计者的创新性思维。无论是什么形式，打破传统的模式，创作出独特的、具有吸引力的创新性设计作品是每一个设计竞赛最终所希望达到的目的。

二、量

设计作品在竞赛中的评价方向除了十分重要的作品质量、主要体现在作品的设计手法以及所要表达的思想外，作品的数量也同样重要。一方面，作品的数量在一定程度上反映了参赛人员的工作量以及认真程度。在水平不同的情况下，作品的设计、立意是主要的评价标准，但是在主要面向大学生的设计竞赛中，参赛人员之间的设计水平其实并没有太大的差距，并且对作品立意的评价也比较主观，每个评委老师的看法都不会完全相同。这种情况下，作品的数量对于作品最终的得分就有着一定的影响。在水平相差无几时，作品数量较多的一组设计作品更能让评委老师感受到这组参赛选手的认真程度，从而使作品获得更高的评分。另一方面，作品数量较多也能更好地诠释设计主题。一些赛程较长的设计竞赛，最后要求呈现的作品都是系列作品，也就是围绕着主题进行多方面丰富表达的作品。作品的数量多，在设计安排上就能够涵盖更多的方向，更能充分表达主题。

以中国大学生计算机设计大赛为例，系列作品要具有饱满的工作量并满足线上线下多样化人群的需求，不仅要有线下展示的展板插图介绍、视频解说和文化创意产品等辅助支撑，还要有利用网络和手机自媒体等便于线上使用与推广的内容。除此之外，辅助展示作品的PPT文件和演示视频文件也要精心设计，内容要饱满、充分，版面设计的风格要与整体作品风格协调统一。不但在参加竞赛评审中要注意设计质量的提升，在成果转化为社会推广的文化创意产品时更要注重质量的提升，对细节的推敲要做到精益求精。在校赛、省赛和国赛几轮的竞争和修改完善以及赛后的成果推广过程中，只有层层把好质量关，才能在竞争中更具优势。

三、健

竞赛作品的主题思想与内容是作品的生命。作品的思想性应体现在主题明确、积极、健康向上，与时代主题相呼应，价值导向正确，内容能够科学、完整地表达健康的主题思想和内涵。从参赛作品主题健康视角来看，参赛作品的核心概念不能有错误的导向问题。对于作品导向的要求，主要包括作品不得违反中华人民共和国法律法规，不得包含暴力、色情等内容，不得出现与性别、种族、宗教相关的歧视内容，不得侵犯他人隐私，不得违规使用伟人形象，不得出现违反国家主权和领土完整的内容，不得出现篡改历史、煽动民族情绪等的内容。对于有导向错误的作品，实行一票否决制。由此可见，艺术展演及竞赛作品要体现社会主义核心价值观和积极向上的正能量导向，德育与艺术创作的紧密结合是参赛作品的核心，具体表现为将思政元素贯穿艺术创作的始终，将艺术教育与课程思政紧密结合起来。主题内容的导向正确是创作及参赛的底线和红线，这也是人才培养中立德树人的重要要求，目的就是要解决“为谁培养人”的问题。

四、技

现如今的参赛作品，基本都是与计算机设计相结合的艺术创作，主要借助计算机软件将图、文、声、像等信息进行创意和加工，这依赖于计算机相关软件的操作能力和经验，主要包括参赛学生对设计对象选用何种技术和手段是否有仔细的观察、思考和明确的判断；对选用的制作工具运用是否熟练，对制作工具的技巧把控是否娴熟；创作的作品主题、思想内容与所用的技术表现是否恰当、合理、准确和生动；对创作作品的细节加工是否深入完善；对图形、图像相关技术参数的把握与技术规范是否准确等相关技术问题。“工欲善其事，必先利其器。”随着现代科技的发展，设计已经不仅仅局限于从前的手绘了，更多的电脑绘图让设计的效果更加多样化，令人耳目一新。掌握操作所需软件的技能已经是设计师不可缺少的技能了，软件是设计师的另一支“画笔”，使用这支笔能更快、更准地传递出设计师的想法和创意，因此设计类软件的操作能力在参赛中是极为重要的。技术美是艺术美的基础，技术美体现在深入和完善的技术表现层面，是完成作品创作的基本保障。

五、美

上文讲技术美是艺术美的基础，而艺术美则是技术美的目标与成效。参赛作品应该具备一定的视觉审美语言，给人以美的视觉感受，激发人们对作品的认可，使人产生联想和共鸣。从美的标准来看，参赛作品应具备较强的造型、色彩、肌理、空间等视觉审美要素，具有完善、深入、有趣和新颖的艺术表现手法，系列作品应具备风格和谐、特征鲜明的系统性和协调性，体现艺术类专业公认的视觉审美法则和规范，适当具有反映业内新思想、新理念、新手法、新趋势等引领专业发展前沿的审美内容。以上参赛作品艺术审美要素主要依赖于参赛者的视觉审美能力与美术基础。良好的审美依赖于美的事物，创作来源的美会使参赛的作品具有良好的创作基础，因此，良好的审美是设计师专业能力的基础和内在要求，也是设计类竞赛的重要评分点之一。虽然现在的平面设计大多是借助电脑软件实现，但是设计师的美术绘画功底和美术基础知识也是极为重要的。如果一个设计师没有美学概念为基础，就不可能具备客观的理性思维和视觉经验，便无法掌握视觉的生理学规律，进而也不会创作出好的作品。

六、其他

参赛作品应具有较强的社会推广意义及价值经验。从很多比赛的获奖原因和专家点评来看，获奖作品并不复杂，无论是选题、制作还是最终的呈现都比较简单，但是作品具有极高的实用性和社会价值，甚至很多作品已经投入使用。而很多学生甚至指导教师只追求标新立异，在选择主题的时候，求新求难，往往设计出来的作品不具备实用性和普遍性，更不能服务于社会大众，失去了比赛和设计最基本的内涵。只有立足社会问题，善于提出解决问题的对策和方案，作品才能够转化为面向社会普遍推广的创新成果。

参赛者应具有文档工作经验。在指导学生参加各类比赛时，经常出现文档保存失误、文档内容欠缺等致命问题。以中国大学生计算机设计大赛为例，初赛就需要将自己的作品提交到网上进行筛选审核。这就要求学生在提交作品之外，还要提交文档说明、作品介绍等相关资料。往往很多学生只注重作品本身，而忽略了文档工作的重要性，没有充分认识到文档等相关资料的重要性，甚至缺乏必要的撰写能力，以致不能清晰明了地表达自己作品的内容、意义及影响，无形地湮没了自己作品的闪光点，导致评委打分时大打折扣，严重影响比赛的成绩。

第二节　指导竞赛经验总结

一、指导选题经验总结

一个好的选题是比赛成功的关键。“你看得越多，想法就越多。”这是戛纳国际广告节的宣传口号。由此可见，好的选题一定是源于生活的，绝非收到比赛通知临时抱佛脚得来的。在平时的学习和生活中善于发现问题，利用所学设计理论，不断探索解决问题的方法，那么设计的主题便应运而生了。当然，这要求参赛者有一定的文化知识储备，能利用发散性思维、创新思维等思考合适的选题。

例如，中国大学生计算机设计大赛往届的课件类优秀作品中，很多是择取了日常学习中的一个难点章节甚至是一个细微的小节，这些难且零散的知识点用传统的方式教授不易让学生理解。很多参赛者以此入手，选择用新颖的教学方式去代替传统的教学方式，产生了录制视频或模拟现场等极富创造性和趣味性的课件作品。短短几分钟的视频，使学生即使身在教室也能身临其境，充分理解、掌握这些难点、零碎点。因此，一个好的作品不只是应用了高端的技术或产生了酷炫的效果，更重要的是发现一个好的选题并寻找最佳的切入点。来源于实际生活的选题更具有实用性，能解决日常生活和学习的问题，更加具有鲜明特色。

二、参赛态度经验总结

设计大赛的目的就在于培养学生在设计方面的能力，激发学生学习专业知识和技能的潜能和兴趣，提高学生的创新精神和实践能力，将本专业所学与计算机领域巧妙结合，灵活应用，实现非同凡响的效果，最重要的是运用相关技术去解决实际生活问题。参赛作品都体现了一定的社会现象，或富含文化内涵且均服务于社会，这也是大赛的时代主题。

然而一些学生不够重视竞赛，存在只重视理论学习而忽略实践的常态。有些学校没有出台竞赛与成绩、学分、保研等相关的政策，所以学生不愿意花费大量的时间去参加比赛，毕竟做出一件能够获奖的作品还是很耗费精力的。某些学生即使参加了竞赛也没有足够的能动性和自发性，作品缺乏质量甚至半途而废的现象比比皆是。特别是某些比赛要求庞大的作品数量，比如成系列的作品，而对比赛缺乏重视的学生往往临时抱佛脚却，也达不到作品的数量要求。导致学生对比赛的重视程度不足这一现象的原因还与某些教师的指导有关。在没有相关政策出台的前提下，教师在自己研究任务繁重的情况下，很难仅凭责任心分出精力去指导学生参加比赛。等到官方的比赛通知出来后再传达给学生，时间短，任务重，质量、数量不达标也是难免的。归根结底，竞赛若想取得优异的成绩，必定离不开极高的重视度和充分的准备。机会总是留给有准备的人，大学生应该通过竞赛等渠道培养自己的创新意识与创新能力，激发自己的学习兴趣，发散思维，开启智慧。在这种意识的指引下，大学生无论参赛还是在日常学习中都能够崭露头角、提升自我。

三、指导过程经验总结

对于竞赛的常规化、持续性、平台性，教学指导具有重要作用。以东北大学创意设计创新团队为例，自2011年开始，团队陆续组建了竞赛团队QQ和微信大群，每组学生又分别建立QQ和微信小组群。将竞赛的共性问题、通知通告和组织工作在大群里发布，对各组具体问题分别在小组群里具体分析和具体指导，将解决问题和创作的效率提升到最大化。除了线上指导外，指导教师在工作室进行现场指导、沟通和修改，将线上线下指导方式结合起来，灵活开展竞赛第二课堂指导工作。除此之外，团队专门开设“设计创新与竞赛”课程，将课堂教学与第二课堂紧密结合起来。

答辩前，指导教师分别按照国赛要求，组织学生严格、正规地开展答辩演练，模拟评委提出各类问题，锻炼学生进行充分、完整、深入和精准的回答，以便在答辩现场让学生充分发挥最佳状态。通过省赛和国赛前的多次答辩演练，培养学生语言表达能力、应变能力、沟通的艺术性，以及锻炼优雅大方的行为举止，以最佳的答辩状态展示学子的精神风貌。

四、教学相长经验总结

参加中国大学生计算机设计大赛除了能培养优秀学生，还能锻炼指导教师的能力。一件好的作品离不开教师的悉心指导，教师必须对作品宏观把控，有高屋建瓴的认识。而在很多高校，参加中国大学生计算机设计大赛并不能给教师带来任何收益，教师全凭自己的责任心和对工作、学生的热爱之情来义务指导，提升自身品格，坚守职业操守，为中国特色社会主义事业培养高质量人才。中国大学生计算机设计大赛并非只局限于计算机领域，而是服务于整个社会的，所以其作品要得到社会各领域、各专业的共同认可。因此，教师不仅要精通本专业，而且要掌握计算机领域的知识和技能，深入了解作品所服务的对象。整个过程不仅提高了教师自身水平，还增强了与学生更深入的交流与沟通，推动了比赛的顺利进展。

学科竞赛以探索和研讨的形式将理论教学与实践教学完美结合。在实际操作中，改变了传统的演示实验，使其向综合性实践发展。不仅改变了传统的教学方式，还极大程度地拓宽了教学内容。相关教学便有了更高的要求，教师也需要不断探索教学工作，推动教学改革的发展，以适应时代的要求。

第三节　能力培养经验总结

大赛的目的不仅是培养创新型人才，检验教学水平，而且是点燃学生头脑中智慧的火种，激发学生的创新性思维，激活高效、灵活的学习方法，探索创新思路，产生创新的连锁反应。在这种竞赛环境下，应使学生具备利用专业技能更好地解决实际问题的综合能力。大赛一般设置了演示、审查、答辩等程序，这便是对学生专业能力和综合素质的训练与考核，从而借助比赛培养更多高质量的专业型人才。

一、以竞赛为驱动提升专业的核心竞争力

大赛是对学生专业能力的培养与检测。古诗云“纸上得来终觉浅，绝知此事要躬行”。专业知识亦是如此，只有实际操作应用才能检验学生对知识的理解程度，也只有不断探索尝试，才能将知识与生活融会贯通。比赛或大或小，但是其流程大致相同。学生参加比赛需要具备过硬的专业知识和技能，亦需具备创新思维和创新能力，才能在比赛中获得评委的认可。

除了学生自发努力提高专业技能外，合理地组队对提升专业的核心竞争力也是有很大帮助的。一方面，跨专业组队。比赛更侧重学生的团队合作能力，跨专业合作不仅能提升本专业水平，而且实现了不同学科之间的交流与学习。另一方面，跨年级组队。不同年级同学的合作，能实现以老带新，薪火相传。虚心听取学长、学姐们的经验分享，专业上取长补短，对比赛取得进展十分有帮助。

比赛项目的实践也是衔接专业与职业的良好平台，主要具有以下两点重要意义：一是专业教育的目的是更好地投入职业实践中，通过对参赛项目的开发，学生在特定的资源下从专业角度出发进行特定的构思，从而获得身临其境的职业感受。二是专业教育的过程是指将学到的知识、技能充分地应用到实际中去，进而解决实际问题，即学以致用。因此专业教育不仅要求学生对专业知识深刻理解，还要求学生投入实际的环境中展现自己的技能、表达自己的想法。而大赛就是一个极佳的展示平台，很大程度上提升了学生的专业能力和实践能力，使学生极具专业核心竞争力。

例如，中国大学生计算机设计大赛在大学生专业与职业衔接的目标中，就“做什么”问题上大赛正式发行了参赛指南的三个总目标：一是更深入地掌握计算机技术基础知识；二是领导各专业新产品、作品、系统的开发与运行；三是理解计算机技术发展对专业、职业乃至产业的重要性与战略影响。这就说明大赛旨在培养具有专业技能且能创新应用到该领域的有社会责任感的优秀设计师，实现专业与职业的完美衔接，提升自我价值，为未来的职业生涯打下基础。

二、以竞赛为媒介提升综合素质

从激烈的国际竞争来看，国与国的竞争归根到底还是人才的竞争。大学生是

中国特色社会主义事业的建设者和接班人，因此，大学生综合素质的高低关乎我国在国际竞争中能否占据有利地位，关乎中华民族的伟大复兴事业。提高大学生的综合素质变成社会主义建设给高等教育提出的至关重要且迫在眉睫的时代课题。

竞赛活动要紧密联系课堂教学，用竞赛的方式去激发学生理论联系实际和独立思考的能力，通过竞赛这一实践活动来发现问题，并用一技之长去解决问题，增强学生自主学习的能力，培养学生未来就业的自信心。竞赛极具探索性、创新性、科研性，必定没有投机取巧的捷径可循，只有付出艰辛的努力才可能看到胜利的果实。因此，开展科技竞赛活动，有助于培养大学生严谨求实的学习态度和勇于探索的创新精神。竞赛不仅促进高校课程改革和学科建设，而且引导学生更加注重创新能力、合作精神、实践能力、理论联系实际能力等。在国家倡导素质教育的背景下，提高学生的创新能力和对实际问题的解决能力，为培养全面发展的创新型人才起到了极大的促进作用，为国家建设注入了源源不断的新鲜血液。

以国家三级赛要求为例，学生需要进行学科交叉组队、设计创新性作品、团队协调合作、制作作品答辩辅助文件、演练答辩过程、制作展示视频、作品创作推广、发表竞赛论文和申报专利、答疑评委提问等，分别参加校赛、省赛和国赛全过程，并根据评委指出的不足，在专业教师指导下不断修改完善作品。学生在所学设计理论的基础上得到了充分的理论实践，比赛的整个过程中，学生专业能力、创新能力、沟通表达能力、实践应用能力、理论研究能力、团队合作能力等多种综合能力得到了充分的提升和锻炼。很多院校建设了素质积分平台，鼓励学生参加科技竞赛，在提高学生综合素质积分之余，增强学生的整体综合素质，为培养全面发展的人才做出积极贡献。另外，全国各类竞赛所涉及的专业范围，大多都融入了国内外先进的人才培养理念，成为给学生们提供先进技术、技能的有利平台。竞赛中，大学生在原有的充足理论基础上，感受最新的教法、学法、练法，由知识组合型学习向企业文化渗透型学习转变，由被动学习向主动学习转变，进而提升自身素质。

对于综合素质的提升具体体现在以下方面：

一是竞赛有助于大学生专业能力的培养。艺术类专业以竞赛为驱动育人模式，经过多年的实践证明是具有可行性和创新性的教学改革模式。艺术类专业竞赛育人，改变了第一课堂教学的单一形式，打破第一课堂和第二课堂藩篱，将第二课堂的艺术实践教学、创新创业育人和美育中的艺术展演结合起来。将竞赛选题、理念融入专业教学，学生在第一课堂上接受专业知识教育，结合竞赛选题开展专创融合；学生在第二课堂即社团、协会、工作室、实践基地等跨专业组队，按照竞赛类别开展专业创作，将第一课堂专业知识与第二课堂创作实践紧密结合起来；

学生在赛后开展多元成果转化，即第三课堂服务社会，推动竞赛作品的孵化，推动创新创业的深入开展和美育成果的转化浸润，让竞赛成果在校内、校外广泛推广开来，惠及更多的人。

二是竞赛有助于大学生创新能力的培养。高校是培养创新型人才的摇篮，是人才涌入社会的传送带。因此，高校设计竞赛对人才创新能力的培养起到了至关重要的作用，在学生的学习和生活中也占据着不可小觑的地位。其对学生的知识、思维、行为等产生潜移默化的影响，自然对学生的创新能力起到培养作用。通过竞赛，学生的知识得到累积与重组，在不断创新中寻找新的知识与方法论。重复这个过程，达到一定熟练程度后，学生不仅能将所获得的学科知识应用于实际问题，而且能自发地投入创新活动中，在创新的成功与失败中磨砺自己，积累经验，从而树立创新精神。

三是竞赛有助于大学生实践能力的培养。高等教育的根本任务之一就是培养学生的实践能力，而组织竞赛是培养学生实践能力的重要途径。大学生参加设计竞赛可以把所学设计理论应用于实际问题，这是课堂远远不能实现的，参赛对学生的影响也是全方位、多层次的。空有理论不过是纸上谈兵。通过设计竞赛，学生前期会深入生活进行大量的调研工作，查阅科学依据和理论数据。在设计的过程中将无形的、概念的、抽象的设计理论转化为肉眼可见的设计作品呈现出来，不仅锻炼了学生的实践能力、动手能力，更是学生全面发展的重要表现，为将来步入社会打下坚实的基础。

四是竞赛有助于大学生团队精神的培养。团队是一个为了共同目标而合作的集体，团队精神是一个集体的凝聚力所在。参加设计竞赛可以培养大学生的团队精神，也是高校落实素质教育的重要措施。团队精神可以让团队中的每一个学生感受到温暖，有利于他们互相帮助、互相学习、取长补短、分工合作，从而齐心协力高效地解决问题；团队精神有利于提高大学生团结协作、与人共事的能力，有利于塑造自身良好品格和提高综合素质。因此，高校的设计竞赛能加强大学生团队精神建设，对大学生的自我人格及社会角色的定位是极其重要的。

五是竞赛有助于大学生沟通表达能力的培养。卡耐基曾说，一个人的成功85%是靠他的人际沟通和演说能力，只有15%跟他的专业技能相关，论证了学会沟通与表达是更好生存所必需的一项重要技能。随着中国经济社会的高速发展，对人才的需求和要求也越来越高。对于大学生来说，无论是课堂上还是不久后步入的职场，学会沟通与表达都是最基本的能力之一。大学生积极参加设计竞赛的过程中，与指导老师、同学们表达自己的设计想法时，没有好的口头表达能力，即使有一个好的思路也可能得不到大家的理解与认同；评委审核答辩时没有好的口头表达能力，也可能使作品黯然失色。因此，学生在设计竞赛中锻炼出的沟通和表达能力，将会成为终身的财富。

六是竞赛有助于大学生科研能力的培养。参加设计竞赛，不仅能提高学生的实践能力，更重要的是能培养学生的科研能力和抽象思维能力。学生参加设计竞赛必然要进行文献资料的查阅、设计方案的研究等一系列研究活动。在这些研究活动中，学生能利用竞赛有限的时间、空间、资源等将科学知识灵活应用于设计中。通过设计竞赛深化所学理论知识，扩大知识面，构建优化的科研知识体系。在这个过程中，其科研能力得到了多层次、多角度的培养。这为学生日后独立进行科研工作打下了坚实的基础，也增强了学生的竞争力。在许多科研氛围浓郁的高校里，通过参加设计竞赛来培养学生的科研能力是极其可行的。但是，就目前大学生设计竞赛的状况来看，存在着设计竞赛成果质量不佳、参与人数较少等问题。因此，各高校要调动各方面积极组织并参与到大学生科研活动中，为培养大学生的科研能力提供良好的氛围和环境，努力使高校竞赛工作与时俱进，在实践中体现服务育人的指导理念。

三、以竞赛为契机推动创作经验积累

比赛过程中，学生不仅能提升自己的专业能力和综合素质，更能为自己积累大量的设计经验与作品成果，得到自己设计之路上的一笔宝贵财富。

“只要功夫深，铁杵磨成针”，对于设计来说同样如此，优秀的设计人才不仅需要独特的艺术眼光和思维，更需要勤奋练习、刻苦磨砺自身的精神。对于设计行业而言，经验往往是最重要的，而经验不是依靠学多少的知识或者是看多少设计专业的书，又或者是上过多少专业课，而是在不断的实践之中总结成果或失败的原因而得来的。根据美国学者埃德加·戴尔（Edgar Dale）1946年提出的“学习金字塔”（Cone of Learning）的理论，通过实践可以记住最多的知识，光学不练等于没学，知行合一方为真知。参加设计展赛无疑是一种很好的实践途径。在参赛过程中可与来自全国甚至是全球的设计人才交流，获得老师的悉心指导，增加自己深入学习的动力和热情。参加比赛的学生肯定会花大量的精力和时间，去完成并完善自己的作品。在这个过程中，可以将专业知识进行巩固和更深入的了解，同时参加比赛看到很多好的作品，也拓展了自己的眼界，也看出了学生和其他人之间的差距。而且有些比赛还会要求团队协作，在团队协作中，不仅可以学到他人的优势，还可以增加自己的社交能力。这些都在潜移默化之中影响着学生，成为以后参赛、设计、学习或者工作上的经验。更重要的一点是，参赛往往是一个完整的流程，从搜集资料到最后提交作品，所有的设计流程都需要亲力亲为，在这个过程中可以了解到很多知识，比如素材网站、资料库、下载方法、论文检索方法等，这些都是设计必不可少的步骤，也都可以转化为自己的经验，可以成为实战利器，大大提高完成设计作品的效率和质量。参赛还能拓宽自己沟通交流的能力。如何与老师交流，如何与陌生人交流，如何用最快的时间和老师完成沟通并解决好遇到的问题，这些都可以成为经验的一部分。最后，设计展赛作品不是一蹴而就的，需要不断地修改，甚至推翻重新设计，这对参赛者的心态也是一种很好的磨炼。有经验的设计师能够很快地推翻自己的作品重新开始，而不会浪费时间在“失去”的困扰之中，而新手可能会迷失在失败感中，失去斗志，失去重新创作的勇气，什么时候该放弃，应该放弃什么，这也是设计经验的一种。总而言之，百炼成钢，在不断的参赛过程中可以积累设计经验，不论是设计上的知识还是实践中的技巧、心理素质，优秀的设计师往往能够将经历转化为经验，使之成为自己的“神兵利器”并应用于设计之中。正所谓实践出真知，这里的真知对于设计师而言就是设计经验了。

如果说积累的经验是看不见、摸不着的精神财富，那么在参加设计展赛过程中产生的设计作品就是物质财富。参加设计展赛可以积累个人的设计作品。对设计专业的学生而言，不管是升学、出国深造还是就业，作品永远是“硬通货”，最重要的就是用自己的作品说话。所以说，拥有更多的作品就意味着有更多的话语权。因为对一个陌生人谈设计经验是难以让人信服的，而优秀的作品是设计经验的另一种表现形式，是经验的代言人。在参加设计展赛的过程中能够积累作品，将比赛的成果转化为下一个周期比赛的作品，不断地迭代，增加自己的作品数量，在谈及自己的设计能力时可以由作品谈经验。当然，这里所说的作品不是指用来应付比赛、应付学校要求的作品，而是认真创作、认真完成的参赛作品。通过参加设计展赛积累的经验和作品，对于设计师而言是最宝贵的财富。

四、以竞赛为平台创造晋升机遇

证书是就业的一张入场券。现代人才市场具有人才多样化的特点，对应届毕业生而言，个人能力和素质成为求职过程中的决定性因素。而毕业生数量的爆炸性增长决定了企业在选择某一专业的人才时会进一步提高要求。在这样的背景之下，参赛证书和获奖证书是学生个人能力的重要体现，也是企业考查学生的重要方面。对于应届毕业生，企业很难要求他们有很强的工作经验，在工作经验上绝大部分的应届生可以说是站在同一起点。如果一个学生有丰富的参赛经历，甚至有很多的获奖证书，那就意味着他在设计上有更多的经验，有更强的能力，进入公司之后能更快地进入工作状态，甚至大大节省公司培养他所耗费的时间和资源，这样的人才无疑是很多优秀的设计公司的争抢对象，几乎不存在无法就业或者就业难的问题。虽然企业在发布招聘信息时并没有提出证书方面的要求，但是一个有证书的应聘者往往比没有证书的应聘者有更大的竞争力。

对企业而言，证书体现了一个学生的价值，体现了一个学生的个人能力。对学生而言，证书提升了自我认同感和成就感，增强了学习的动力，在参赛的过程中使学习内容更加深入化和专业化，也可以极大地激发学生的学习积极性。证书也是一个学生综合素质的体现，设计比赛不仅仅考查参赛者的设计技能，同时还考查参赛者的描述能力、语言文字能力、心理素质、团队合作能力、统筹规划能力等多种能力。比赛锻炼学生的综合能力，证书是学生综合素质强的体现，为学生带来更高的信任度。此外，很多大型企业会作为主办方举办比赛，在这些比赛上获奖等于叩开了这些企业的大门，大多能够直接进入这些企业实习或者工作，这也是获奖证书带来的好处。

总而言之，获奖证书对于学生而言有百利而无一害，证书给学生带来的不仅仅是荣誉，更多的是机会，它可以被称作就业的一张入场券。

第四章 艺术展演与创新竞赛教学研究

竞赛与专业深度融合的竞赛育人教学模式能够极大程度促进理论成果转化。一方面从学生的角度来看，在充满竞争意识的环境中，学生必然需要通过更多的理论成果来增加自身作品的竞争力。学生在参赛的过程中将课上的理论知识以实践的形式展示，又将在制作作品过程中的思考汇总成论文并发表。这种理论转化为实践再转化为理论的过程，不但能够帮助学生快速理解理论知识，还能够锻炼学生的逻辑思维能力和思考问题、解决问题的能力，也为学生日后毕业论文的撰写打下了基础。另一方面从教师的角度来看，在指导学生参与比赛的过程中，涉及经验分享、作品修改、优秀作品分析等工作，这些工作不但能够提升教师的教学指导能力，更有助于教师把握当下设计主流风格，对教师在教材撰写和编改、教改项目申请等方面都有实践基础和理论支持。

除了在理论成果转化方面有重要意义，竞赛与专业深度融合的竞赛育人教学模式还能够促进实践成果转化。一方面，从学生的角度来看，在竞争激烈的竞赛角逐过程中，除了需要过硬的专业知识和相对完善的整体作品之外，还需要一定的成果进行辅助支撑，比如竞赛相关论文、专利等。这些实践性成果将会对学生未来发展起到重要帮助。另一方面，竞赛育人的大量实践成果转换有助于学院和教师获得具有多元性、多样性的成果，能够帮助学院和教师获得更多的教学成果奖，对当地科技创新实力的发展起到重要的推动作用。总结艺术创新与展演竞赛相结合的教学研究成果，大致可以分为竞赛教学改革论文、竞赛教学改革项目、创新创业项目、竞赛课程、竞赛教材、竞赛教学团队、教学成果奖、创新创业年会案例、专利等多项成果。

基于多年的竞赛育人实践，紧紧围绕创新、美育范畴的艺术竞赛和展演，逐渐形成一赛一课（一流课程）、一赛一题（教改课题）、一赛一书（竞赛教材）、一赛一文（教改论文）、一赛一队（竞赛团队）、一赛一创（创新项目）、一赛一果（教学成果）等综合性成果的实践教学和理论教研经验。各类成果看似独立，但又是相辅相成的，形成较为系统化、多样性的教学改革研究与实践经验。

第一节　竞赛教学改革论文

竞赛教学改革论文是通过探索竞赛与艺术类专业、创新创业、美育与德育深度融合等相关问题，以创新竞赛为驱动，集经验、问题、过程、影响、方法、思路、机制、成效、路径、瓶颈、创新点等全链条撰写和发表的，是教改项目和教学成果奖申报的重要支撑。

一、论文选题

围绕艺术创新与展演竞赛类相关教学研究开展论文选题工作，可以结合课程、实践、创新、技术理念、政策、教学法等相关领域开展改革研究与实践，具体教学研究方向举例如下。

一是课程类教改：艺术展演融合课程教学改革研究与实践；创新课程教学研究与实践探索；创新课程教学虚拟平台建设理论与实践研究；艺术创新与课程思政示范性教学改革研究与实践；课程美育教学改革研究与实践；课程智能化前沿技术嵌入式创新教学改革研究与实践；等等。

二是实践类教改：艺术惠民实践教学改革新模式；艺术展演驱动性教学改革研究与实践；艺术创作嵌入式创新教学改革与实践研究；设计类创新实践教学基地特色化建设实践研究；艺术实践基地特色化建设的创新创业实践教学改革研究；等等。

三是创新类教改：基于创新驱动特色型教学改革的理论与实践研究；创新创业背景下艺术类专创融合的理论与实践研究；创新教育背景下艺术类专业实践改革研究；竞赛育人的创新教学改革研究与实践；众创空间建设背景下艺术类专业实践教学改革研究；等等。

四是技术理念类教改：元宇宙数字技术与艺术融合的教学创新改革与实践研究；人工智能嵌入艺术类创新教学改革与实践研究；基于大数据嵌入的艺术类创新教学改革与实践研究；计算机音乐创新教学改革研究与实践；基于学科交叉的艺术类专业创新教学改革研究与实践；等等。

五是政策类教改：中华优秀传统文化传承与创新类教学改革研究；美育背景下专业教学改革与实践研究；立德树人背景下艺术类专业艺术展演改革与实践研究；创新创业背景下专业教学改革与实践研究；“双一流”建设背景下艺术类专业教学改革创新与实践研究；五育并举背景下艺术类专业教学改革创新与实践研究；等等。

六是教学法类改革：慕课混合式艺术类专业教学法研究与实践；疫情防控常态化背景下线上教学法研究与实践；问题驱动教学法研究与实践；成果导向教学法研究与实践；立体化交互式教学法研究与实践；等等。

党的二十大报告提出实施科教兴国战略，强化现代化建设人才支撑，明确指出办好人民满意的教育。教育是国之大计、党之大计。培养什么人、怎样培养人、为谁培养人是教育的根本问题。育人的根本在于立德。要全面贯彻党的教育方针，落实立德树人根本任务，培养德智体美劳全面发展的社会主义建设者和接班人。要坚持以人民为中心发展教育，加快建设高质量教育体系，发展素质教育，促进教育公平。党的二十大报告中有关教育的论述对艺术类专业开展教学研究具有重要的指导作用，针对教育相关的关键词具体分析如下。

一是办好人民满意的教育：全面发展与能力教育；受教育的公平与均衡；教育规范与法治；优质教育；以人为本与因材施教；等等。

二是立德树人：课程思政与思政课程；学术道德与品质；廉政育人；服务社会责任；传统文化育人；等等。

三是德智体美劳全面发展：美育（艺术展演、艺术鉴赏）研究；德育（品德教育、价值导向）研究；智育（专业）研究；体育（身心健康）研究；劳育（艺术劳动、艺术实践）研究；等等。

四是高质量教育体系：创新拔尖人才培养；创新团队建设；名师与团队建设；高水平基地建设；一流课程、教材建设；等等。

五是素质教育：专业素质；团队合作能力；表达与写作能力；外语能力；人文素养；等等。

六是教育公平：师资队伍公平；教学资源公平；经费投入公平；教学过程公平；教学考核公平；等等。

以上党的二十大报告中关于教育的关键词分析，对艺术创新竞赛教学研究起到了重要的启发作用，在制度化、因材施教、美育、学术道德、立德树人、五育并举、创新人才培养、高素质人才、教育公平等各方面都具有指导作用。因而广泛开展艺术展演与创新竞赛相关教学改革研究与实践，具有重要性、必要性和可行性，具体开展的教学研究方向举例如下：艺术展演制度化与规范化改革研究；加强美育浸润，促进教育公平改革实践研究；艺术展演中的学术道德问题分析与解决对策；基于立德树人根本任务的艺术展演实践研究；数字化艺术展演改革与实践研究；推进艺术展演过程化管理及成果多元转化研究；基于素质教育的艺术展演一体化研究与实践；五育并举背景下艺术创新与展演改革与实践；思政育人背景下艺术展演育人改革与实践；艺术展演驱动的高质量人才培养研究；艺术展演区域研究现状及教育公平对策研究；展演驱动的人的全面发展研究与实践；基于云端的艺术展演惠民实践研究；中华优秀传统文化传承视角下美育教学改革与实践；艺术展演驱动的拔尖创新型人才培养改革与实践；艺术展演团队建设问题与对策；基于素质教育的艺术展演育人改革与实践；艺术创新与服务社会改革研究与实践；艺术创新与课程思政一体化改革与实践研究；艺术展演驱动的综合素质提升改革对策与建议；艺术类专业全过程展演育人模式研究与实践；艺术创新与课程思政全过程链条式改革与实践研究；五育并举背景下艺术创新立体化育人改革与实践；等等。

以党的二十大报告关于教育的重要论述为指导，广泛开展艺术类专业创新竞赛和艺术展演教学改革与实践，探索改革新的高度、深度、广度和维度，在新时代高校艺术类专业培养创新型人才、进行教学改革与实践研究，对提升教学质量、推动德智体美劳全面发展的高水平人才培养都具有重要意义。

二、论文内容

在确定完论文选题后，围绕教学研究的核心问题，进一步开展教学改革论文的框架设计、调研分析、问题综述、研究策略、改革实践等相关章节内容的搭建。

一是理清相关概念、原理等基本理论知识，尤其是对核心和关键概念要精准界定，相关概念之间的逻辑性做到准确关联，宜精而不宜多。二是对研究背景、相关政策等进行详细梳理，掌握国家、行业等对该论文研究方向的相关政策，按照国家、部门等相关文件精神导向开展教学改革的探索与实践，有理有据开展研究。三是在线上线下查阅大量国内外文献，对该研究领域进行文献梳理，充分学习和吸收前辈学者的优秀研究成果；查阅业内相关改革案例，对相关高校、机构、行业等开展实地调研、问卷调查等，在收集一手数据信息的基础上，开展问题分析与述评。四是探索研究的可能性定位、目标、方法、原则和路径等策略信息，对本论文的研究做到定位合理、目标明确、方法得当、路径清晰、有据可依，进而科学合理指导改革实践的全过程。五是提出本论文教学改革和实践的相关做法、经验和创新点等内容，从实践做法和经验启发层面对提出的理论和核心观点进行校验，确保理论与实践的统一和目标定位与研究成效的达成度。针对以上论文思路，列举创新类相关教学研究论文框架如下。

论文框架案例一

德智体美劳五育并举背景下创新人才培养研究

摘要

关键词

引言

一、德智体美劳五育并举与创新人才培养模型述评

（一）德智体美劳五育并举

1.五育并举内涵建设

2. 五育并举立体育人

（二）创新人才培养体系育人

1. 创新人才培养的综合育人

2. 创新人才培养的全程育人

3. 创新人才培养的深入育人

（三）五育并举与创新人才培养模型

1. 五育立体化创新人才培养理论解析

2. 五育立体化创新人才培养现状及问题

3. 五育立体化创新人才培养的历史必然

二、德智体美劳五育并举与创新人才培养模型构建

（一）定位五育并举创新教学目标

1. 五育并举创新教学总目标：培育国家需求的高素质综合创新型人才

2. 五育并举创新教学分目标：推动五育综合体系化教学改革

3. 五育并举创新教学分目标：推动五育专业精英化人才培养

（二）搭建五育并举创新师资队伍

1. 五育并举创新师资的混合构建

2. 五育并举创新师资的外引内培

3. 五育并举创新师资的优化提升

（三）推出五育并举创新教学方法与手段

1. 扎根大地育人：实践拓展育人方法

2. 推动前沿育人：前沿创新育人方法

3. 探索深耕育人：深入科研育人方法

（四）建设五育并举创新载体与媒介

1. 开设五育并举创新课程

2. 出版五育并举创新教材

3. 推动五育并举教学改革研究

三、德智体美劳五育并举与创新人才培养实践

（一）德育：三全育人、专业思政课程与创新育人（课程思政、廉政文化作品大赛、学术道德教育）

1. 三全育人与创新育人

2. 课程思政与创新育人

3. 学术道德与创新育人

（二）智育：深入专业教育与创新育人（专业精英创新育人）

1.专业与竞赛育人

2.专业与项目育人

3.专业与教学改革育人

（三）美育：社会主义核心价值观与创新育人（精神文明建设育人）

1.视觉美与创新育人（作品高度视觉审美）

2.内涵美与创新育人（作品创意内涵美）

3.行为美与创新育人（作品推广感染力美）

（四）体育与劳育：实习实践第二课堂与创新育人

1.企业实习实践与创新育人

2.艺术惠民惠校与创新育人

3.艺术展演与创新育人

结论

参考文献

论文框架案例二

契合与嬗变：创新创业教育实践变革

摘要

关键词

1 问题的提出

1.1 创新创业教育的历史转向

1.2 创新创业教育的内容契合与方法嬗变的战略意义

2 问题的分析

2.1 现阶段国内外创新创业教育状况

2.2.1 创新创业教育的主体与客体（创新创业实践内容）

2.2.2 创新创业教育的方式与手段（创新创业实践方法）

2.2 问题述评

3 契合对策：创新创业教育实践内容转向

3.1 关注国际前沿

3.2 探索科教融合

3.3 汲取成功经验

3.4 形成高校模式

4嬗变建议：疫情下的创新创业教育实践方法革新

4.1开创与共享创新平台（网络交互与基地实践开创与共享）

4.2研究与探索交叉融合（研究过去成功经验与探索未知领域）

4.3虚拟与实践紧密结合（虚拟创新试验改革与实践项目推进）

4.4主体与客体循环创新（教师主导与学生主体阶段推进导向）

5问题的成效

5.1解决创新创业教育内容的前沿和融合问题（契合）

5.2推进创新创业教育方法的高效与革新问题（嬗变）

结论

参考文献

论文框架案例三

马克思主义理论视域：创新创业实践与人的全面发展研究

摘要

关键词

引言

1理论阐释：从创新创业实践到人的全面发展

1.1马克思主义关于人的全面发展理论

1.2创新创业理论

1.3创新创业与人的全面发展的关联

2历史语境：从历史到现实的创新创业实践分析

2.1国外创新创业实践与人的全面发展研究

2.2国内创新创业实践与人的全面发展研究

2.3研究述评

3内涵阐释：从理论到实践的创新创业理念转换

3.1马克思主义的劳动实践观与创新创业实践（理论指导）

3.2马克思主义关于人的全面发展观与创新创业实践（理论指导）

3.3马克思主义理论的中国式现代化转化与创新创业教育（理论转化）

3.4新时代创新创业实践与人的全面发展（实践导向）

4模式构建：创新创业实践助推人的全面发展策略

4.1德育向度：创新创业为谁培养人的问题

4.2美育向度：创新创业的审美实践育人

4.3 创新向度：创新创业的双创驱动育人

4.4 智育向度：创新创业与专业深度融合

4.5 劳动向度：创新创业的劳动实践育人

结论

参考文献

论文框架案例四

“双一流”背景下竞赛与专业深度融合的设计教育改革与实践研究

摘要

关键词

1 “双一流”背景下的设计教育发展诉求

1.1 “双一流”背景下的设计教育现状及问题

1.1.1 “双一流”背景下的设计教育现状

1.1.2 “双一流”背景下的设计教育存在的问题

1.2 “双一流”背景下的设计教育导向及目标

1.2.1 “双一流”背景下的设计教育导向

1.2.2 “双一流”背景下的设计教育目标

2 竞赛与专业深度融合教育改革模式述评

2.1 竞赛与专业深度融合教育改革模式界定

2.1.1 竞赛与专业深度融合的概念

2.1.2 竞赛与专业深度融合的发展

2.2 “双一流”背景下竞赛与专业深度融合教育改革的特色

2.2.1 与“双一流”相适应的一流教育改革模式

2.2.2 与一流人才培养相适应的一流质量标准

3 竞赛与专业深度融合的教学改革定位

3.1 竞赛与专业深度融合的目标定位

3.1.1 竞赛与专业深度融合的总目标

3.1.2 竞赛与专业深度融合的分目标

3.2 竞赛与专业深度融合的师资定位

3.2.1 打造专业师资为核心的师资队伍群

3.2.2 建立德育师资为基础的多元队伍群

3.3 竞赛与专业深度融合的方法定位

3.3.1 线上线下混合式教学方法

3.3.2 项目制小班授课教学方法

3.4 竞赛与专业深度融合的成果定位

3.4.1 高质量竞赛成果凝练

3.4.2 多元化育人成果转化

4 竞赛与专业深度融合的教学改革策略

4.1 教师队伍能力提升工程

4.1.1 外引内培组建队伍

4.1.2 跨校合作联合指导

4.2 一流竞赛解析组织工程

4.2.1 一流赛事与作品剖析

4.2.2 竞赛指导与组织流程

4.3 竞赛教学改革机制管理

4.3.1 竞赛教学的制度建设

4.3.2 竞赛育人的组织保障

4.4 竞赛成果多元转化工程

4.4.1 竞赛育人的理论成果转化

4.4.2 竞赛育人的实践成果转化

5 竞赛与专业深度融合的教学改革意义

5.1 学生：促进专业精英人才培养

5.2 学校：助推一流大学建设

5.3 国家：推动创新型国家发展

结论

参考文献

论文框架案例五

五育并举背景下艺术创新协同一体化育人模式构建与评价研究

摘要

关键词

引言

1 时代语境：五育并举与艺术创新一体化改革的研究背景

1.1 理论基础与研究依据

1.2 国内外研究背景

1.3 机遇与挑战

2 研究价值：五育并举与艺术创新一体化改革的价值导向

2.1 为谁培养人——立德树人价值引领

2.2 培养什么样的人——综合素质人才

2.3 怎样培养人——协同创新育人

2.4 达到什么样的标准——示范成果一流

3 育人改革：五育并举与艺术创新一体化育人体系构建

3.1 艺术创新全面育人

3.1.1 德育是艺术教育的关键：通过课程思政强化价值导向

3.1.2 智育是艺术教育的核心：通过智育培育解决问题的专业精英

3.1.3 美育是艺术教育的基础：通过美育浸润心灵陶冶情操

3.1.4 劳育是艺术教育的载体：通过劳育推进服务社会与艺术展演

3.1.5 创新是艺术教育的灵魂：通过创新推动高质量创新人才培养

3.2 艺术创新混合育人

3.2.1 目标混合：确立长远目标与具体目标相结合的人才培养目标体系

3.2.2 方法混合：推进多元教学方法混合育人

3.2.3 成果混合：凝练标志性教学金果

3.2.4 师资混合：外引内培推动四类队伍融合

3.2.5 能力混合：专业能力、实践能力、国际视野、交叉知识和综合素质

4 评价机制：五育并举与艺术创新示范评价

4.1 学生端评价：主体评价

4.2 督导端评价：主导评价

4.3 教师端评价：教师互评

4.4 第三方评价：外校评价

4.5 行业内评价：反馈评价

结语

参考文献

三、论文案例

面向国家战略的一流特色创新示范育人模式构建与实践研究

霍楷，昌进
（东北大学，辽宁沈阳110819）

摘要：面向国家关于人才培育、高等院校教育的相关要求与政策，提出一流特色创新示范育人模式相关理论。分析述评协同育人模式的理念定位，教学与科研混合、课堂与实践混合、教学与竞赛混合、能力与成效混合四种混合理论，以及创新能力、科研能力、业务能力、国际视野、实践能力五项能力。开展四种教育方向的教育模式、四类导师结合的师资队伍、四个角度切入的教学方法、四种成果的教学导向混合构建研究。通过瞄准国内外顶尖竞赛、定位项目广泛参与制、鼓励出国访问留学、强化实习实践教学制进行创新示范协同混合育人赋能培育实践。通过培育国家创新型、知识前沿型、能力胜任型、推广模块化人才来达到创新示范系统混合教育实践成效。理论和实践研究表明，一流特色创新示范育人模式可推动一流特色创新型人才的培育，响应国家战略，培养时代领军人才。

关键词：国家战略；一流特色；创新示范；育人模式；实践成效

近年来，国家对高等教育工作、科教结合、实践教学、创新创业教育等一流教学方面提出教育战略规划，对教育工作者如何建设一流高校、一流学科和培育一流人才提出了重大挑战，而其中的重中之重就是如何培育一流特色顶尖人才。人才培育想要与时代发展、社会变革相契合，则需要在育人模式上改革创新。近几年国内一些高校在创新育人方面积极投入，北京大学提出“培养富有创新精神和实践能力的各类创新型、应用型、复合型优秀人才，培养能够引领未来的人”；清华大学提出“致力于培养肩负使命、追求卓越的人，使学生具备健全人格、宽厚基础、创新思维、全球视野和社会责任感”。尽管其表述不同，但都重视通过教育发掘学生潜质，发展通用能力和综合素质，而不是单纯的专业技术培养。这种教育理念强调对人的全面培养，使学生具备灵活应变和终身学习能力。目的就是构建与时俱进的一流特色创新示范育人模式，从而提升人才培养能力，建设一流高校，提高整体教育水平和国家竞争力。

1 一流特色创新示范育人模式理论分析与述评

1.1 创新示范协同混合育人理念定位

创新示范协同混合育人理念以一流育人为最高标准。教育部发布“双万计划”创建引领未来发展、面向社会需求的一流专业，一流育人成为一流专业、一流高校建设必备要求。教育部高等教育司印发的《教育部高等教育司2020年工作要点》中提出持续推进一流专业“双万计划”，建好建强一流专业，打造一批高素质人才培养的支撑载体，高校是人才培育的重要支撑载体之一。一流人才的培育需要完备在科研、专业、能力、品德等方面的一流全面培养，一流育人还要求具备一流教育教学理念、一流教育教学经验方法、一流人才培育师资队伍，从而构建整体一流育人体系，以满足社会、前沿、市场、科技等交叉融合中对一流人才的时代需求。在不断追求创新创业人才精英教育的要求下，构建“孕育+培育”的一流育人模式理念。

创新示范协同混合育人理念以创新育人为“活的灵魂”。创新育人包括教学方法的创新、教学工具的创新、教育体系的创新以及人才培养理念的创新。进入新时代，提倡学生全面而有个性的发展成为时代主题。一流人才培养理念不局限于专业技术的培育，更包括健康人格的养成、社会责任的培养、创新能力的开发以及创新精神的培养。人才培养理念的创新会进一步促进教学方法、教学工具以及教育体系的创新。进入新时代，线上线下教育模式成果颇多，利用互联网资源等工具进行的教学活动积极发展，教学方法与教学工具的革新是创新育人的重要手段。

创新示范协同混合育人理念以示范育人为最高标准。一流大学立足自身特色办学教学理念，通过专业教育教学、学生管理等实现高校自身特色教育品牌的建立，呈现出地域特色、区域特色、文化特色、办学特色，从而发挥高校的引领示范作用。立足特色教育教学，高校以理论为指导，在具体育人实践中表现为：自身教学模式、教学目标、教学方法、教学质量标准与评价标准等相互组合构建形成具备高校自身特色的完整教育体系，通过体系构建与宣传推广实现自身教育品牌的树立。在全面推进“四新”建设的教育部高等教育“质量革命”的工作主线中，树立良好的教育教学榜样模范，供其他学校学习借鉴。以国外教育教学经验为借鉴模板，通过民族化、本土化转化结合，形成具备中国特色的教学育人方式方法，在理论与实践的相互验证中形成一流特色创新示范育人理念，从而构建一流特色创新示范育人模式。

1.2 协同混合育人模式“四种混合”理论的提出

教学与科研混合育人模式促进科教协同创新。2012年，中国科学院、教育部联合印发《科教结合协同育人行动计划》的通知，充分发挥中国科学院研究所与高等学校双方的优势，促进科教结合协同育人。中科院每年派出至少1000人次专家学者进入高校课堂，以促进高等院校教学水平的提升，此外还包括中科院实验室开放、联合培养本科生研究生等相关计划内容。通过教学与科研的混合育人模式构建，实现整体育人的“产—学—研”教育连接体，促进教学育人与科研育人的平衡与互相促进，从而推动一流大学不断形成良好的育人模式。科研为教学开辟培育一流人才的环境，带动教学质量提高，以研促教培育大量创新型人才、高素质人才与拔尖型人才。

课堂与实践混合育人模式带动育人与时俱进。党的教育方针具备阶段性，但始终坚持强调教育与生产劳动相结合，强调理论来源于实践并应用于实践。2018年，习近平总书记在全国教育大会上强调，要把立德树人融入思想道德教育、文化知识教育、社会实践教育各环节。教育部教育发展研究中心国际比较与对外交流部主任、研学旅行研究所所长王晓燕指出，加强实践教育是贯彻新时代育人理念的必然要求。在高校育人模式中更应纠正重学术成果、轻实践养成的现象，通过课堂专业教学、理论教学与专业实践、社会实践的结合，充分运用与检验专业知识储备，避免存在理论与实际应用脱节、滞后现象。通过课堂与实践混合育人实现与社会俱进、与科技俱进、与市场俱进的一流人才培育。

教学与竞赛混合育人模式推动专业精英培育。国内外一流学科、专业竞赛等通过评比审定最大化地提高教学水平，同时也通过竞赛来进行教学水平、教学质量、教学成果的检验，是人才培养的核心发展指标和标志性成果。将教学流程体系化，形成教学步骤顺序；将教学生态模式化，形成从教学教育到成果落地的具体模式；教学成果最大化，实现成果的孵化落地，更好地实现一流人才的专业精英式培养。以竞赛为驱动，培养与一流大学相适应的专业精英人才；以成果为导向，拓展和凝练标志性教学成果，培育能拿大奖的专业精英。

能力与成效混合育人模式助力一流人才培育。响应国务院印发的《国家教育事业发展“十三五”规划》，不断推动新理念引领现代化教育，高等院校以成果与效果为导向，绩效、成就为标准，不断促使教师提高自身教学能力、科研能力以及个人综合能力，在学术、科研、专业、实践以及社会生活、品质美德等方面进行引领培育，从而实现教学效果、科研成果、立德树人成效的最大化。

1.3 协同混合育人模式“五项能力”的提出

协同混合育人模式的“创新能力”助力培育综合素质型人才。在人才培育中不断培育创新能力，在创新能力的培育中不断发现创新人才，实现创新能力的“孕育+培育”。“创新能力”为基于主观能动性而产生的推陈出新的发现问题、解决问题的能力。“创新能力”是在学科交叉的知识层面、科技进步的技术层面、多种思维碰撞的理念层面的新的碰撞与探索。

协同混合育人模式的“科研能力”推动培养学术研究型人才。“985”工程实施至今，我国将研究型大学作为高等教育发展的重点支持推进区域。“科研能力”的培养是高校发展的必然要求，更是高校专业发展的生机活力。科研实现专业知识的深化、细化和精化，从而实现学术领域的探索精神培育，推动“创新能力”的同步培育。在“科研能力”的培育中实现人才综合能力的全面提高，为专业开拓提供了理论支撑与初步实践尝试。

协同混合育人模式的“业务能力”锻炼造就专业精英型人才。一流大学以学科区分来进行教学，专业的差异化使得形成“术业有专攻”的教育现况，但在“大众教育”的潮流下，“精英教育”开始面临新的挑战。面向国家创新人才、专业人才培养的政策，研究型大学在人才培育中担负更为重大的教学职责与教育任务，具备“业务能力”的人才成为基础知识广博性与综合性前提下的培育目标。在学术研究相关知识的厚积储备中不断薄发提升并落实于实践，从而在“业务能力”的提升中达到精专程度。

协同混合育人模式的“国际视野”拓展形成国际前沿型人才。国际化科技、国际化规则、国际化理论、国际化时尚都随着经济全球化给高等教育带来了机遇与挑战。协同混合育人在培养与时俱进的一流人才时，需注重人才培育的时代适切性、社会适切性、科技适切性，基于社会前沿风向的人才培育，保证专业所学可以切实运用到社会实际案例之中，从而实现专业水平的不断提升。通过前沿理论、前沿科技、前沿学术成果的本土化转化，更有利于实现学生国际视野的拓展，融合前人理论基础探究成果与国际前沿探究成果，全面促进国际前沿顶尖人才的培育。

协同混合育人模式的“实践能力”锤炼铸就社会胜任型人才。在经济转型的历史背景下，人才转型迫使高校培养大量高素质应用型人才以满足社会需求。科学理论指导人才，实践应用塑造人才。实践应用能力既是学生理论学习的根基，又是学术研究的现实检验，更是专业运用的真实途径。在实践中充分结合国际前沿知识、理论、科技等专业信息，在运用中不断锻炼提升专业能力，通过具体案例实现创新能力的提升、综合素质能力的提升。由此可以发现“五项能力”相互协同混合育人的模式是相互作用并相互影响的，是育人模式的新举措、新成就。

2 创新示范协同混合教育模型构建

2.1 教育模式混合构建

专业教育是以专业知识教学为基础，以社会需求的适切性引导高等院校的育人模式，根据不同的专业教育理念，旨在培养高层次专业理论型、应用型人才。以学生专业与社会职业匹配的角度进行人才培养，实现知识技能等专业育人模式的精准化、深度化、高度化。精准化在于专业对口；深度化在于专业知识学习程度；高度化在于专业能力的拔高创新。精准化、深度化、高度化教育教学在提升人才培育质量的同时也推动了学科的快速发展，实现学科的科学化规制，具体表现为专业基础知识教学、专业理论提升研究、专业项目实践、专业应用学术实践等方面的成果创新，助力实现专业教育的体系化。

素质教育以教育本质为出发点，通过着重学生主体精神品质培育，实现立德树人。在价值观念、道德意识、科学制度三方合力下，补齐人才教育发展的短板，具体包括语言表达能力、抗压能力、解决问题的能力等综合能力。素质教育在兼顾思想道德素质、心理素质等综合素质的前提下，实现科学精神与人文精神的结合，通过进行各种类型的素质训练、素质培养课程、答辩应变模拟演练、素质拓展活动等实现人才培育的全面发展，培养社会责任感、实践应用能力与创新意识，带动全民族综合素质的提升。

美育教育以人文与艺术基本素养为教育核心，不断提升对艺术与审美的理解、感受与鉴赏教育，旨在精神与情感体验层面的超功利性审美观念的培育。全面实施美育教育是保证高等教育全面运行的重要内容之一，有利于人才培育过程中实现“审美”的特殊培育，形成识美、审美、鉴赏美的能力。在各种艺术展、艺术沙龙、艺术类竞赛、艺术类讲座等美育活动中，美术、音乐等艺术类课程系列美育教育更正学生审美观，激发学生对美的追求，进而提高学生的艺术活动能力、艺术创新能力，构建心灵美、思维美、行为美、创造美的内外兼修美育教育模式。使大学生树立正确的“三观”，更加热爱生活与事业，追求个人发展，追求新的提升与超越。

创新教育以专业课程教育、创新课程教育、公共课程教育等为基础，进行创新思维开发、创新精神培养、创新能力提升的融入。创新教育响应国家号召，不断培育国际前沿、时代科技、社会市场等方面的创新型应用人才。创新教育在专业课程教育中融入的过程为创新思维启发—创新实践创造—创新成果汇报，实现创新育人的全方位结合落实。在结合落实中依托高校、政府、社会等相关机构举办的创新创业系列活动，保证创新教育成果的规范性、目标性，在创新教育成果落实的过程中以赛促创、以赛促学，激发学生学术创新热情、专业钻研热情，从而形成具有前瞻性、先进性教育理念与方式的“创新生态系统”，并在这一系统中培养具备创新能力的一流专业精英型人才。

2.2 师资队伍混合构建

师资队伍中的专业导师是以专业能力培养为目标的专业教师，通过系统化、专业化的理论教学实现一流人才的培育与专业学科的发展。纵观国内一流大学的专业教师，其学历结构总体呈现硕博的高占比现象，其中博士的数量在逐年增长。此外在职称结构与学缘结构中也可以发现，我国一流大学一流学科专业教师具备精深的专业知识与丰富的学术科研经历，从而形成了具备较强专业理论知识与教育教学能力的师资队伍，通过专业规范指导、专业知识传授、专业科研创新引导铸就具备创新意识的专业精英型人才。

师资队伍中的行业导师是以实践能力培养为目标的企业教师，具体包括本行业中优秀技术人员、管理人员以及业内知名专家学者，充分实现校企合作下理论与实践的双重教育。我国高校通过对企业、行业专家学者的聘请，促进课堂教育与讲座论坛等多重育人形式的开展，通过校内外专业行业的经验交流，践行人才培育更为适切社会市场导向的创新育人思路。行业导师通过客座教授等形式与高校师资进行混合构建，更有利于把握社会对专业的需求，让学生在了解受众喜好、把握市场机遇敏感度方面具有一定优势。

师资队伍中的国际导师是以培养国际视野为目标的教帅，具体包括国际化高水平学者、合作院校教授，通过高校教师之间的交流互动实现专业育人的国际接轨。在整体师资队伍的构建中国际导师充分发挥自身在文化、理论、实践等方面的差异性，为师资队伍注入新的培养理念、培养方式手段。具有国际优势的师资队伍可以使学生拓宽国际视野，学习国际尖端科研成果以及获得国际联合培养的机遇。国际导师队伍的联合培养在提高专业实力、带动专业发展、丰富专业理论、提升跨文化商务学习谈判综合能力以及学生的国际竞争力等方面具有国际优势。

师资队伍中的思政导师是以综合素质能力培养为目标的教师，具体包括辅导员和思想政治理论课教师，通过思想政治理论教育、全面能力培养活动等实现学生思政能力的提升。思政导师指导学生组织并策划开展丰富多彩的主题思想教育活动，促进学生在专业学习之余，能够以活动的形式潜移默化地提高思想政治觉悟；思政导师不仅重在指导，还旨在管理与服务，并宣传形势与政策，同时掌握学生的思想政治动态。

一流特色创新示范育人模式师资队伍，要求在导师数量、导师质量的基础上对导师团队进行混合构建，教师队伍进行严格编制和组建，使四类导师形成多方位互补，在专业领域、行业领域、国际领域、思政领域可进行全方面指导，协同推进形成学科交叉、行业交叉、校际交叉、国际交叉的师资队伍组建。使师资队伍成为满足五类人才即专业精英型、实践应用型、视野国际化、学科交叉型、综合能力型人才培养需求的高学历、高职称、科研经验丰富、实践经验丰富、视野国际化、顶级思想政治觉悟的团队，为人才培育提供师资保障。

2.3 教学方法混合构建

采用竞赛依托、专业提升深度融合的教学方法。专业教育在于对理论知识的传授、学习与掌握，竞赛教育在于对所掌握的知识技能进行应用、创新与落实。通过带领学生参与各类大赛，对大赛的选题进行分析、对历届获奖作品进行分析，实现对竞赛的深度把握，对各类设计风格、创作手法的学习运用，可实现具备多元化的教学指导，在指导中实现创新的教育教学应用。以竞赛为主线，对竞赛成果进行专业总结分析，对竞赛结果再创作实现专业探索的延续与专业领域的扩展，不断转化为各类创新创业项目、理论研究、实践应用等多元教学成果。充分结合理论知识与竞赛实践运用，在人才培育中实现专业教育的全面落实，并在竞赛依托、专业提升深度融合中实现教学方法模式、质量水平的全面提升。

采用线下为主、线上为辅深度结合的教学方法。线下教育指高校校园的课程教育教学，同时也包括校园中的系列课程、论坛讲座、教师辅导等；线上教学指区别于线下教育的互联网教育教学，例如BB学堂、雨课堂、MOOC/SPOC等线上软件平台的教学直播、线上翻转小课堂、在线指导、在线答疑等，属于新兴教学模式。线上教学不受时间、空间和教学规模限制，教师与学生双方都节省资源并且互动性会更好。线下教学可以更好地进行精准化教学指导与实践操作。通过高校自身线下专业课程、实践课程、教师的线下指导教学，以及线上专业信息资源共享进行基础课、公共课的教学，推动教学模式的完善、教学成果的提升。此外，更好地掌握学生的科研学习进度与心理素质状况，形成更具人性化、个性化的教学方法。

采用教学与教研科研育人深度融合的教学方法。教学研究在于对教学方法、模式、内容等方面的钻研，并以提高教学质量为目标；科学研究在于相关专业领域的理论实践等深度钻研，并以提高学术水平为目标。通过举行高校师资队伍内部教研科研会议、沙龙、座谈等教师教育教学经验分享、汇报系列活动，实现教育理论的落实、教育理论的提升。教学与教研科研育人深度融合，要形成以教学内容带动科研、教学方法带动教研，以科研带动教研更新，以教研科研促进教学提升的模式。从而打造教研科研的实践平台，提升教师实践育人水平，实现教学与教研科研的循环生态教学系统。

采用素质教育与专业教育深度契合的教学方法。即素质教育与专业理论教育融合的“内涵式”教学课堂，与专业实践教育融合的“体验式”教学平台。在素质教育引领下改革专业教育教学方法，结合相应的素质训练、素质活动，实现素质教育在专业教学中的落实，保证素质教育的落实成效，与此同时实现专业教学的稳步提升。在专业理论教育教学中不断引导学生树立正确的世界观、人生观与价值观，提升思维素质、行为素质、逻辑素质。在专业实践教育教学中不断增强学生应变能力、表达能力、抗压能力等综合素质。提升专业教学的质量，塑造专业领域的高水平优秀人才，实现立德树人的教学目标。

2.4 教学成果混合导向

一流创新示范育人模式搭建以教学成果混合为导向，即以一流业务能力为导向培育专业精英型人才，以一流创新竞赛成果为导向培育创新型人才，以一流教研科研成果为导向培育学术研究型人才，以一流人才培养为导向培育综合素质型人才。通过四类教学成果的融合搭建“一流育人、育一流人”合二为一的高水平人才培育模式。

一流业务能力导向即在教师的教学水平、教学效果的作用下培养学生具有一流的专业能力水平和业务能力。通过一流专业能力与专业水平进行教学方法的改革创新，对课程设置、教学模式、教学方法、教学内容进行创新设计。一流业务能力导向包括学生专业展览、学生专业作品投稿获奖情况、学生实体项目应用中标情况、学生就业实习反馈情况等。以一流业务能力为导向在专业基础课程中提升学生的专业基本功，在专业实践课程中检验学生的专业掌握程度，在专业应用课程中挖掘学生专业的创新能力，实现高水平、高质量教学，造就专业精英型人才。

一流创新竞赛成果导向即培育学生能够获得国际级以及国家级学术竞赛、设计竞赛、创新创业大赛等竞赛的一流奖项和名次；以创新竞赛为指标导向进行教学方法的重构，使创新竞赛与教学、实践、科研、应用穿插构建形成高水平成果转化。在竞赛教学一体化过程中创造出更具成果性、实用性的教学流程模式，更具延展性、附加性的教学生态系统，为一流创新型人才培育打造良好的基础。

一流教研科研成果导向即培养能够产出一流教研科研项目、专利、论文、教材著作（作品集）等优秀成果的一流人才。其中教研科研项目是通过教研理论创新实践、创新申报的各种教学研究项目，以及国家和各级政府主办的具有基金支持的纵向课题和企业单位支持的横向开发课题等；专利是大学生创新创业项目的获奖作品以及科研项目中的创新点，其作用在于保护知识产权；论文指的是将以上教研科研成果、专利成果以及创新创业成果和竞赛成果进行理论、设计、实现的总结；教材著作（作品集）则为教材和设计类作品集合成册。以一流教研科研成果为导向的教学方法助力培育一流学术研究型人才。

一流人才培养导向即培养具有一流大学所需的创新性、国际化等各方面综合能力强的人才。通过开展各类交流活动如暑期国际交流课程、国际专业小课堂、邀请国外大学教授举办讲座等不断扩展学生国际视野；通过开展各类创新型活动如创新创业系列讲座、创新创业培训来培养具有创新精神、创新意识的人才；通过开展各类素质培训如心理素质训练、答辩应答素质训练等课程来培养学生各类素质，提升学生综合素质水平。以一流人才培养为导向不断培育一流综合素质型人才。

3 创新示范协同混合育人赋能培育实践

3.1 瞄准国内外顶尖竞赛开展能力培育

创新示范协同混合育人通过瞄准国内外顶尖竞赛赋能。通过竞赛激发学生的竞争意识观，提高专业能力水平并提高其综合素质，实现驱动创新理念培养。首先对竞赛进行广泛性罗列，并对竞赛级别进行认定与划分。在竞赛与教学的高效结合下，实现对竞赛类型、参赛数据、作品水平、参赛流程、经费支持、学生能力、师资水平等方面的仔细斟酌，通过线上线下结合模式带领学生共同参与国内外顶尖竞赛。线上通过竞赛信息的发布、分析、组织、公示等形式加快学生竞赛参与进度，提高学生分析问题、思考问题的能力；组建线上讨论小组进行参赛作品的制作、线上针对性答疑互动、资源共享学习等，不断提高学生专业水平、专业学习等专业创新能力以及团队合作、问题解决等综合素质能力；线下通过竞赛相关的专业讲座、研讨互动、演练答辩、校际交流等实现学生专业水平的进阶。根据竞赛组织—竞赛创作—竞赛答辩的竞赛教学模式，在提高专业能力的同时通过竞赛来评价专业能力，并通过竞赛结果来激励学生不断锐意进取、再度钻研，实现一流创新型人才各项能力的综合培育。

3.2 定位项目广泛参与制开展能力培育

创新示范协同混合育人通过定位项目广泛参与制赋能。通过参与导师的科研项目和创新创业等系列项目协同培养学生的科研能力，提高学生专业素质达成培养目标。项目参与制教学与课程理论教学同向同行，是学生进行能力培养和实践的最重要平台之一。通过学生的知识优势进行专业探索，不断提高学习能力。广泛涉猎参与各类项目：专业类项目锻炼提高专业能力，例如导师课题项目、科研单位项目等；跨专业项目锻炼学科交叉学习能力，例如创新创业项目以及各类跨学科结合竞赛项目等。学生在广泛参与中提高综合能力，实现学科专业能力的综合性、导向性、应用性全面发展。通过项目实践平台提高专业知识的实践拓展能力、项目实践创新学习的延伸能力、专业实践问题的解决能力，不断提升学生构建知识理论框架的积极性、主动性，培养一流科研、教研高水平人才。

3.3 鼓励出国访问留学推进国际化视野

创新示范协同混合育人通过鼓励出国访问留学赋能。通过访问留学激发学生的危机意识，提高学习能力、专业水平等专业能力以及适应能力等综合素质能力。经济全球化背景下对具有国际视野的创新型高层次人才的需求日益增长，形成具有国际视野和中国特色的育人格局成为高校育人的必然趋势。充分利用国家、学校的交流、访问留学等资源，通过鼓励本校学生的出国访问留学来促进人才之间的国际交往，推进一流人才形成的国际化视野。立足长效发展，即不断与欧洲各国、美国、日本、韩国的一流学校建立连接，搭建校际的交流平台，建立学生留学和访问交流机制，不断实现专业国际化、科研国际化、综合素质国际化等。此外实行双线并举，即教师团队的外引内培，从而帮助学生更好地实现出国访问留学。学生在与国际顶尖人才交流切磋中提高专业能力，在学习运用国外顶尖科技理论中提高创新实践能力，在访问探讨国际学术讲座与科研成果中提高教研科研能力，在国际化育人过程中不断提升个人综合素质能力。实现对具有一流综合素质的创新型国际前沿人才的培育。

3.4 强化实习实践教学制拓展专业技能

创新示范协同混合育人通过强化实习实践教学制赋能。通过开展实践教学优化学生知识结构，提高学生实践能力、创新能力，优化学生素质结构，提升学生综合素质能力。实习与实践教学的定位首先是复杂而全面的系统工程，对各专业学科的实习实践体系与内容进行全面分析，从各专业学科的培养目标即所需的人才定位入手，分析其所需具有的实践能力，将各类实践能力进行种类划分，结合校内实践与校外实习共同拓展学生专业技能。根据各专业实际能力需求确定校内实践的步骤、内容、要求、审核方式，做到将校内实践与教学深度结合，提高学生专业素质；联系校外公司企业以及政府，开展相关合作，建立合作实习机制，使学生了解本专业的专业技能要求和最新技术现状，提高动手实践和应用能力，同时让学生了解行业现状，提高自身就业竞争力和适应能力，成为一流综合素质专业应用型人才。

4 结语

一流特色创新示范育人模式的构建与实践研究是面向国家战略提出的。本文以四种混合育人理念为基础，分析提出协同混合育人模式“四种混合”以及“五项能力”，为一流特色创新示范育人模式的构建提供了理论支撑。研究后提出创新示范混合教育模型的构建模式：以四种教育方向构建教学模式混合，提供模型构建的基础路线；以四类导师构建师资队伍混合，提供模型构建的主要导向；以四个结合角度构建教学方法混合，提供模型构建的方法手段；以四种成效构建教学成果混合，提供模型构建的目标方向。通过理论构建人才培养多种解决路径，为人才培育提供理论支撑，形成一流特色创新型人才培育的范式。

一流特色创新示范育人模式的终极目标是根据新时代的发展和要求落实实践成效。本文在模型构建后，以瞄准国内外顶尖竞赛、定位项目广泛参与制开拓能力、鼓励出国访问留学培养国际化视野、强化实习实践教学制拓展专业技能为手段，进行创新示范协同混合育人赋能培育实践，以此检验模型的时代契合性与社会适切性。继而以培育创新型人才、知识前沿型人才、能力胜任型人才、推广模块化人才为目标，达到创新示范系统混合教育实践成效。面向国家政策指引、社会经济科技发展、国际竞争力的转移，一流高校更应承担起培育一流创新型人才的重任，培育国家栋梁、社会主义建设的接班人。

参考文献

[1] 周光礼．一流本科教育的中国逻辑——基于C9高校“双一流”建设方案的文本分析[J]. 湖南师范大学教育科学学报，2019，18（2）：15-22.

[2] 教育部高等教育司关于印发《教育部高等教育司2020年工作要点》的通知[EB/OL].（2020-02-20）[2020-12-17]. http://www. moe. gov. cn/s78/A08/tongzhi/202002/t20200220_422612. html.

[3] 中国科学院 教育部关于印发《科教结合协同育人行动计划》的通知[EB/OL].（2012-08-15）. http://www. moe. gov. cn/s78/A08/gjs_left/moe_742/s7968/s7973/201404/t20140408_166877. html.

[4] 习近平出席全国教育大会并发表重要讲话[EB/OL].（2018 -09 -10）. http://www. gov. cn/xinwen/2018 -09/10/content_5320835. htm?allContent.

[5] 加快补齐社会实践教育的短板[EB/OL].（2018-10-10）[2020 -12 -17]. http://www. moe. gov. cn/jyb_xwfb/xw_zt/moe_357/jyzt_2018n/2018_zt19/zt1819_gd/wywy/201810/t20181010_350990. html.

[6] 杨祖彬，李平，杜力，等.“学、赛、产”联动的制造类专业学科竞赛内涵体系构建[J]. 重庆工商大学学报：自然科学版，2017，34（1）：98-103.

[7] 周宏蕊，霍楷.“双一流”背景下竞赛创新示范中心协同混合教育模式研究[J]. 创新创业理论研究与实践，2019，2（10）：141-143.

[8] 郭惠惠. 应用型高校创新创业教育改革的研究与实践[J]. 宁波工程学院学报，2020，32（1）：122-127.

[9] 霍楷，赵晨旭. 高校学科竞赛创新育人模式的探索与实践[J]. 湖南包装，2019，34（6）：123-125.

第二节　竞赛教学改革项目

一、研究领域

创新竞赛与艺术展演相关做法可形成教学改革的模式，申报国家、省、协会等各类教学改革项目。竞赛与展演作为艺术实践为主的创新教学活动，跨创新创业教育、美育、智育、劳育等综合育人形式，从而可开展多层次、多科性、丰富性的教学改革项目。

一是艺术类竞赛是创新创业教育与专业教育相结合的重要组成部分，可开展竞赛类的创新创业教学改革。通过创新竞赛改革研究与实践，培养艺术类专业学生的创意思维、创新能力、创造意识和创业精神，为学生提供专业竞技和施展才华的舞台，推动专业不断提升，为创业、就业、升学提供经验和成果支撑。随着“大众创业、万众创新”的提出，双创不但指导社会创新发展的新态势，更是高等教育创新改革和实践的重要指挥棒，已形成国家创新教育的发展战略。目前，创新创业类的教学改革项目申报的层次较为丰富，既有综合性的国家社科基金项目等的创新创业选题申报，又有中国高校创新创业教育联盟等专业团体的创新创业项目申报，专创融合、思创融合等类别丰富、形式多样。创新创业教育虽然受到2020—2022年新冠疫情的冲击，但形成了线上、线下多种模式，热度不减。

二是艺术类竞赛与展演是美育的重要载体，可开展美育类的教学改革与实践。学校美育是培根铸魂的工作，有助于提高学生的审美和人文素养，全面加强和改进美育是高等教育当前和今后一个时期的重要任务。由此可见，美是纯洁道德、丰富精神的重要源泉。在政策层面，2020年10月15日，中共中央办公厅、国务院办公厅印发了《关于全面加强和改进新时代学校美育工作的意见》，明确提出要丰富艺术实践活动，面向人人，建立常态化学生全员艺术展演机制。艺术展演是发展素质教育、以美育人、以美化人、以美培元、培养德智体美劳全面发展的社会主义建设者和接班人的重要载体。美育是培养学生认识美、爱好美和创造美的能力的教育，也称美感教育或审美教育，是德智体美劳全面教育的不可或缺的组成部分。常态化的艺术展演活动不但能够满足学生丰富的精神世界需求，而且能够提升学生的审美素质，推动素质教育，健全完美人格。在实践层面，2002年《学校艺术教育工作规程》（教育部令第13号）拉开学生艺术展演的序幕，要求每三年举办一次大学生艺术展演。自2017年开始，中国高等教育学会发布了全国高校竞赛排行榜单，截至2023年已发布7期。其中艺术类相关赛事有全国大学生广告艺术大赛、未来设计师·全国高校数字艺术设计大赛、中国好创意暨全国数字艺术设计大赛、米兰设计周-中国高校设计学科师生优秀作品展、两岸新锐设计竞赛华灿奖等相关竞赛和艺术展演，为学生成长成才提供了机会和舞台。

三是创新竞赛与艺术展演是专业教育质量不断提升的驱动，可以此为基础开展专业教学改革研究与实践。艺术类教育以专业为本，艺术竞赛与展演推进艺术作品的专业品质和艺术人才的创新培养，不仅通过展赛创作高质量作品，更重要的是培育专业精英人才。以一流展赛为突破口，以培养与一流大学相适应的精英人才为目标，通过艺术展演为艺术类专业学生成长成才提供舞台和机会，目的就是培育精英创新型专业人才，提升教学质量，促进一流人才培养。艺术专业教育离不开创新驱动，将竞赛和展演中的创新思维、创新理念、创业意识、创造精神融入艺术教育。第一，解决创新教育问题，突出将创新、创意、创造作为教书育人的重要理念融入教学；第二，解决教育质量问题，以创新为助推剂，将课堂教学、艺术创作、创意实践、成果转化和教学研究系统结合起来；第三，解决教育特色问题，以国内外各类高水平竞赛和艺术展演为载体，在赛中创、赛中教、赛中学、赛中研，形成以竞赛为创新驱动的特色育人模式；第四，解决教育机制问题，从国家双创战略、学校双创机制、教师创新引导和学生创新主导角度，将“自上而下”和“自下而上”的创新竞赛与艺术展演机制紧密结合起来。

四是创新竞赛与艺术展演是艺术实践的重要组成部分，是艺术劳动的重要形式，可以此为基础开展艺术劳动教育改革研究与实践。在艺术竞赛和展演中，借助艺术实践、艺术创造等艺术劳动形式推进劳动教育，让学生在艺术创新中积极投身实践、热爱实践、参与劳动、快乐劳动。艺术劳动教育是培养学生劳动素养的重要方式，是通过艺术创造、艺术展示等形式开展的劳动教育活动。目前，教育理念的更新以及教学方法的改革不断推动教育改革和成效的提升，以现代教育理念为背景，各个学科之间的界限逐渐模糊，探索不同学科交叉、融合的方法与实施路径，成为协同育人的重要趋势。劳育属于“五育”之列，艺术创新与劳动教育相结合，为协同育人创造了条件。从教学目标层面上看，劳育的主要目的是引导学生学习劳动技能，培养其热爱劳动、尊重劳动人民的意识；而艺术教育活动过程体现了劳动思维与劳动技能，借助艺术创作活动及展演活动，可创造艺术劳动价值，提升艺术创新水平。艺术劳动将学生的艺术创作、竞赛展演活动等作为劳动对象或劳动形式，组织学生进行丰富多彩的艺术活动，让学生在艺术劳动中得到锻炼，推动身心健康成长，实现劳动素养、审美素养的不断提升。

以上关于艺术竞赛、艺术展演与创新创业教育、美育、智育、劳育等综合领域的分析和研究，为竞赛和展演教学改革项目申报提供了有力的理论依据和实践支撑。

关于创新竞赛与艺术展演相关的教学改革项目层次和类型列举如下：国家社科基金教育学项目；教育部人文社会科学教育学项目；高等教育学会项目；中国学位与研究生教育学会项目；教育部教学指导委员会项目；教育部产学合作协同育人项目；计算机基础研究会项目；辽宁省教育科学规划项目；辽宁省新文科教学改革项目；辽宁省社科教育学项目；各类校级教改项目；等等。

二、项目内容

艺术展演与创新竞赛融入教学改革，重点是把展赛过程中的新思想、新理念、新技术、新媒介、新手段等融入教学，有效激发学生主动学习和自主学习的兴趣和积极性，不断推动教学质量的提升。尤其是在PBL和OBE等教学方法的驱动下，学生基于创新竞赛和艺术展演媒介，通过目标和成果导向，改进了学习方式，提升了学习效果，凝练了教学成果。经过艺术展演与竞赛的探索和研究，将艺术展演和竞赛育人模式、组织模式、指导方式、制度建设、队伍建设、团队文化、改革方式、竞赛特点等一套实践育人经验，上升为竞赛育人的理论总结，将设计竞赛的实践尝试和实证研究转化为教学改革项目的系统理论研究，不断推进创新与竞赛的理论探索。而教改项目的理论研究进一步在竞赛中被检验，不断修正竞赛育人经验，进而深入指导实践。竞赛实践上升为理论研究，理论研究进一步指导竞赛实践，形成不断循环增效的竞赛育人系统。

案例一

教育部产学合作协同育人项目

项目名称：“双一流”背景下艺术类专业立体混合式创新竞赛育人模式研究

项目主持人：霍楷

项目的特色和亮点
一、项目简介 该项目以学科竞赛为驱动，形成艺术类专业立体混合式竞赛育人模式，具体如图4.1所示。

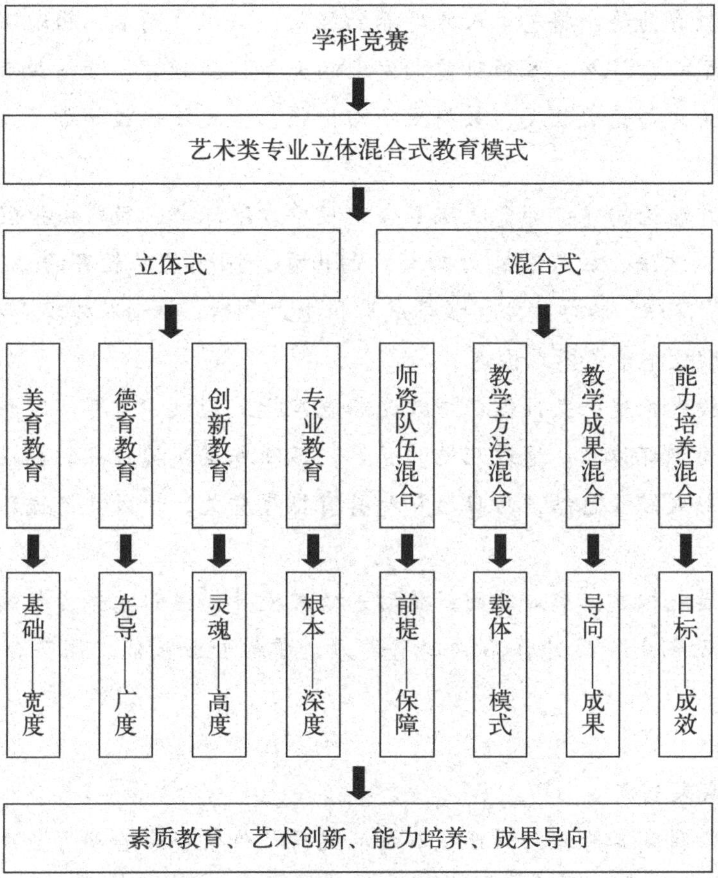

图4.1　立体混合式教育模式流程图

具体来说，本项目所研究的立体混合式教育改革模式包括两个方面。在立体式教育方面，美育教育是基础、德育教育是先导、专业教育是根本、创新教育是灵魂，艺术教育需要强基、立根、固本、铸魂相结合，突出素质教育和艺术创新；在混合式教育方面，师资队伍混合是前提、教学方法混合是载体、教学成果混合是导向、能力培养混合是目标，突出能力培养和成果导向。立体混合式教育模式从高校教学改革理念及方法多层面推动教学改革，最终形成竞赛驱动的素质教育、艺术创新、能力培养和成果导向的立体混合式育人模式。

二、项目特色与亮点

1.理论方面

（1）立体混合式教育理论构建

立体式教育理论构建：美育、德育和创新教育结合，从创新的高度、素质教育的广度和艺术教育的深度开展立体式教育，形成美育教育为基，德育教育为先、专业教育为本、创新教育为魂，将艺术人才培养的强基、立根、固本、铸魂深度融合，推动创新型、素质型人才培养。本项目前期发表的大量创新教育、素质教育、学术道德建设等教学改革论文与论文获奖、教材立项与出版、论文集出版等都是立体式教育理论的有力支撑。

混合式教育理论构建：师资队伍混合、教学方法混合、教学成果混合、能力培养混合，从师资、方法、成果和能力四大方面出发，探索艺术教育的混合式育人模式，极大丰富了师资队伍、教学方法、教学成果和能力培养，推动人才培养和成果凝练。

（2）循环增效竞争式模式构建

循环增效模式构建：良性循环增效竞赛育人模式形成“竞赛实践—经验积累—指导竞赛”的理论循环体系。通过几轮的竞赛，不断积累获奖作品的共性特征、参赛的规律性问题，形成经验总结，对日后参赛具有指导意义，形成良性循环增效的竞赛育人模式理论。

竞争教育模式构建：形成“创新驱动—效果提升—核心竞争力”的创新驱动理论体系。竞赛推动创新，提升作品核心竞争力，增加专业技能、团队合作能力和表达能力。

2. 实践方面

（1）实践成果创新

该项目以学科竞赛为驱动，让竞赛作品经得住价值观考验和专业质量考验，实现德育价值引领、美育文化传播、专业深耕提炼、竞赛创新导向，更重要的是，竞赛成果实现了教改论文、成果奖、创新项目、教材等八大成果的多元转化。实践成果创新产生的教育改革成果包括各类大奖、创新示范中心和创新团队教学模式创新、创赛研学的教学实践创新、竞赛育人实践与成果转化创新、教学改革实践创新、获批各类项目实践等，都是本项目的特色和亮点。

（2）实践路径创新

对内专业改革路径：构建竞赛推动创新，教学相长。“赛中学、赛中做、赛中研、赛中用”的四赛实践教学模式推动了教学相长。通过竞赛实践，提升了专业素质和综合素质。互动性增进式研究型实践创新，即上一个竞赛周期为下一个竞赛周期提供经验借鉴，形成不断增效的良性循环。

向外高校经验传播：该项目立体式教学模式、混合式教学模式经过多年的实践，获得了一些成果及实效，团队受邀到北京大学等一流高校和地方高校、全国指导教师竞赛培训等推广竞赛育人50余次。本项目师资队伍、教学方法、教学成果和能力培养四大模块形成稳固的教学体系，艺术教育结合创新和素质教育，形成高度、广度和深度立体化的创新育人系统，以及师资、方法、成果和能力四大混合模式推动教育实践创新改革。

项目建设目标

一、总目标

在一流大学建设和创新创业背景下，推动创新竞赛与专业教育深度融合，推进美育教育、德育教育、创新教育和艺术教育立体融合，推进师资、方法、成果和能力混合交叉的立体混合式教育模式，培养与一流大学相适应的、全面发展的一流创新艺术设计人才。

二、远景目标

建立开放性、国际化、研究型竞赛示范育人模式——学校；

建立示范性、竞争式、可推广竞赛示范育人模式——教学；

建立专业性、全面型、跨学科竞赛示范育人模式——学生。

三、具体目标

在“双一流”建设背景下，面向国家对素质型人才和创新型人才的需求，以创新为驱动，培养与一流大学相适应的专业精英人才；以社会主义核心价值观为导向，将价值引领融入艺术教育，培育政治过硬专业人才；以成果为导向，拓展和凝练标志性教学成果。

项目建设内容和实施路径

一、依托竞赛的立体混合式育人模式构建

将美育教育、德育教育、创新教育和艺术教育深度融合，形成素质教育广度、创新教育高度和专业教育深度相结合的立体育人模式。将师资、方法、成果和能力深度混合，形成混合式育人模式。美育教育、德育教育、创新教育全方位、全过程育人，形成立体混合式的教学模式。

1.立体式教育模式研究

（1）研究艺术创作的德育教育——参赛作品的政治把关

本项目的核心概念是让参赛的艺术作品不能有政治问题，德育与艺术教育的紧密结合是本项目的核心。德育与艺术教育深度融合，将德育教育的立德树人贯穿艺术创作的始终，解决艺术创作的价值引领问题。以德育为先，提高政治站位；以德育与艺术教育的深度融合，研究素质育人的特色教学实践。本项目在德育与艺术教育结合的艺术竞赛、展演、教研和实践等方面的多样化和标志性成果，为创新人才培养质量和水平的提升提供重要支撑，对培养思想过硬、素质优良、专业精干的高水平艺术人才具有重要推动作用。本项目以社会主义核心价值观公益广告大赛、廉政文化作品大赛、学术道德大赛等为载体，在教育部思政司主办的廉政文化作品大赛中，获2017年度精品奖（全国仅12项），2018年度精品项目（全国仅20项），2020年度精品项目（全国仅10项）、优秀项目2项（全国仅20项）、入围项目1项（全国仅30项）。本项目中学术道德论文分别获辽宁省社科联学术道德建设征文一等奖3项、二等奖6项、三等奖4项，为本项目德育研究奠定了理论基础。

（2）研究艺术创作的美育教育——参赛作品的美育传播

本项目的基本概念是让参赛的艺术作品传播真善美思想理念，美育与艺术教育的紧密结合是本项目的基础。美育与艺术教育相结合，美育教育的真善美思想贯穿艺术教育始终，培养学生对美的追求，传播、弘扬社会主义核心价值观和正能量；培养学生发现美、研究美、创造美、分享美的能力，在教育中培育学生美育素质；真善美教育体现社会主义核心价值引领，培养弘扬社会正能量和主旋律的高素质人才。艺术实践层面，开展艺术竞赛、艺术展览，实现获奖作品在校内外展演中传播真善美价值的目的。在2017年、2018年、2019年教育部主办的全国大学生公益广告大赛中，本项目指导的社会正能量公益广告设计作品获全国一、二、三等奖，促进艺术惠校、艺术惠民，推动高雅艺术传播和普及。理论研究层面，发表多篇美育素质教育论文，获批素质教育项目，为本项目奠定了坚实的理论基础。

（3）研究艺术创作的创新教育——参赛作品的创新导向

本项目的主体概念是让参赛的艺术作品传递创新理念，创新与艺术教育的紧密结合是本项目的灵魂。创新教育与艺术教育深度融合，将创新思维、创新理念、创业意识、创造精神融入艺术教育，解决课堂创新、质量提升、特色凝练和机制引导问题。首先，研究创新精神融入人才培养全过程。本项目突出将创新、创意、创造作为教书育人的重要理念融入教学改革，开设“设计创新与竞赛”“创客启蒙”“创业基础”等课程，解决艺术教育中的创新问题。其次，解决艺术创新教育质量提升问题。以创新意识为助推剂，将课堂教学、艺术创新、创新实践、成果转化和教学研究系统化结合起来，刺激教学创新，丰富教学环节、凝练教学成果、提升教学质量。再次，解决艺术创新教育特色问题。本项目要创意、创艺、创益、创异、创义、创新、创心、创欣、创馨、创辛，让新理念、新技术、新手段、新方法融入教学，目的就是要新成果。最后，解决创新教育机制问题。本项目在国家、社会和学校的政策鼓励、引导和支持下，抓住机遇、推进改革、重在实效，从学院、教师和学生角度将“自下而上”和“自上而下”紧密结合起来。

（4）研究艺术创作的专业教育——参赛作品的专业品质

本项目的重点概念是让参赛的艺术作品传递专业的品质，追求艺术教育的专业质量是本项目的根本要求。一流艺术教育需要一流的教师队伍、一流的教学理念、一流的人才培养和一流的成果，通过一流学科竞赛成果完成一流大学建设指标。只有突破式和系统性的艺术教育创新改革和一流的教学成果积淀才能支撑一流的人才培养。以一流竞赛为突破口，以适应一流大学建设的标志性教学成果为导向，以培养与一流大学相适应的精英创新人才为目标，培养拔尖创新型专业人才，创造条件为学生成长成才提供舞台和机会，目标就是培育业内专业精英，带动教学成果多元转化和效果最大化。竞赛推动精英化育人，通过主动学习、竞争式和危机感理念引导，培养在国际级和国家级竞赛中能拿大奖、勇夺桂冠的专业精英，培养综合素质高的专业领军人物，目的就是提升教学质量和一流人才培养水平。

以上本项目核心概念是让参赛的艺术作品不能有政治问题，基本概念是让参赛的艺术作品传播真善美思想理念，主体概念是让参赛的艺术作品传递创新理念，重点概念是让参赛的艺术作品传递专业的品质，形成基于竞赛作品创作的德育、美育、创新和专业的立体图，如图4.2所示。

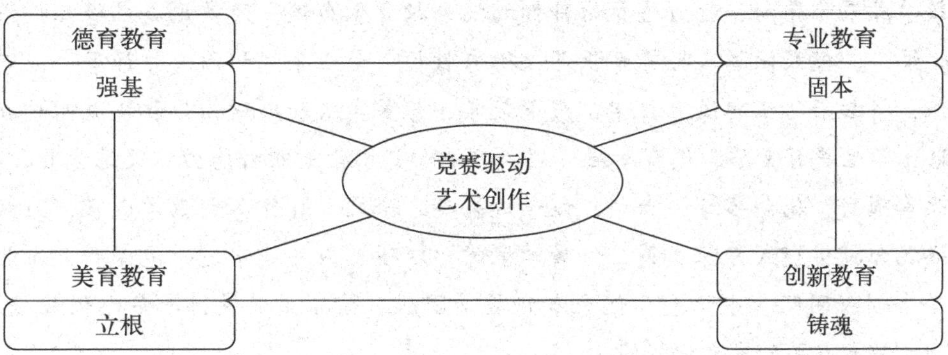

图4.2　基于竞赛的立体教育模式图

2.混合式教育模式研究

（1）师资队伍混合——竞赛育人前提

满足高质量竞赛育人的前提是打造一支混合交叉的师资队伍。开展“外引内培”，组建精专业、多学科、跨领域、跨地域的一流教师队伍。本项目形成美育教师队伍、企业导师队伍、国外导师队伍和德育教师队伍四种类型。美育教师是本专业和跨专业、跨校选拔的导师队伍，负责开展艺术展演的美育教育传播活动；企业导师为业内具有影响力的行业专家，指导大学生创新创业项目实践；国外导师为国际上有影响力的专业合作院校教授和学者，指导暑期国际课程，开展国际竞赛指导与交流；德育教师为艺术专业课程思政教师，将思政元素融入专业课程，为艺术创作把好政治关。

（2）教学方法混合——竞赛育人载体

满足高质量竞赛育人的载体是建立一条主线、多头并进的混合教学方法。以竞赛育人为主线，与专业教育、德育、美育与创新教育多头并进、深入融合。专业教师（包括美育教师、德育教师、企业导师和国外导师）在指导参赛作品和大学生创新项目时，将“竞赛+课程思政、美育传播、专业质量和创新精神”融合交叉，以“竞赛+课程、讲座、创新项目、成果多元转化”为内容，以“竞赛+线下课堂教学、线上课堂”为形式，以竞赛+“创新思维方法”“美学原理”等基础课群和“创业基础”“设计创新与竞赛”“创客启蒙”等创新课群为内容，形成“竞赛+创新创业教育、美育教育、专业教育、暑期国际课程教育、创新项目指导”等混合育人载体。

（3）教学成果混合——竞赛育人导向

满足高质量竞赛育人的导向是拓展多元化教学成果。第一，机制保障。本项目采用协同混合教学机制，将“自上而下”的顶层设计和“自下而上”混合育人结合，发挥顶层的主导优势和教学的主体优势，形成教师为主导、学生为主体、协同教学为载体、教学成果为导向、能力培养为目标的混合教育生态链，为多元成果凝练提供机制保障。第二，模式保障。将美育教师、德育教师、企业导师和国外导师混合成四类教师队伍；将教师队伍的线上教学、线下教学、艺术实践和项目指导混合成四种教学方式；培养学生美育素质、德育素质、创新素质和艺术素质四种能力；凝练竞赛、展览、教学改革项目、创新项目、专利、教学成果奖、论文、著作八大教学成果，为教学成果多样混合提供模式保障。第三，教学保障。本项目依托辽宁省一流课程、东北大学优秀学生创新团队、东北大学优秀本科教学团队、精品立项教材等多元化基础成果，实现新的教学成果的多元化保障。

（4）能力培养混合——竞赛育人目标

满足高质量竞赛育人的目标是培养卓越人才应具备的综合素质。本项目培养学生创新能力、德育素质、美育素质和专业能力四种能力和素质。创新能力教育是在专业教育中培养学生的创新精神和创造意识，不断推陈出新；德育素质教育是专业教育的基础，将思政元素融入专业教育，培养具有坚定理想和信念的社会主义合格的、有用的专业人才；美育素质教育旨在培育学生真善美的世界观和人生观，推动社会主义精神文明建设，弘扬社会发展的主旋律和正能量；专业能力教育旨在培养学生的专业能力，同时进一步培养沟通表达能力、实践应用能力、理论研究能力等综合艺术素养。

以上四大能力和素质的锻造，是本项目人才培养的重要目标，是多年来教育经验和创新实践的总结，为本项目教育改革的探索开辟了新思路。

综上，四大混合教学系统如图4.3所示。

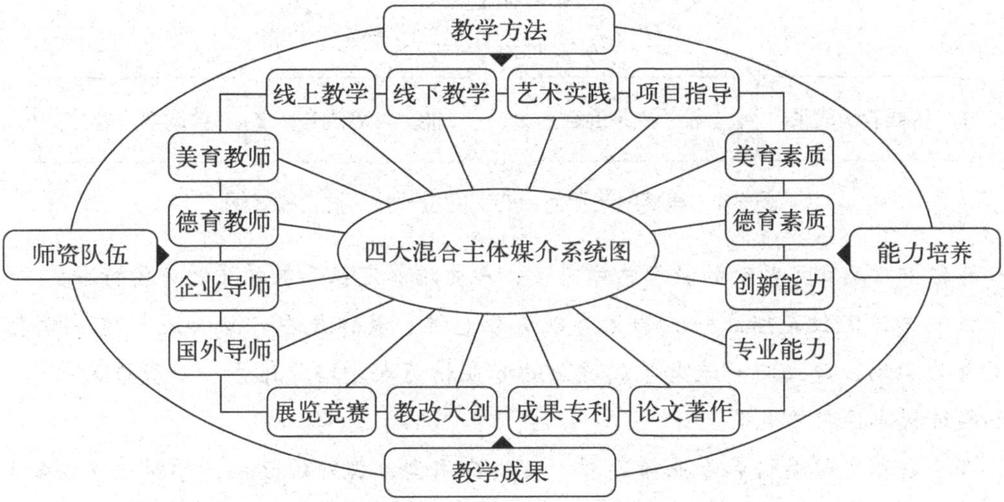

图4.3　四大混合教学系统图

二、依托竞赛的立体混合式育人模式实践

1.夯实竞赛创新示范中心

进一步夯实竞赛的主体机构，即竞赛创新示范中心（简称赛创中心）。赛创中心采取以国家级竞赛及成果最大转化为驱动的“四位一体”精英人才培养模式。“四位一体”中的“四位”为教师队伍、教学方法、教学成果和能力培养，“一体”为“培养竞赛精英，拓展标志成果”的理念，“四位”服务于“一体”，形成四位一体协同混合教育模式。协同混合教育模式是基于培育精英人才的质量工程教育改革，探索教师主体与学生客体、教学方法与教学成效、教学流程与能力培养改革，以教师的混合性和学生的接受度、方法的压力式和成果的拓展性、流程的最优化和能力的最大化开展实验性探索。该模式以国际级和国家级竞赛推动培养专业精英为突破口，以适应一流大学建设的标志性教学成果为导向，以培养与一流大学相适应的精英创新人才为目标，开展教师队伍混合、教学方法混合、教学成果混合、能力培养混合的“四位”混合模式，为培育精英和扩大成果的“一体”理念服务，实验性地构建协同性、混合式、交叉型的教育改革的新生态链。如图4.4。

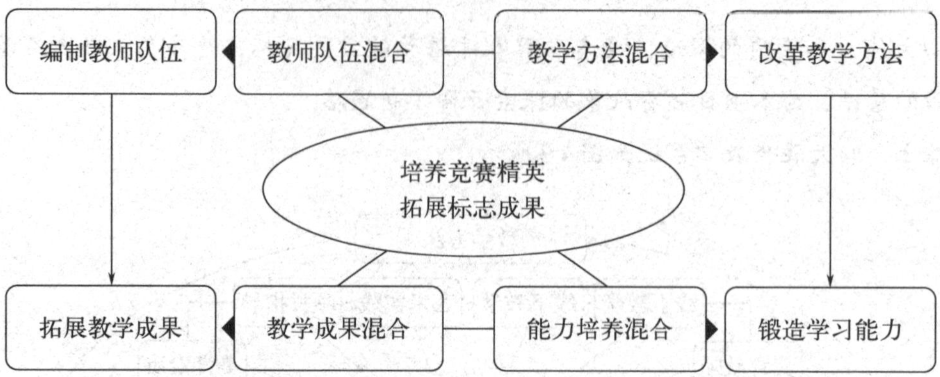

图4.4　竞赛创新示范中心“四位一体”混合模式图

赛创中心确立了明确的教学总体定位、人才培养定位和教学质量评价标准。

教学总体定位是建立一流的竞赛教育生态链。具体是在“双一流”建设背景下，以竞赛为驱动，建立与一流大学相适应的专业精英人才培养体系；以成果为导向，拓展和凝练标志性教学成果。

人才培养定位是培养专业精英型、实践应用型、视野国际化、学科交叉型和综合素质型五种类型的高水平人才。

教学质量评价标准定位是培育能拿大奖的专业精英，拓展最大化的标志性教学成果。赛创中心的评价标准定为“三多”和“三好”，“三多”为参与人数多、学生收获多、标志成果多，“三好”为学生评价好、育人质量好、业内评价好。为打造竞赛育人的核心竞争力的竞赛育人品牌，赛创中心制定了竞赛育人质量检验标准，以提升获奖及竞赛成果转化的数量和质量，如表4.1所示。

表4.1　竞赛创新示范中心成果评价和质量检验标准

教学成果奖	成果奖等级高		成果奖数量多
获奖数量	高等级获奖数		高级赛获奖数
获奖质量	获奖的等级高		奖项含金量高
获奖级别	主办部门级别	评委专业程度	赛事举办规模
论文发表	撰写竞赛论文	发表论文数量	发表杂志级别
教学效果	学生参与人数	学生受益人数	参赛重视程度
创新项目	参与学生数多	立项项目数多	结项成果丰富
教改立项	立项级别高	立项项目数多	结项成果丰富

2.提升满足高质量人才需求的教师队伍创新能力

项目组将教师队伍分为美育教师队伍、企业导师队伍、国外导师队伍和德育教师队伍四种类型，为人才培养提供充足的联合师资队伍保障。从教师队伍四类层次来看，美育教师、企业导师、国外导师和德育教师联合指导专业能力、审美能力、创新能力、德育素质和国际视野，具有跨国、跨校、跨学科特点。

项目组将竞赛育人的素质和能力分为专业能力、德育素质、美育素质和创新能力四种。专业能力即艺术类人才所需的专业素养；德育素质即人才需要具备的思想道德素质和价值导向能力；美育素质为人才需要的真善美判断能力、研究能力和创造能力；创新能力为人才需要的创意能力、创新精神、创造精神和创业精神。通过竞赛与德、美、专、创深入融合，重点培育上述四种素质和能力。

项目组将创新育人的类型分为专业精英型、实践应用型、视野国际化、学科交叉型和综合能力型五种。专业精英型是与一流大学相匹配的卓越领军型人才；实践应用型是满足社会需求的胜任实践型人才；视野国际化是在扎实的专业知识基础上掌握国际前沿知识、技术、媒介和发展趋向，以及具备基本的沟通交流和文献查阅的外语能力的人才；学科交叉型是通过跨学科和领域的知识学习，推动科学、技术、思维和理念创新的人才；综合能力型是融合专业、实践、国际化、交叉创新于一体的复合型人才。

以上四种教师队伍类型通过竞赛创新育人，培育人才的四种能力和五种类型，具体如图4.5。

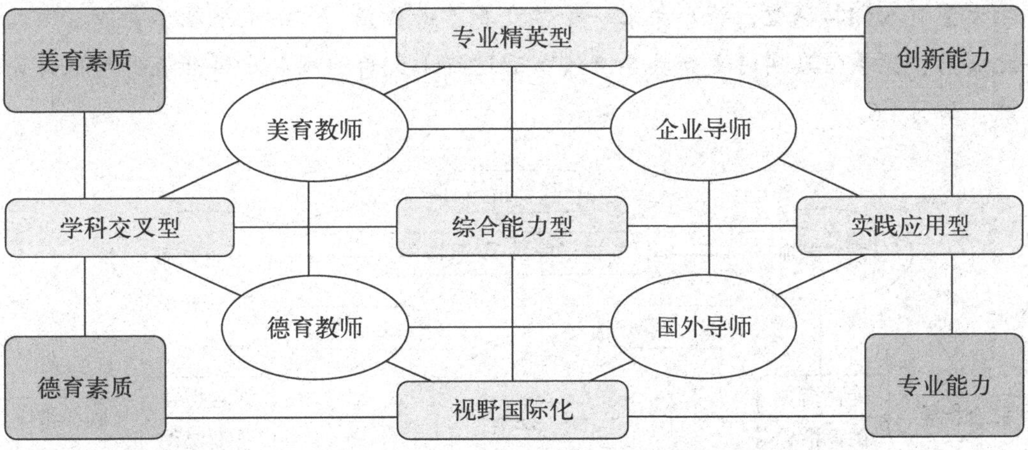

图4.5　师资队伍四种类型与人才培养四种能力和五种类型图

3.创新竞赛育人教学方法

（1）竞赛数据分析法

项目以赛创中心为竞赛育人主体，以年度为单位，搜集各类高水平竞赛数据。对比分析竞赛类型、规模、层次、影响力及历年获奖作品特征及优势，为竞赛选择、组织和针对性指导提供参考；分析不同类竞赛对人才能力和素质培养的侧重，根据学生能力所需，选择对应的竞赛有针对性地选择和参与；分析竞赛作品转化为大学生创新创业项目可行性及完成数据、教学改革数据、相关教改文章与教材数据、专利申请数据、教学成果奖申报数据。最后将各类竞赛与成果转化数据整理形成人才素质与能力需求的模型，进而形成一套竞赛研究数据体系。

（2）竞赛教学分类法

采用1+3教学组织模式，以专业竞赛教学为主体，四大类教师队伍围绕专业展开教学活动。具体采用1+3模式开展竞赛创新育人，即专业教学为1，美育、德育、创新教学为3。1+3教学组织模式突出以专业竞赛为驱动的人才培养主线，围绕竞赛开展艺术创作，在创作过程中，通过课程思政教学把好德育关、通过美育教学把好美育关、通过创新教学把好创新关，以“专业竞赛+德育、美育和创新”，分类开展竞赛育人。1+3教学组织模式分类分工合作，集中优势，交叉互补。

（3）竞赛实践教学法

竞赛育人内容以“课程+讲座+课题”为指导，授课形式为“线下课堂教学+线上翻转课堂+小学期国际课程”。在专任教师的联合指导下，鼓励学生跨学科、跨专业组成团队完成主线参赛；国外导师和企业导师分别开展小学期国际课程、讲座及项目等指导课程，协同专任教师开展多元教学成果指导。育人形式方面，在传统课堂教学基础上大量引入翻转课堂，将历年来一等奖竞赛答辩视频、作品成果展示资源、项目等多元成果、竞赛信息实时更新共享交流，通过线上大群和项目小群开展针对性讨论和答疑。如图4.6。

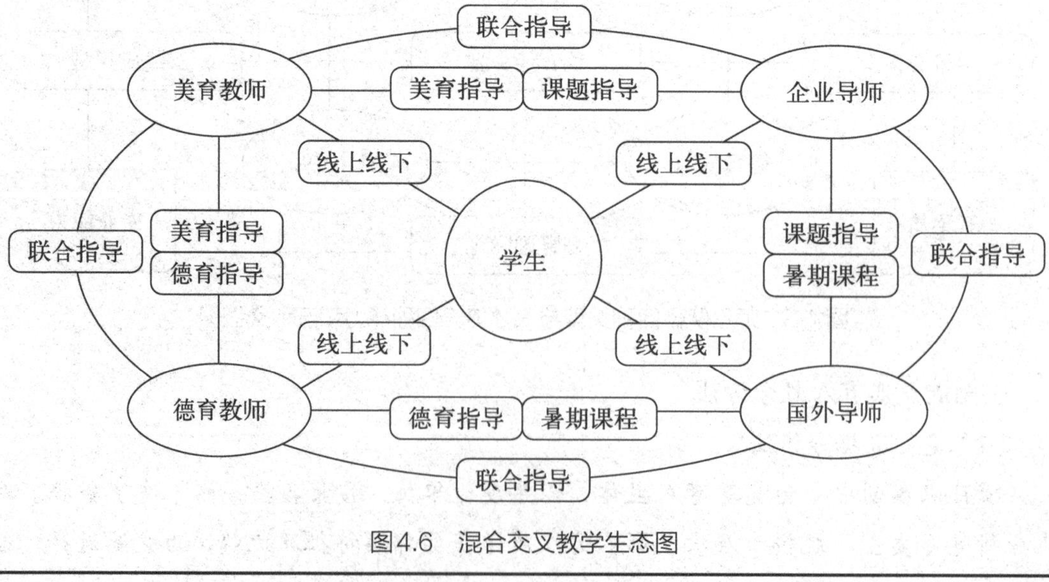

图4.6 混合交叉教学生态图

（4）竞赛优势分组法

采用1+1+1集中优势导师组合方式。按照学生能力需求和专业偏好策略性地进行导师分组，分为专业竞赛组（实践创新组）、大学生创新创业项目组（“实践+理论”创新组）和竞赛理论研究组（理论创新组），目的就是充分挖掘和发挥各类学生自身优势，使其选择适合自己的创新学习方向。竞赛组为专业导师专项指导竞赛；创新创业项目组以企业导师教学指导为主，专项指导大学生创新创业和企业实践；竞赛理论研究组为专业导师针对竞赛教学改革、竞赛育人、创新成果转化等开展创新竞赛的理论研究。

（5）竞赛成果推介法

组织研讨会开展协同混合竞赛育人模式推广。定期举办研讨会，组织各高校、企业导师等交流竞赛与创新创业育人模式，介绍竞赛创新示范中心教育模式及多元教学成果，研讨协同混合交叉教育模式，向业内教师与学生征集、评审和出版竞赛育人教改论文，出版竞赛获奖作品集，组织竞赛作品评审与跨校巡回联展，将竞赛创新示范中心协同混合育人模式的实践成果和理论成果向其他高校进行推广。

4.教学成果最大化凝练

赛创中心混合教学模式将竞赛成果拓展成八大标志性教学成果，分别是竞赛、展览、教学改革项目、大学生创新创业项目、专利、论文（论文集）、教材著作（作品集）、教学成果奖。八大成果都是一线教学研究和人才培养的重要体现，也是大学各类评估中人才培养的定量指标，是教学水平和成效的集中反映。

竞赛成果出自国家级和国际级行业协会和团体主办竞赛，是其他七项教学成果的基础。展览成果为参加国家级和国际级展览、研讨会作品高校联合巡回展览、国际大学生作品联展、项目成果展以及协同混合交叉教育模式成果展等的总和。教学改革项目是将协同混合育人模式、教学成果多元转化模式、竞赛精英育人模式等申报各类教学改革项目进行深入研究。大学生创新创业项目成果是将赛后作品再创作，以及选择特色和优势项目进行研究、设计和推广，提升作品创作空间和商业价值。专利成果是将各类获奖作品、大学生创新创业项目作品申报专利，形成知识产权保护。论文（论文集）成果是将教师指导经验、作品创意、设计流程、创新创业成果、教学改革成果形成理论总结，发表论文或出版论文集。教材著作（作品集）成果是将竞赛经验形成设计创新与竞赛教材、设计竞赛获奖案例作品集，为示范中心教学和学术交流提供资料。教学成果奖是将赛创中心教学模式及育人成果申报各类教学成果奖，让教学经验得以传承、教学成果得以推广。

项目预期成果

本项目研究的预期成果如下：

创建国内一流校企合作竞赛创新示范中心教学品牌；

拟出版设计创新与竞赛实践案例教材1部；

获批校级以上教学改革项目1项；

发表创新创业与竞赛类教学改革论文10篇以上；

获批校级教学成果一等奖1～2项；

指导学生获国际级、国家级艺术类奖项100项以上；

指导大学生完成创新创业训练计划项目2项。

项目实施计划

本项目研究规定了中长期竞赛计划、年度竞赛计划和具体竞赛计划，为项目研究提供了时间和目标保证，具体如图4.7。

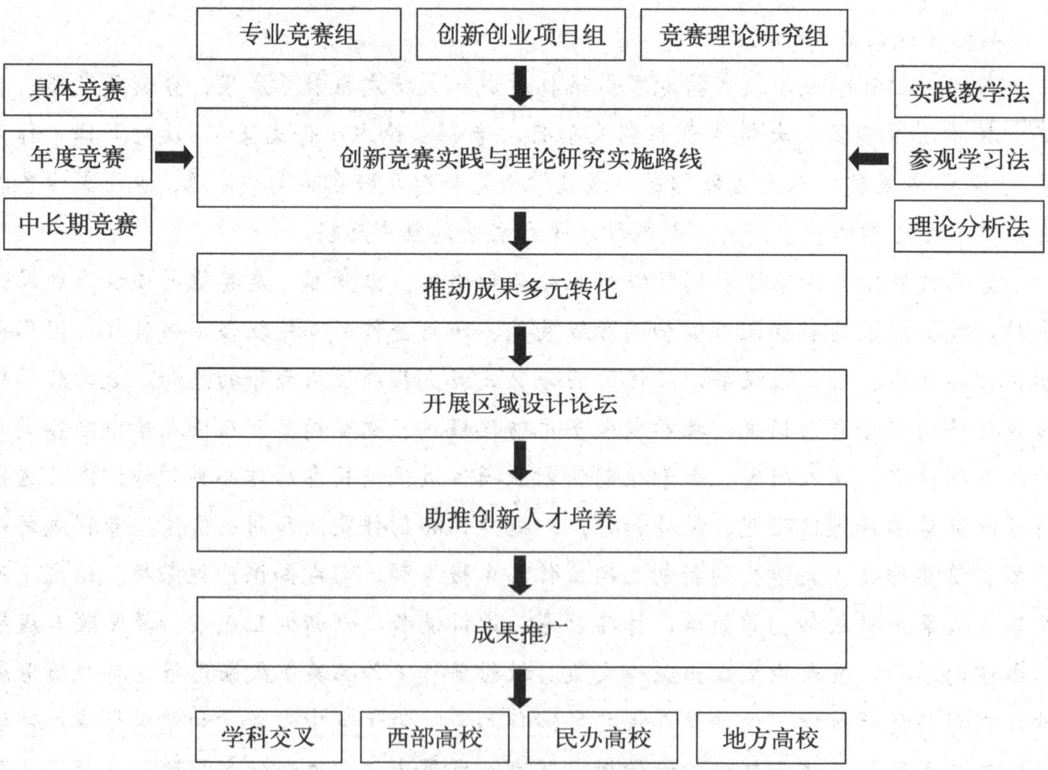

图4.7　创新竞赛实践与理论研究实施路线

一、中长期竞赛计划

在项目结题一年后，完成高标准的创新示范中心育人目标，通过凝练标志性成果进一步建立国际知名、国内一流、业内领先的高水平竞赛创新示范中心，发表结项论文，撰写完成结题总报告。

二、年度竞赛计划

制定一年内的各项成果目标，完成实践案例教材、教改项目、教改论文、教学成果奖、大学生创新创业训练计划项目、学生获奖项目等各项成果。

三、具体竞赛计划

针对具体各类竞赛，重点把握和指导政府主办的竞赛，包括但不限于中国大学生计算机设计大赛、全国大学生广告艺术大赛、全国高校数字艺术设计大赛、中国好创意等大赛的指导工作；重点把握和指导业内权威设计协会主办的设计赛事，包括中国包装联合会主办的中国包装创意设计大赛、中国包装联合会设计委员会主办的中国之星设计艺术大奖等权威赛事；重点与韩国现代设计协会（KECD）、韩国概念协会等国际设计协会合作，组织、指导和参与韩国国际数码设计展、意大利A’设计奖等国际赛事，让国际、国内各项竞赛获奖成果锦上添花。

本项目在前期理论与实践基础上，按照中长期竞赛计划、年度竞赛计划和具体竞赛计划，通过实践教学法、参观学习法和理论分析法开展竞赛指导，并推动竞赛成果的多元转化，进一步开展区域竞赛创新设计论坛，推动创新人才培养，最后将成果推广到综合性大学的多学科交叉竞赛之中，推广到西部高校、民办高校和地方高校之中，为更多学生搭建创新平台，实现竞赛育人成果最大化。

案例二

中国高等教育学会2022年度高等教育科学研究规划课题

课题名称：素质教育与艺术创新协同一体化育人模式构建研究

课题主持人：霍楷

课题内容：

本课题国内外研究现状述评、选题意义及研究价值；

本课题所要解决的主要问题、研究的主要内容及重要观点；

本课题的研究思路、方法以及创新之处；

前期研究基础及条件保障。

一、本课题国内外研究现状述评、选题意义及研究价值

1.本课题研究的现状述评

（1）国外现状

创新育人需要全面提升综合素质，这是培养创新型人才的重要途径。西方发达国家根据本国国情选择相应的育人理念推动本国企业、高校以及研究中心参与协同育人。瑞典以创新为核心的育人模式，实行以解决问题为导向的教育理念，形成了以建立研究中心和西斯塔科学城为代表的协同育人模式，并建立了与（构思、设计、实现和运作，Conceive Design Implement Operate）标准相适应的课程架构。以创新为核心的合作运行体系分为三个层面，即政策制定层面、规划层面、实施层面，使高校、政府与企业之间产生了持续、良好的互动关系，为协同育人奠定了基础。日本采取行政命令式的运行模式提升全民创新意识和综合素质，以共同研究模式和筑波科学城模式为典型。共同研究模式是为了加强大学和产业之间的联系，促进科技成果转化。学校和企业在共同研究过程中，共用研究设施，为参与研究的学生提供了高质量的实践基地。筑波科学城模式是日本为实现“技术立国”战略，建立高新技术工业区，聚集了著名大学、民间研究团体以及大量的科学研究人员，为产学研协同育人提供了良好的土壤，使得各方都重视人才培养的质量，协同育人模式的学生可以深度参与实践与研发。德国形成了弗朗霍夫协会产学研协同模式和双元制的典型模式，促进素质教育与创新协同育人。学生凭借他们所获得的实践培训和经验，可以在工业界或科学领域获得更多的工作机会和更好的职业发展。双元制教育将企业学徒制和职业学校的职业教育结合起来。在双元制教育的框架下，导师的主要任务是使学生适应生产活动，形成他们的企业文化，实现进一步的专业、职业发展并完成在专业活动中的任务。美国实施愉快教育制度，形成独特的教学方案和教学计划，不拘泥于书本知识，广泛从自然科学、社会科学中汲取素质教育元素，注重在实践中培养学生的综合素质，收到不错的素质教育效果，引起业内的广泛关注。意大利关注工艺美术与素质教育的高度融合，重视学生的实践动手能力，通过对自然界中的物象进行加工再创作形成工艺品，在实践中开展工艺创作活动，在娱乐中了解各项技能，培养学生实践动手能力。

（2）国内现状

近年来，国家对高等教育工作、科教结合、实践教学、创新创业教育等一流教学方面提出教育战略规划，对教育工作者如何建设一流高校、一流学科和培育一流人才提出了重大挑战，而其中的重中之重就是如何培育一流特色顶尖人才。本课题提出的素质教育与艺术创新协同一体化育人理念，为“双一流”高校人才培养提供了参考思路。教育部高等教育司印发的《教育部高等教育司2020年工作要点》中提出，持续推

进一流专业“双万计划”，建好建强一流专业，打造一批高素质人才培养的支撑载体。

中央美术学院2015年成立视觉艺术高精尖创新中心，中心以“视觉北京”为核心概念，涵盖“空间、图像、时尚、生活”四大建设领域，打造以标志性学术活动为牵引，以系列实验室和工作室为执行机构的综合性学术平台，并通过文化科技融合的顶层设计落实国家创新驱动发展战略，服务国家和首都文化发展。中心在教育模式探索与创新等方面已成为学校建设具有鲜明中国特色的世界一流美术大学的崭新亮点。

北京师范大学艺术科技融合创新中心（ATIC）是一个集学术研究、创意策划、咨询服务、文化传播、高端智库于一体的高层次研究机构与交流创新实践平台。中心架构ATIC以基础教研为核心，以媒体融合传播、艺术创新表达和供给应用研究为导向，主要推进大型文化艺术项目创意策划、实体舞台与实景展演空间科技创新发展、人工智能与虚拟现实技术的设计开发和实际应用。

国家级文化产业示范园区——景德镇陶溪川文创街区主要包含陶瓷创意、文化传播、美术展览、艺术设计、非遗保护、教育培训等，汇聚优质创客，打造集“创意集市+线下商城+线上旗舰店”于一体的青年创业的O2O平台，为城市新兴产业集聚和功能提升创造空间载体，引爆新的经济增长点，推动当地文创产业蓬勃发展。整体来看，国内大学素质教育与创新教育模式主要是以艺术类高校为代表的素质教育实践、基本价值取向教育、素质教育与专业实践等模式。

（3）国内外研究现状述评

第一，宏观与微观问题述评。国内外相关研究立足国家层面、高校层面、企业层面较多，以政策及发展导向为主，多从宏观视角阐述；而本课题以人才培养的具体要求、具体方案和具体对策为主，从微观视角探究艺术创新与素质教育协同一体化育人。

第二，综合与具体问题述评。国内外相关研究多以学科的综合视角探讨创新人才培养及产学研合作，虽然相关艺术院校或艺术类专业开展创新教育，但从素质教育视角探讨艺术创新人才培养新手段和新路径研究较少；而本课题基于具体素质教育向度对艺术创新问题进行范畴和领域界定，在国家提出的立德树人、美育教育和德智体美劳五育并举背景下，具有针对性、必要性和时代性。

第三，联系的视角述评。目前将素质教育与艺术创新二者结合起来的研究较少，要么以艺术创新研究为主，要么以素质教育研究为主。据知网2023年11月13日检索结果，素质教育文献有278788篇，艺术创新文献有13917篇，二者结合研究的文献有83篇，可见在本领域的研究还具有很大的空间。故本课题探究素质教育与艺术创新相结合，艺术创新基于德育、智育、美育、劳育协同一体化育人，在人才综合培养方面具有可行性和必要性。

2. 选题意义及研究价值

（1）为谁培养人——立德树人价值引领

随着全球化时代的来临和产业转型升级，在产教融合、科教融合不断深化和新科技革命影响快速渗透的背景下，以跨界交融为特点的艺术创新，亟需以开放精神冲破传统教育封闭自足的供应体系，通过院校间、校企间合作互动，创新人才培养模式。素质教育与艺术创新协同一体化育人的价值和作用包括四个层面。一是全面提升，通过视觉、空间、形态、听觉的有意味的艺术感知活动，促进学生综合素质全面发展，提升创造力。二是审美观念，通过各种艺术活动，培养和发展艺术的审美能力，从而建立审美判断力，促进思维判断朝着多元性和人文性发展，建立正确的人生观，树立高远的精神境界。三是创新使命，通过对艺术语言的了解，促进文化认知能力的发展，从而建立起对人类文明精神的崇敬感以及对民族文化价值的认同感，自觉承担起继往开来、承前启后的创新使命。四是储备人才，通过学习和了解艺术，掌握人文和艺术专业的相关知识，适应现代社会生存和发展的需要，为社会需求储备综合型和具有创造力的专业人才。

（2）培养什么样的人——综合素质人才

艺术创新教育作为开启情感与智慧之门的钥匙，最重要的是让人感知、感悟美好的事物，了解人文精神，在创造中呈现审美理想，在对真善美的追寻中建立起崇高的品格行为和道德规范，从而远离和鞭挞假恶丑及低俗、庸俗、媚俗的东西，最终提升学生的综合素质。如今社会存在着一定的“美盲”，对人类的文化精神没有敬仰心，对民族的文化传统没有认同感，对自然没有敬畏感，对社会和人没有责任感，信仰在丢失，道德在滑落，因此社会生活中才会出现那么多让人震惊的问题。从深远的文化意义说，素质教育与艺术创新协同一体化育人肩负扫除“美盲”的重任，有助于艺术创新的普及和提升，有助于树立起心灵美、行为美的信仰，从而在对审美理想的追寻中，成为具有文化自觉的创造者和自我行为约束的道德规范者。

（3）怎样培养人——协同创新育人

本课题研究一是回到“完整育人”的起点。综合素质育人应打破“应试教育”模式，回到育人本体，回归到人与自然、人与世界、人与社会的关系，回到人性本善、人类命运共同体上。二是丰富“完整育人”的内涵。协同育人实现了教学与教育之间的互相成全。混合育人的课程设置、线上线下的混合教学，促进了教书与育人的一体化。三是构建“完整育人”的生态。素质教育与艺术创新协同一体化育人模式是素养系统进阶提升的关键。如今我们所处的“云”时代，呈现出一种极强的跨界、混合的社群学习生态。素质教育与艺术创新协同混合育人不仅仅是技术的融合，更是理念、课程、资源、成果等多方面的融合，它需要的是一个系统的进阶，以此支撑起育人的新生态。

（4）达到什么样的标准——示范成果一流

本课题育人模式以教学成果混合为导向，即以一流师资团队为导向培育精英人才，以一流课程为导向培育创新型人才，以一流专业为导向培育专业型人才，以一流多元成果为导向培育综合素质型人才。

一流师资团队即教师的教学水平、教学效果，通过一流师资培养学生的能力水平和业务能力，通过教师专业能力进行教学方法的创新改革，对课程设置、教学模式、教学方法等进行设计。一流课程建设需加强课程、项目、平台等多要素联动，促进多方协同发展，推动校内与校外、课内与课外、教学与科研等多维度融合。以学生的实际需求为依据，以学生参与实践的兴趣来驱动，形成典型的实践案例，以培养高素质人才为中心，优化知识、强化能力、内化素质、融入思政和美育，是具有创新性、高阶性的挑战。一流专业充分利用各方面资源进行课程体系、合作模式、教学内容和方法的改革与创新，使学生拥有复合的知识结构、多元的能力、卓越的综合素质。其中，知识是基础，能力是重点，知识、能力、素质三者之间需要协调发展。一流多元成果即具有一流大学所需的创新性多元成果，以此助推培养具有创新能力、创新精神、创新意识的人才，从而提升学生综合素质。

二、本课题所要解决的主要问题、研究的主要内容及重要观点

1.本课题研究亟待解决的突出问题

（1）解决艺术教育创新问题

当今社会的数字化、网络化、远程化、家庭化、个性化教育形态，打破了学校人才培养的一元化格局，构建起互联网平台上的交互式人才培养体系，从而使育人模式进入崭新时代，育人模式也面临着前所未有的机遇与挑战。传统艺术教育培养模式以课堂教学为主，教学模式较单一，不能满足能力与兴趣多样的学生的需求；学生对知识点的掌握也局限于课堂，极大地限制了学生的拓展性思考和主动学习的能力，令其难以解决课程建设目标中知识与技能的综合、研究与实践的平衡、价值与情怀的提升等关键问题。素质教育与艺术创新协同一体化育人模式坚持以学生为中心，通过价值引领、知识探究、能力建设、人格养成“四位一体”的教书育人理念，在认知领域培养学生扎实的专业理论基础和知识技能，培养学生自主学习、探索知识和应用知识的研究能力、创新能力、思辨能力；在情感领域培养学生厚重的人文素养、求真的学术追求和宽广的全球视野，使之成为复合应用型创新人才。

（2）解决素质教育质量问题

立德树人是高校的立身之本，人才培养质量是高等教育的生命线。就高校人才培养来说，单一能力与素质的培养已不能满足社会需求。构建更高综合水平的人才培养模式，更新教材、课程为主体的教学体系，完善学生成长、成人、成才、成功的管理体系和学业成绩评价体系，促进人才培养质量全面提升，成为人才全面培养的重要保障。高等教育现代化实质上是多元知识交叉和多元素质提升的现代化教育，科教融合、产教融合、理实融合培养有机联系。科教融合是世界一流大学办学的核心理念，高水平科技创新与高层次人才培养的密切结合，已经成为大学教育教学规律、知识创新和传承的交汇点。产教融合是产业与教育的深度合作，是高校提高人才培养质量的必然选择。理实融合是教育教学的基本规律，要坚持理论联系实际的马克思主义学风，坚持问题导向，坚持理论与实践相统一，学以致用，用以促学，夯实学生的理论基础，扩大知识面，推进理实融合培养人才，积极探索开设一批交叉学科研讨类的课程和多视角解决问题的课程。创新办学模式，把科教融合、产教融合、理实融合理念贯穿人才培养全过程，实现综合素质人才在教学、科研、实践和理论融合中的全面发展。

（3）解决综合成果导向问题

基于问题导向探究素质教育与艺术创新协同一体化育人模式的构建主要包括：明确教学目标、引入问题、解决问题、总结与评价。以问题为主线，融合协同一体化混合育人。在教学目标环节，首先明确通过学习学生应该掌握的业内和国际前沿知识与技能，了解学习的重点和难点内容。明确教学目标后，给出具体任务，提出问题，启发学生对任务的思考，作出自己的判断。解决问题的过程就是任务实施阶段，在这一阶段根据完成任务的需要，依次布置多个相关的问题，引导学生带着问题逐步完成任务的所有内容，建立师生互动全方位无障碍联系，有利于出现问题随时解决。总结和评价阶段是对整个解决问题过程的反思，总结解决问题的方法有哪些不足，还有哪些更好的解决方法，如何拓展学生的思维，如何激发学生的创作力。评价更关注学生问题的解决过程，将解决问题的经验上升为理论，形成实实在在的标志性成果。

2.研究的内容及重要观点

（1）素质教育与艺术创新协同立体育人

第一，思政导向。将德育教育的立德树人要求贯穿艺术创作的全过程，解决艺术创作的思想政治导向问题。通过课程思政等全过程、全方位融入艺术类课程的全过程，推动艺术教育的思政导向和价值引领。组织学生开展社会主义核心价值观、学术道德、廉政教育和诚信教育等领域的竞赛和展演，为创新人才培养质量和水平的提升搭建平台。

第二，美育导向。以课程美育为路径，弘扬中华美育精神，将审美理念贯穿艺术课程的全过程，培养学生对美的发现、美的欣赏、美的创造和美的追求能力，在艺术教育中培育学生心灵美和行为美的素质。基于中华优秀传统文化传承基地、公共艺术课程、艺术社团等，广泛开展第一课堂的艺术鉴赏和第二课堂的艺术展演活动，做中华美育精神的传播者和践行者。

第三，创新导向。以创新精神和创造意识融入艺术课程的全过程，以创新为驱动，培养学生创新思维和创造精神。不断探索课程内容、课程环节、教学方法、教学理念的改革创新，以问题和成果为导向，不断推动创新成果的凝练和多元成果转化，提升标志性成果的凝练成效，最终促进创新型人才培养。

第四，精品培育。以专业精英培育为目标，以成果为导向，促进艺术教育的普及与提高相结合，不断推动高质量、卓越型艺术人才培养。基于课题的教学改革研究与实践，旨在培育一流成果、一流课程、一流师资、一流团队、一流专业，最终为培养一流拔尖人才搭建平台、创造条件。

第五，劳育实践。借助艺术实践展演等艺术劳动形式推进艺术劳动教育，将第一课堂延续到第二课堂、第三课堂的创新实践和社会服务，让学生在艺术创新中积极投身实践、热爱实践、参与劳动、快乐劳动，培养身心健康的艺术人才。在艺术劳动过程中，结合艺术实践的创造性劳动和身心健康引导的心灵培育，基于艺术创新基地、艺术工作坊开展学生的艺术创作实践，在艺术素养提升的同时提高学生的劳动素养。

（2）素质教育与艺术创新混合示范育人

第一，目标示范，强化育人定位。全人培养是本课题的目标，即全面培育人的综合素质。单一的公共艺术教育形式及一般意义上的目的指向，并不是混合育人的最佳方式和目标追求。紧紧围绕人才培养目标，艺术创新协同一体化育人包括内涵的探索、富有高校特点特色的跨界艺术课程及多维教学方式等在内的综合育人培养模式，是追求成绩更是追求成效的艺术创新混合育人模式的前提条件。强调教学过程中基于知识之上的感之悟之，远胜对知识本身的学习。即要强调基于知识技能之上的顿悟和感悟，内化于学生心灵深处精神品格的塑造及其深邃目光的培植。艺术知识技能的学习很重要，但更重要的是对知识技能掌握、艺术表现过程中所体现的文化内涵的感受和吸纳。让学生体会那种学习在艺术之里、思考在艺术之外的大跨度联想的感觉。

第二，方法示范，注重方法改进。一流人才培养需要一流的教学方法，即在传统教学方法基础上，通过不断改进和创新，适应不断变化的教学环境和受众群体，在实践中行之有效且高效的育人方式和手段。通过“三步走”，第一步是以大学生艺术教育需求侧改革与供给侧改革并举为导向，第二步是以大学生艺术教育活动中思想动态、行为表征等不同维度数据为依据，第三步是建立针对学生艺术创新效果评估的考核评价模型，最终形成针对每个学生个体的“创新混合育人成绩单”。在上述“三步走”后，结合线上、线下、混合、艺术实践等具体教学手段，使用适合综合素质培养和创新能力塑造的高效教学方法，包括创新竞赛育人法、艺术实践育人法、展演育人法、混合育人法、立体育人法、跨校跨国交叉育人法、艺术创新PBL与OBE育人法等。针对学生采取一对多的群体教学及一对一的单独教学，采用某一教学法或混合应用多种教学法，形成具体、高效、有针对性的人才培养方式，将大大提升教学效果和人才培养质量。

第三，过程示范，注重教师过程培养。在素质教育与艺术创新协同一体化育人中实施教育团队模式，一方面使高校学生的整体学风进一步好转；另一方面教育团队模式的运行，潜移默化地影响和引导了学生树立正确的学习态度和走向良性的学习轨道，同时又为他们的学习起到了辅助和促进作用。教育团队充分发挥了政工干部与任课教师这两支队伍在学风建设中的主导作用和学生的学习主体作用，最大限度地调动了任课教师的积极性。教师要自觉地把传授知识、进行艺术熏陶、培养创新意识及优良学风贯穿于课程的教学过程之中。政工干部在发挥思想政治工作优势的同时，要提高综合素质，加强专业学习和教育学、心理学、学习学、人才学的学习与应用，做深入细致的教书育人的工作。

第四，能力示范，重在人才培育。进入21世纪以来，越来越多的新兴研究和科技创新成果产生于学科交叉领域，世界学科前沿的重大突破和创新成果大多是学科交叉、融合和汇聚的结果，这对复合型科技创新人才培养提出了要求。全面规划和培养一流创新人才，是高等院校特别是“双一流”高校的重大使命和主要任务。打造一流的艺术创新示范中心，将艺术创新融入全人教育中，协同一体化混合育人模式，优化人才培养和提升高校核心竞争力。具体而言，培养创新人才，需要优化学科体系、调整专业结构，通过学科内部和外部，同类跨类、同级跨级、双向多向等类型的学科交叉，借助素质教育与艺术创新协同创新育人，为创新人才培养提供创新知识的发现、实践和实验空间。

第五，素质示范，重在提升综合素质。混合育人重在全面培养人、全程培养人、全方位培养人，课题以全人培养为目标导向，搭建起一套人才培养模式和框架，在混合示范育人改革中，除了上述目标、方法、过程、能力外，素质的混合示范是本课题的重要关键词。基于上述各方法改革，最终实现综合素质的提升，进而实现综合高质量的人才培养（图4.8）。

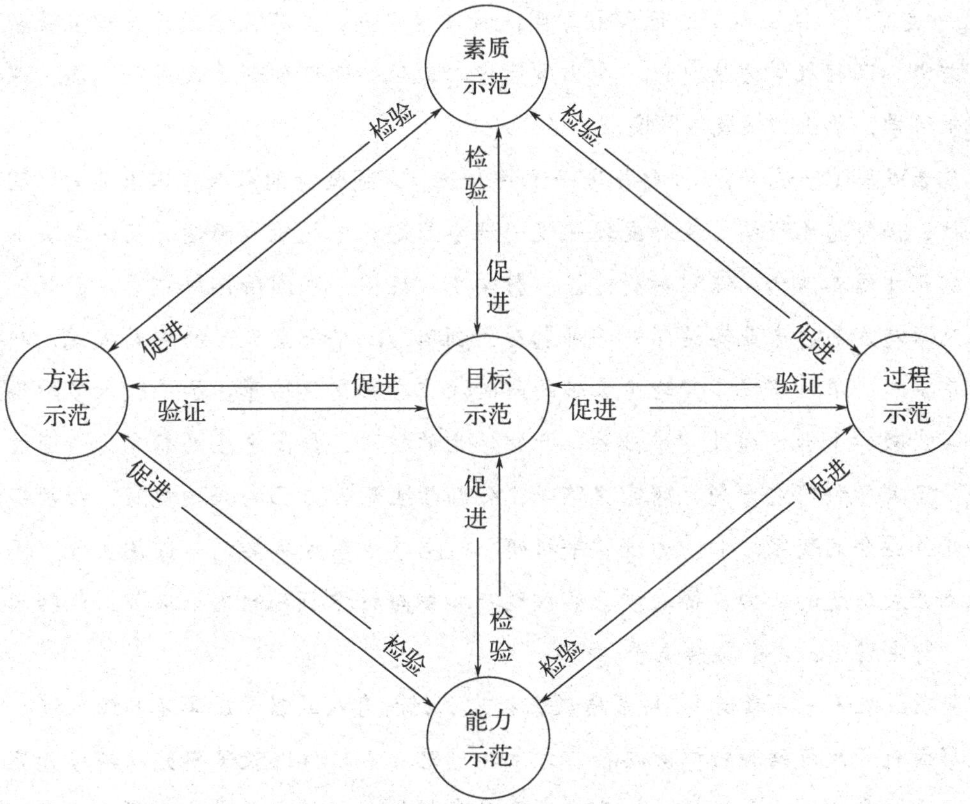

图4.8　素质教育与艺术创新混合示范体系图

（3）素质教育与艺术创新成果凝练育人

金师成果（一流师资）：通过教学团队的建设，提高了团队成员的专业理论水平和专业岗位实践能力。首先，在现有专业教学团队中，确定教学观念领先、教研教改能力和专业理论与实践能力较强的教师作为专业带头人，在具有教学潜质、艺术修养及创新意识中形成专业与艺术创新优势互补，加强与艺术创新的合作，不断更新职教观念，提高学科结合课程开发与实施的能力。其次，通过安排教师定期深入示范中心参与工作，以及优先安排骨干教师参加教学改革研究、学术交流、技术交流、培训学习，并组织骨干教师对国内外先进高校进行学习访问等措施，重点培养骨干教师的专业复合应用能力和双师素质。从而使得人才培养模式创新与实践、专业教学质量、科研与社会服务等方面的整体实力得到明显提高。

金课成果（一流课程）：为满足新时代人才培养需求，课程建设主动适应高阶性、创新性、挑战度的建设要求，持续改进，推陈出新，将专业课与艺术创新相结合，建成国家精品在线开放课程、国家级一流课程、省级一流课程、校级“金课”、校级课程

"专业+美育"示范课程等。课程教学团队教学水平高，课程教学设计合理且紧密对接学科前沿，课程教学方法先进，突出学生中心地位，课程创新建设成效明显，课程评价机制科学，学业"挑战度"高。

金专成果（一流专业）：要打造一流的专业，必须坚持国家人才需求导向，明确专业定位，保持特色鲜明，及时发现建设一流专业过程中的短板问题并及时解决不足之处。从人才培养理念、课程教材建设、教学手段运用、家国情怀厚植等方面深入推进专业改革与发展。专业实施学业导师制度，创新"三早一交叉"的培养模式，即早接触、早实践、早科研，夯实理论基础的同时注重学科交叉培养。尽早进入多学科交叉统合实践教学平台，通过"早接触"开拓学生的视野，提高学生的想象力。通过"早实践"了解学科研究方向、研究思路等，帮助学生结合自己的兴趣爱好，初步确定自己喜欢并适合的研究方向。通过"早科研"鼓励学生参加各类创新创意实践，培养学生独立开展课题的能力，帮助学生尽快适应和参与科学研究的各个环节，包括问题的提出、解决思路、方案与措施等。

金项成果（一流教研）：对素质教育和艺术创新育人的教学改革不断深入和广泛研究，形成教学改革的独特探索路径、方法和思路，不断推进教学研究的持续开展，目的是推进教学方法成效的提升。基于素质教育与艺术创新协同一体化育人研究，将研究的内容通过申请教学研究立项的方式，将会推进艺术创新人才在立德树人、三全育人、五育并举、创新教育诸多方面综合发展，目标是在专业创新教育的同时培育综合发展的全人。项目的开展将会带动教学改革方法、模式、手段、机制、路径、制度、团队、经验和成果多样化研究与实现，推动素质教育与艺术创新以项目的方式开展实验性、探索性和创新性研究，经过一个周期深入论证这种协同一体化混合育人模式的内容、方式、可能性、创新性、必要性和必然性，推进教学成果奖、教材、论文等其他高质量成果的产生。

金果成果（一流成果）：一流的教学成果是教学水平和成效的标志，是基于高水平师资团队、高效教学改革和育人实践的综合成果，因而在教学过程中具有重要的意义。教学改革探索与实践，包括课程改革、师资改革、方法改革、教材改革、教学机制改革等，通过周期性的改革，推动积累教学实践成效，形成一批具有代表性的教学成果、教学案例、教学资源、教学获奖等教学研究与实践成果，进而不断推进下一阶段的教学活动进一步开展（图4.9）。

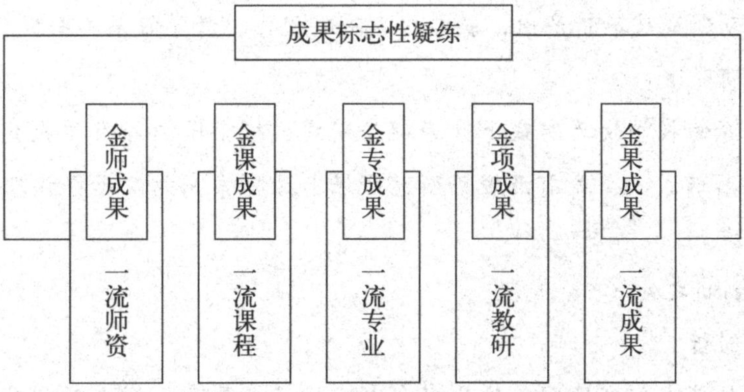

图4.9　素质教育与艺术创新标志性成果体系图

三、本课题的研究思路、方法以及创新之处

1.研究思路

首先，定位研究内容。课题以协同立体育人（政治导向、美育传播、创新导向、专业品质和劳育实践）、混合示范育人（目标示范、方法示范、过程示范、能力示范和素质示范）、成果凝练育人（金师、金课、金专、金项和金果）为研究内容。

其次，确定研究方法。以实践育人法、前沿育人法和理论研究法为依托开展教学改革实践探索，通过实践育人法将改革实践深入推进，通过前沿育人法拓展素质教育和艺术创新前沿，通过理论研究法不断探索新知识、新领域。

再次，开展活动研究。通过艺术实践、艺术创新、艺术竞赛、艺术惠民、艺术创作、艺术展演、学术论坛、学术征文、学术观摩等开展一系列实践改革活动与理论研究，一方面推进教学改革不断深入，验证综合素质全面提升的理论研究；另一方面全面开展理论研究，促进和校验教学改革成效。

最后，通过理念创新、方法创新和质量创新，进一步探讨课题的创新性，以新理念、新方法和新视角逐步深入推进课题改革创新，最终实现艺术人才创新能力和综合素质的全面提升。

2.研究方法

（1）实践育人

通过艺术创新实践，以教育为核心，开展德智体美劳综合素质全面提升的实践活动，将艺术教育扎根在祖国大地上，开展具有艺术特色的艺术创新活动。

（2）前沿育人

将前沿技术、前沿理念、前沿方法引入教学改革、课程建设、教学方法和人才培养各环节，推动新成果不断产出，教学内容不断优化，教学效果不断提升。

（3）理论研究法

将艺术教育的教学改革实践上升为理论研究，探索国内外素质教育和艺术创新融合的多样化改革形式，立足前沿理论研究成果，为探索高效改革提供理论支撑，进一步指导艺术实践。

3.研究的创新之处

（1）理念创新

素质教育与艺术创新协同一体化混合育人重点开展育人模式转型升级，通过整合优势资源，共建学习平台，确保教学内容与艺术创新同步。第一，共同制定培养方案。素质教育与艺术创新协同育人以共谋发展为宗旨，创新“以学生为中心”的金字塔的培养模式，从健康、技术、创新三个维度激发学生内驱力和学习兴趣，把学生培养成技术型、管理型、创新型的复合型人才。第二，共同建设实践创新空间，以情景化实训及项目还原真实岗位工作情景，为学生实训提供优越条件。第三，共同培养师资队伍，即高校从示范中心聘请技术人员、设计师等为高校兼职教师，逐步实现角色互通，以示范中心引进及合作培养双轨并行方式，建设具有双师素质的教学团队。第四，共同构建课程体系，编写特色教材，建立课程资源库，创新“教、学、练、做”于一体的“学中做、做中学、做学合一”的育人理念，促进学生的人格成长。

（2）方法创新（示范教育流程多元化）

为深入贯彻国家发展战略，落实全国教育大会精神和《中国教育现代化2035》要求，推动混合育人模式再深化、再拓展、再突破，培养满足社会发展需求的特色化人才，形成具有示范性的高质量育人新模式，示范教育以数字化、网络化、远程化、家庭化、个性化五大特征打破传统高校育人的一元化格局，构建起互联网平台上的交互式人才培养体系，从而使育人模式进入崭新时代。

（3）质量创新（目标成果关联导向性）

构建素质教育与艺术创新协同一体化育人模式，首要解决师资、课程、专业、多元化的成果。在混合育人中彰显现代化，使科教融合、产教融合、理实融合有机联系。坚持问题导向，学以致用，用以促学，夯实学生的理论基础，扩大知识面，推进理实融合培养人才，积极探索开设一批交叉学科研讨类的课程和多视角解决问题的课程（图4.10）。

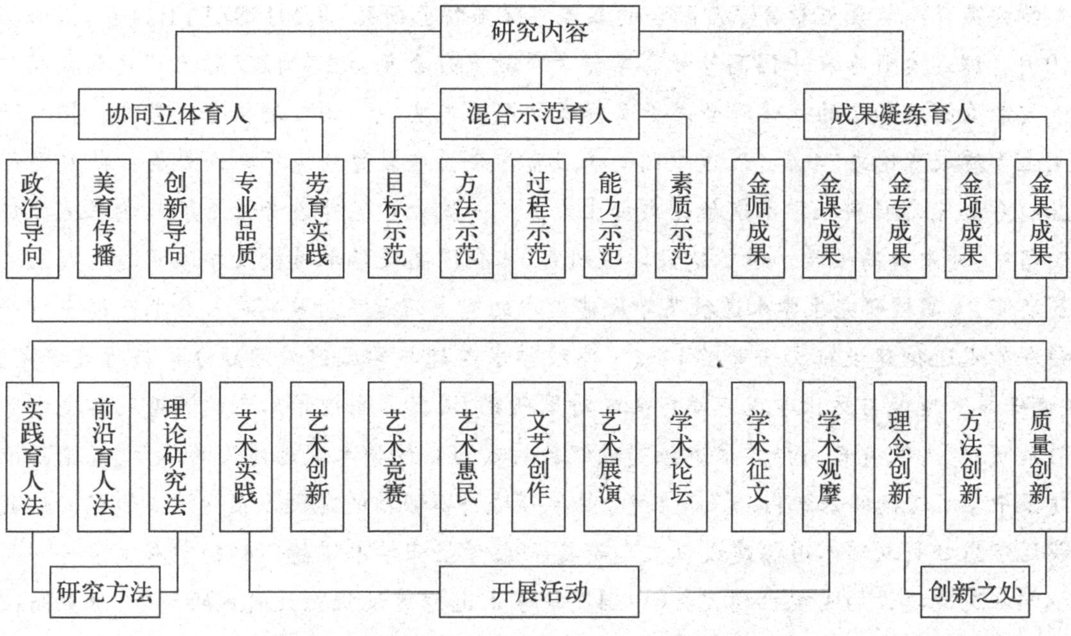

图4.10　素质教育与艺术创新研究思路框架图

四、前期研究基础及条件保障

1. 前期研究基础

（1）论文

本课题研究具有前期的理论成果。近五年来，课题组成员发表《素质教育向度：艺术类专业混合式教学改革研究与实践》《基于课程思政的素质教育改革与实践研究》《素质教育教学方式改革实践研究》《大学生素质教育中艺术素养的教学改革与实践研究》《“一流大学”素质教育理论研究与实践调查》《竞赛与素质教育跨校育人与推广研究》等素质教育、艺术创新方面教改论文150余篇；出版《美育系列实践案例教程》（公益广告设计篇、廉政广告设计篇）、《设计创新与竞赛实践案例教材》（第一部、第二部）、《设计创新与竞赛全案》（第一部、第二部）等。

（2）课题及成果奖

课题负责人获批中国学位与研究生教育学会课题、教育部产学合作协同育人项目、教育部校企合作专业综合改革项目、教育部人文社会科学规划基金项目、辽宁省教育科学规划课题、全国高等院校计算机基础教育教学研究项目、辽宁省新文科研究与改革实践项目、辽宁省教育科学“十三五”规划2018年度和2020年度课题、教师发展专项等20余项。其中，2019年获批中国高等教育学会大学素质教育研究专项课题“东北大学竞赛育人与素质教育深度融合的教学实践与特色研究”（2019SZEYB24）；2020年10月，课题负责人在中国高等教育学会素质教育分会年会上，做了题为“竞赛育人与素质教育深度融合的立体混合式教育模式的探索与实践”的专题报告；另外，指导研究生素质教育论文24篇，入选中国高等教育学会素质教育分会年会论文集。在2018—2021年辽宁省社科联学术道德论文评比中，《“一流大学”建设背景下规范学术道德机制研究》《中美高校学术道德建设比较研究》《我国高校学术道德及学风问题成因及对策研究》《高校研究生学术道德及学风建设中的突出问题及对策研究》分别获辽宁省社科联学术道德建设征文一等奖4项；《高校学术道德与学风建设问题分析与对策研究》《恪守学术道德与防止学术不端行为的对策研究》《我国高校学术不端调查及解决方案对策研究》《欧美日高校学术道德建设经验对我国高校学术道德建设的启示》《论高校建设中学术道德的基本内涵及发展》《科学领域科研诚信的建设方案和举措研究》分别获辽宁省社科联学术道德建设征文二等奖6项；《坚守学术道德，弘扬学术诚信——高校学术道德建设的重要性研究》《中国高校学术道德建设状况及问题研究》《中美高校学术评价比较研究》《“双一流”背景下学术道德保障体系建设对策研究》《辽宁省高校研究生、本科生科研诚信研究》《辽宁省高校特色科研诚信信息系统建设方案研究》《辽宁省高校科研诚信研究》《国内外高校学术不端行为及治理对策研究》分别获辽宁省社科联学术道德建设征文三等奖8项。另外，课题组两门课程“艺术评论”“广告设计”被评为东北大学课程思政校级示范课程；《一流大学美育教学一体化改革与实践研究》《面向一流学科专业群“链条式枢纽型”创新创业多维融合人才培养体系探索与实践》分别获辽宁省教学成果一等奖，《基于美育与德育相结合的艺术教育混合立体式创新人才培养模式研究与实践》获辽宁省教学成果二等奖。

（3）创新实践

指导学生获教育部廉政文化作品大赛2016年度一等奖，2017年度精品项目，2019年度精品项目（全国10项）、优秀项目2项（全国20项）、入围项目1项（全国30项）。在2017年、2018年、2019年教育部主办的全国大学生公益广告大赛中，指导的社会主义核心价值观教育广告设计作品获全国一、二、三等奖等成果。项目负责人及成员都具有指导学生的实践经验，平均每年的获奖数量超过了300项，指导学生获奖累计超过3000项。国际竞赛中，指导学生获美国、墨西哥、西班牙、乌克兰、德国、伊朗、意大利、俄罗斯、日本、韩国、秘鲁、厄瓜多尔、斯洛伐克、波兰、玻利维亚等国家竞赛奖项，其中获意大利A’设计奖金、银、铜奖。国内竞赛中，指导学生获中国大学生计算机设计大赛一、二、三等奖（全国高校竞赛排行榜赛事），全国大学生广告艺术大赛一、二、三等奖（全国高校竞赛排行榜赛事），全国高校数字艺术设计大赛一、二、三等奖（全国高校竞赛排行榜赛事），中国包装创意设计大赛一、二、三等奖。其中，指导学生获中国大学生计算机设计大赛全国一等奖41项，位居全国第一。另外，组织和策划中韩大学生设计作品交流展2届，以及中国&秘鲁设计作品专题展，在业内起到良好的示范效应。

2.条件保障

（1）有关政策

学校有教务处、创新创业学院、美育教育研究中心等制定专门和完善的创新竞赛管理政策，包括《东北大学进一步加强和改进新时代大学生德智体美劳五育并举工作的实施方案》《东北大学学生创新创业学分认定及管理办法》《东北大学创新创业类竞赛、项目星级分类表（2020年版）》《东北大学创新创业类比赛奖励管理办法》《东北大学“大学生创新训练计划”项目管理办法》等和其他完善成熟的间接相关政策，对素质教育、艺术创新作了明确规定和要求，为本课题研究提供政策保障和支持。

（2）经费及使用管理机制

课题研究得到学校、学院相关部门的大力支持，课题负责人多方筹措经费开展研究，使本课题数十篇论文发表、教材出版等得到保障。近年来的研究证明，充足的经费保障使承担的各类课题均以饱满的成果完成结题，并有多项课题获得优秀结题、免鉴定结题等。

（3）课题负责人及主要参加者的学术背景和研究经验、组成结构

课题负责人及主要参加者为东北大学艺术学院院长、副院长、第二课堂导师、素质教育导师、艺术实践与艺术创作指导教师，为设计竞赛指导者、政策的制定者和执行者。课题组成员经验丰富，职称为教授、副教授、讲师，职称搭配合理，有承担多项省部级以上课题结题优秀的经验，在课题定向、执行层面，全年具有充足的精力确保课题成果超额完成。

（4）保障条件

学院下设实验中心，拥有眼动仪、无人机航拍设备、全景扫描仪、3D打印机等满足课题需求。另外，学校职能部门具有完整体系化的管理体系，另有国家级研究基地、PBL创新研究中心、美育教育研究中心、思政教育研究中心等，为课题研究提供保障。

五、阶段计划、完成时间、研究内容、阶段成果和最终成果

1.阶段计划与完成时间

课题分为近期计划、中期计划和长期计划三部分。

近期计划（2022年6月至2022年12月）：利用大数据等信息技术手段开展素质教育与艺术创新调查，对国内外高校开展现状调查，总结存在的问题，分析问题成因和不足之处，形成调查报告；设计创新教学改革框架，开展理念、教材、课程、环节、方法的改革探索，以专业课堂、创新创业、实习实践、艺术展演、文体社团等为媒介开展素质教育与艺术创新活动，撰写论文5篇以上并发表。

中期计划（2023年1月至2023年12月）：开展教育改革与实践，研究疫情背景下的五育教育新方式和新途径；研究三全育人、课程思政引入五育教育改革的路径；探索德育、美育、创新教育与专业教育特色育人实践，开展融合示范教育；探索艺术展演、艺术创作、艺术竞赛、学术会议等形式，开展多样素质教育与创新实践活动；发表论文5篇以上。

长期计划（2024年1月至2024年7月及结题后）：发表论文5篇以上，出版艺术创新与素质教育教材，完成结题报告，争取结项优秀；课题结题后，将教学改革中的课程改革、方法改革、师资改革、环节改革等形成模块和品牌，在实践中不断优化，在高校间进行推广。

2.研究内容与研究成果

该课题研究内容、阶段性成果和最终成果如表4.2所示：

表4.2 研究内容、阶段性成果和最终成果表

阶段性预期成果			
序号	研究阶段	成果研究内容	成果形式
1	2022-06 ~ 2022-12	高校素质教育与艺术创新改革思路和举措研究	论文
2	2022-06 ~ 2022-12	国外高校素质教育与艺术创新模式研究	论文
3	2022-06 ~ 2022-12	中国高校素质教育与艺术创新现状调查	论文
4	2022-06 ~ 2022-12	中国高校素质教育现状、问题及改革举措	论文
5	2022-06 ~ 2022-12	中国高校素质教育的全面普及与提高举措	论文
6	2023-01 ~ 2023-12	一流大学建设背景下一流素质教育改革研究	论文
7	2023-01 ~ 2023-12	美育背景下高校素质教育与艺术创新改革研究	论文
8	2023-01 ~ 2023-12	三全育人背景下高校素质教育理论与艺术创新研究	论文
9	2023-01 ~ 2023-12	基于课程思政的素质教育与艺术创新研究	论文
10	2023-01 ~ 2023-12	美育、德育与专业相结合的教育改革实践研究	论文

续表

最终研究成果			
序号	完成时间	成果研究内容	成果形式
1	2024-01 ~ 2024-06	疫情背景下中国高校素质教育与艺术创新改革举措	论文
2	2024-01 ~ 2024-06	基于大数据的高校素质教育与艺术创新调查研究	论文
3	2024-01 ~ 2024-06	高校德智体美劳五育并举人才培养实践研究	论文
4	2024-01 ~ 2024-06	德智体美劳五育并举背景下素质教育改革实践研究	论文
5	2024-01 ~ 2024-06	素质教育与艺术创新深度结合的关联研究	论文
6	2024-01 ~ 2024-06	素质教育与艺术创新实践案例教材	教材
7	2024-01 ~ 2024-06	素质教育与艺术创新协同一体化育人模式构建研究	研究报告

案例三

辽宁省教育科学“十三五”规划课题

课题名称：德智体美劳五育并举背景下教育改革实践研究

课题主持人：霍楷

本课题的界定、省内外研究状况述评（注：重点课题须对相关政策规定与实践进展情况进行论述与分析）、选题意义和研究价值；本课题的研究目标、研究内容、研究重点和创新之处；本课题的研究思路、研究方法、技术路线和实施步骤。
一、本课题的界定 本课题研究的德智体美劳五育并举，通过五育融合教育，构建立体育人体系。五育并举相互促进、相互影响，形成立体育人改革模式。整体育人立体结构以体育为依托，为五育并举提供强健的力量支撑，也在体育中锻炼不畏困难、团结友爱的新风尚；以劳育为基础支撑，具体通过第二课堂、创新创业、实习实践等进行研究性学习与创造性实践的新定位；以智育为立体育人的核心，聚焦教学科研，打造创新能力提升新范式；以德育为立体育人的根本导向，聚焦社会主义核心价值观树立，探索道德教育培养新观念；以美育为灵魂，创新美育教育新形式，树立行为美、心灵美相统一的理想追求，锻造美育培养新格局。在强基固本中实现核心建设，不断打造五育并举的协同立体育人体系。

二、省内外研究状况述评

五育并举新起点。立足推进中国特色、世界一流高校建设的大背景下，我国高校响应国家政策号召，从立德树人教育、创新人才培育到培养德智体美劳全面发展的社会主义建设者和接班人，不断进行教育教学方式方法的探索。2019年天津大学从育人体系和工作机制两个维度提出三全育人、五育并举的人才培养综合改革方案，通过五大攻坚计划的改革方案，形成具有自身特色的高水平人才培养体系和工作机制，不断立足高校自身特色探索卓越人才培养的改革路径和方式。2020年东北大学提出五育并举育人新思路，搭建五育并举框架，形成德智体美劳五位一体育人模式。

五育并举新问题。在五育并举立体化育人与创新人才培养的具体实践中，高校纷纷取得众多成就，但纵观整体教育环境，还存在一定的现实落差与阶段性问题。五育发展并举的立体化创新人才培育定位与现实教育融合生硬，为了五育并举而开展五育并举活动，在一定程度上加大了学生的负担。此外还存在五育发展不平衡、主观意识领域教育成效不强、五育认识片面等问题。

三、选题意义和研究价值

1.综合育人

创新人才培育包含创新人才的创新能力培育、思想道德培育、美育体育培育、实践劳育培育等综合能力提升。本课题在国家政策指导下落实到教育教学全角度，立足专业教育实现专业创新思维能力培养，立足教育管理实现创新创造意识加强，立足实践教育实现创新创意成果落地。三者相互结合实现以高校为培育基地的综合育人形式，实现五育并举全面育人，推动人才综合素质的普遍提升。

2.全程育人

五育并举立足创新人才培育全链条，形成创新人才培育的全过程。德智体美劳育人包括全链条育人，立足高校创新人才培育全过程，包括全学程、全课程、全教程的创新人才培育连贯性、互动性，形成五育课程的创新任务把握，实现高校学生在教育全程中的创新意识培育，在培育过程中形成创新惯性和终身创新意识理念，从而实现创新人才培育的全程育人模式。

3.深入育人

以五育为手段，课程教育为载体，在智育中加强创新引导，在专业实践中融合创新，在高校五育中深耕专业，实现以五育为手段的深入人才培育模式。创新人才培育的深入育人立足高校自身，基于不断推进五育模式改革，完善人才培养方案，加强课程建设，重组优化五育师资结构，为德智体美劳五育改革提供良好环境，大力推进质量工程教育，稳步提升人才培育质量。

四、本课题的研究目标

1.五育并举总目标：培育国家需要的高素质综合创新型人才

五育并举人才培育模型的构建有助于实现培育国家需要的高素质综合创新型人才这一总目标。习近平总书记多次指出当今世界正处于百年未有之大变局，新一轮科技革命和产业变革加速演进，正处于取得重大突破的历史关口。在人才培育中要以立德树人为根本任务，探索五育之间的融通整合，发挥立体育人的综合优势，构建具备体系化的创新人才培育教育模型。基于国家政策、经济、科技发展导向和高校整体教育方向确立五育并举总目标，进行人才培育教育教学改革、人才培养体系构建，为培育德智体美劳全面发展的社会主义建设者和接班人指明方向。

2.五育并举分目标一：推动五育综合体系化教学改革

通过五育并举教学改革，加快教育现代化的深入推进。着力完善教育教学工作体系，通过教师引导实现德育、美育、体育、劳育在智育课堂中的充分融合，加强课程建设，完善教学评价，助推改革深入。利用现代技术提升教学服务信息化水平，强化教学改革质量标准，将学生德智体美劳评价列入教学评价之中。在各类课程与五育同向同行的教学改革之中，达成全链条、全体系的五育协同创新人才培育体系。

3.五育并举分目标二：推动五育专业精英化人才培养

五育并举立足专业精英人才培养，实现五育并举与专业教育深度融合。智育作为五育并举的核心，与创新型专业教育相一致，都是通过专业知识的传授实现一流人才的培育。课堂内外以五育为教育融入点，落实新时代创新型人才培育新要求；通过五育让专业精英化人才更具坚定理想信念、专业创新能力、奋斗不息精神、人文审美素养、崇尚劳动意识，实现育人与育才相结合，让专业精英化人才不止于一流的专业能力，更具有担当民族复兴大任的能力。

五、研究内容

1.德育：三全育人、专业思政课程与创新育人——价值引领育人

（1）三全育人与创新育人

在三全育人的教育改革实施下，立足德育，开展全员、全程、全方位育人。加强全员师资队伍建设、专业教师与管理教师结合育人，加强德育落实，在专业教学与学生管理的双重教育下实现德育塑造，加强外引内培的师资队伍构建、双师队伍的课程组合等，让人才培养在树立正确价值观的同时推动创新教育落实。加强全程教育渠道建设，推进德育课程与专业创新课程协同构建，贯穿人才培育全过程，以第二课堂等课程形式与创新专业教育相结合，实现全程创新育人。加强全方位阵地构建，通过线上、线下等多种途径方式，依托新媒体、全媒体，在加强德育引导的同时，用线上实

践平台，激发创新动力，为创新教育注入立体、新鲜的血液。

（2）课程思政与立德树人

思政进课堂成为现阶段大多数高校落实立德树人的具体举措之一，在以专业课为教学平台的基础上，充分实现课程思政与立德树人的先导地位，推动德育在专业发展、智育提升中潜移默化的教育成效。本课题以课程思政为载体和媒介，将思政元素充分融入专业教育，广泛多样化开展思政育人。通过思政命题类教学案例、教学任务、教学阶段要求的设置，充分融合德育、智育、创新教育，并在整个设计活动的探讨中全面提升德智体美劳教育实效，推动实现培育国家需要的高素质综合创新型人才总目标的达成。

（3）学术道德与廉政育人

在国家政策指导下，基于高校管理角度，立足学术道德建设和廉洁教育，我国高校开展相关讲座、论坛，制定规章制度，在学术道德建设上取得了一定成就。本课题以学术道德专项课题、辽宁省社科联学术道德论文评比和教育部廉政文化作品大赛为依托，开展科学研究。以学术道德、廉政文化为主题的竞赛作品创作可以充分体现学生在专业课程学习中的理解与掌握能力，促进学生不断去深挖学术道德建设和廉政教育政策现状以及存在的问题，提出解决问题的方法对策，在提升专业创新能力的同时，加强了学术道德在教育教学中的深入融合，推动达成培育国家需要的高素质综合创新型人才的总目标。

2.智育：深入专业教育与创新育人——专业精英创新育人

（1）专业与竞赛育人

高校竞赛排行榜的出炉极大地推动了高校竞赛的开展。专业与竞赛结合激励育人，可提升智育水平。高校作为竞赛的组织者，在专业教育教学中以专业知识传授为核心，以竞赛题目为选题进行创新育人，通过竞赛来检验专业课程成果，让学生在竞赛中有所收获。本课题通过教师指导学生进行竞赛，激励学生深耕专业，认真创作备战，使作品质量更上一层楼。几年来指导学生获奖3000余项，指导学生获中国大学生计算机设计大赛（高校竞赛排行榜赛事）全国一等奖总数位居全国第一，不断推动智育教育和专业精英人才培养。

（2）专业与项目育人

专业与课题项目带动育人，有助于夯实专业基础理论学习，拔高专业实践能力，实现专业创新探索。在专业育人的同时，结合教师课题项目，学生通过项目的设计任务、设计工作以及创作流程更好地完善对专业设计全过程的认识，并在专业项目育人中通过不断深挖设计相关理论知识，梳理项目相关专业理论内容，实现专业学术创新与设计创新的双重突破，推进实现专业与项目育人相结合，推动专业精英创新育人。

（3）专业与教学改革育人

专业与教学改革协同育人，有助于提高专业认知度，补足专业教育漏洞，在专业教育中提升教育成效，实现推动五育综合体系化教学改革的五育并举创新教学分目标。在专业教学中充分结合教学实际情况进行教学改革，在理论学习、专业创作、学术创新之上，反思整体教学教育方法、路径合理性，不断通过自身实践调整改革育人方式。高校在智育基础上全面改革教学方法和手段，发挥智育改革在五育并举创新育人中的核心作用。

3.美育：社会主义核心价值观与创新育人——精神文明建设育人

（1）文艺创作视觉美

大力加强美育的人才培育力度，通过落实社会主义核心价值观，加强美育创造、美育创新、美育鉴赏和美育体验，实现整体教育审美环境的熏陶，在专业教育中健全精神文明建设。通过美育作品创作、欣赏等形式开展美育教育，在充分表达创意设计构思的基础上，通过视觉设计手法美化作品的呈现形式，通过形式美、外在美达到内在美的完美展现，从而达到高度的视觉美，提升美育创新、美育创造和鉴赏能力。

（2）人才培养内涵美

通过内涵美的人才培育融入，实现社会主义核心价值观的内化于心，并在专业创新创作中结合呈现。聚焦立德树人，将美育纳入人才培养体系，以审美与人文素养的提升为核心，以创新能力培养为重点，进行社会主义核心价值观主题专业创新育人。在专业教育中，通过课堂美育背景融合、美育任务要求的统筹安排和精心设计，实现以美化人、以美育人的作用。利用互联网等多媒体平台，通过美育在线教育等多种方式进行内涵美培育，助推创作具备社会主义核心价值观内涵的创意作品。

（3）育人品质行为美

通过行为美反映美育教育成效，实现社会主义核心价值观的外化于行，强化美育实践，在作品推广中传递美。鼓励加强对美好事物的分享传递，在传递中不断创新传递方法，提升作品感染力与宣传效果。以社会主义核心价值观为意识形态领域指导，通过行为美教育实践，在行为美践行者和行为美接受者双重角度上都实现了精神文明建设、高素质人才培养的落实。

4.体育与劳育：实习实践第二课堂与创新育人——实践创造育人

（1）企业实习实践与创新育人

弘扬时代劳动精神，加强专业劳育工作体系建设，通过企业实习实践和创新创业，充分培养劳动观念，在企业实习实践中加强身心健康建设，帮助学生树立积极向上的身心健康状态，以便投身于专业创新实践的劳动工作之中。企业实习实践和创新创业为学生体育与劳育提供实践平台，切实在劳育中把握专业发展动态，在实践中锻炼健康的体魄。各专业开设企业实习实践课程，通过真实的体育与劳育，推动五育并举创新人才培养。

（2）艺术惠民惠校与创新育人

响应国家全民艺术教育号召，实现艺术惠民惠校与创新育人的结合，基于体育与劳育的教育落实，加强校内外美育交流，从而取得良好的社会、校园效应。艺术惠民惠校是艺术走向大众的正确途径，通过举行艺术惠民惠校活动加强学生身心健康的培育，调动校内外一切积极向上元素，促进学生心理健康素质、艺术文化素养的全面提升。艺术惠民活动帮助艺术专业学生充分展示自身专业水平的同时，培养学生的劳动奉献精神，提高学生的身体素质，推动培育国家需要的高素质综合创新型人才。

（3）艺术展演与创新育人

艺术展演是体育与劳育在专业创新培育下的具体活动之一，通过展演的形式将专业创新教育成果进行汇报展示，在智育的基础上加强劳育、体育的协同育人作用。通过文艺创作和艺术展演的形式进行创新成果的展示与交流，促进学生相互学习，互相激发创新思维。学生通过艺术展演的形式，加强专业劳动落实、身心体育锻炼，以期在展演时达到最佳状态。由此可以看出，艺术展演在创新育人中将劳育、体育以辅助专业创新反作用的形式融合。如图4.11。

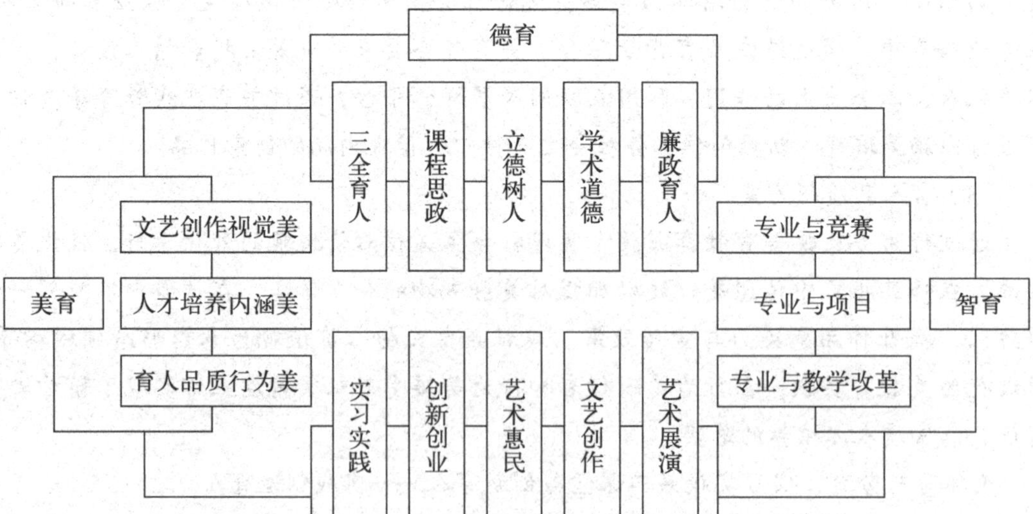

图4.11　德智体美劳五育并举模块图

5. 五育融合：五育并举、五位一体的关联

德智体美劳在大学生教育中是相互关联，相互促进的关系，德育为先导、智育为核心、美育为灵魂、体育为依托、劳育为支撑，培育价值引领、专业素养、审美内涵、实践技能、强健体魄于一体的合格的社会主义建设者和接班人。研究五育融合，加强五育之间的联系育人，加强以智育（专业）为核心的德体美劳五位一体的人才培养。五育不能缺失，协调五育关系、处理五育融合是本课题研究的重中之重，也是难点所在。

六、研究重点

1. 五育并举如何落地开展

目前，随着国家提出五育教育，部分高校也开始了相关改革，但基本处于摸索阶段。如何处理五育的关系、五育的主体和主导是什么、五育并举如何开展、如何将五育落到实处、如何形成五育的实效、五育有何特色，即五育是什么、谁来做、如何做、做成什么样等，这是本课题研究的重点。

2. 五育并举如何进行教学改革

在五育并举背景下，开展教学改革的理论研究和实践探索，摸索出一条适合中国国情、适合高校人才培养的特色科学发展之路。教学改革要依托于课程建设、教材建设、人才培养方案、教学模式、教学手段和方法、教学环节和流程的变革，适合人才培养中五育开展的各个环节的改革，而不是蜻蜓点水的部分改革。

七、创新之处

1. 实践创新

五育的教学活动具有实践的创新属性，通过专业课堂、创新创业、实习实践、艺术展演、文艺创作、活动体验、社团活动、第二课堂等开展五育教育研究，把德智体美劳育人扎根在大地上，扎根在实践中，扎根在活动里。让五育在实践中出真知，在实践中产生智慧，在实践中凝聚力量，进而检验五育教育理论，并不断促进和提升育人质量。

2. 理念创新

在五育并举、五位一体育人模型中，德育是先导、智育是核心、体育是依托、美育是灵魂、劳育是支撑。以德育为先导实现意识形态领域的塑造，与一切教育同向同行，在立德树人中实现家国情怀的培养和思政育人，在融会贯通中实现价值引领。以

智育为核心实现专业教育固本，在科教协同中培育一流专业精英人才。以体育为依托实现全面强健身心，通过塑造体育文化环境，发挥体育多元育人功能。以美育为灵魂实现素质教育浸润，通过审美教育培育学生感知美、辨别美、享受美、创造美的能力。以劳育为支撑实现人才培育淬炼，通过进行生活技能劳动、专业实践劳动、公益奉献劳动全面聚焦劳动素养提升。五育并举、五位一体育人，将人才培养的德智体美劳融合起来，推进全面育人、全程育人、全方位育人。

八、本课题的研究思路

以实践育人法、前沿育人法和理论研究法为依托，通过教学理念改革、课程改革、教材改革、教学方法改革、教学环节改革，打破单一领域的改革，提出德育、智育、体育、美育、劳育全面教学改革思路；整合专业课堂、创新创业、实习实践、艺术展演、文艺创作开展五育教育；通过长期计划、中期计划和近期计划，逐步深入推进改革举措，最终实现人才的价值引领、专业素养、审美内涵、实践技能和强健体魄的培养，完成五育教育。

九、研究方法

1. 实践育人法——扎根大地育人

扎根中国大地进行专业实践、理论实践、生活实践、艺术实践，通过五育实践全面拓展育人方法。扎根大地的实践培育方法是五育并举创新育人的基础，是劳育的具体转化。在实践中发挥体育的依托作用，在强身健体中实现专业探索的走访调研环节。在实践中发挥德育的先导作用，在发现问题、解决问题中增强家国意识。在实践中充分发挥专业创新能力，不断优化解决方案，全面发挥美育的精神塑造作用，不断向善向美。通过扎根中国大地的实践拓展育人方法，从基础层面全面推动人才的综合培育，并在实践中加强智育，从而在理论的深刻学习中催生专业创新。

2. 前沿育人法——推动前沿育人

前沿育人法包括前沿创新引入的育人方法和前沿创新产出的育人方法。在前沿创新引入的育人方法中加强专业建设，引入专业前沿动态研究、专业课程建设方案、课堂现代化信息技术、高质量创新评价标准，通过软件与硬件的提升带动前沿创新知识、氛围的本土化融合，落实五育并举创新育人的前沿育人方法。在前沿创新产出的育人方法中，立足本专业智育进行专业教育教学的创新创造，通过创新创业、实习实践等进行前沿创新产出育人方法的落实，促进学生刻苦钻研创新方法，提出优化解决方案，提高创新意识与创新能力。高校通过推动前沿育人，推动创新与教育相互促进，在真题真做中全面培育学生各项能力，实现综合素质的整体提升。

3.理论研究法——科研深耕育人

理论研究法以深耕科研为载体，探索教学方法改革的一种理论研究形式。科研深耕育人以服务祖国、时代、社会、人民为科学研究目标，以专业科研探索为热爱之事，并在其中实现个人理想信念与获得思想精神愉悦；以科研探索为动力的体育训练，实现深耕育人强体；以专业科研创新为劳育实践锻炼，实现深耕育人增智。高校五育并举创新育人加强了高校教育与科研的结合，让学生在科研中提高创新意识，增强创新能力，加强创新创造，实现作品产品创新与理论学术创新的双重提高。

十、技术路线和实施步骤

1.技术路线

本课题以前期调研为基础，对省内外高校开展五育教育情况调查，形成前期调研报告；进行开题论证，对课题的进展方向、思路进行充分论证，形成论证报告；进一步开展课题研究，不断拓展研究内容的深度和广度，形成论文并发表；开展中期检查，对课题前期研究进行总结，修正问题和方向；进行整合研究，构建五育研究教育改革体系，形成总结报告；将课题研究成果在高校间推广。

2.实施步骤

课题分为近期计划、中期计划和长期计划三部分。

近期计划（2021年3月至2021年9月）：利用大数据等信息技术手段开展五育教育调查，对省内外高校开展五育现状调查，总结存在的问题，分析问题成因和不足之处，形成调查报告；设计五育教学改革框架，开展理念、教材、课程、环节、方法的改革探索，以专业课堂、创新创业、实习实践、艺术展演、文艺创作等为媒介开展五育教育，撰写论文5篇以上并发表。

中期计划（2021年10月至2022年6月）：开展五育教育改革，研究疫情背景下的五育教育新方式和新途径；研究三全育人、课程思政引入五育教育改革的路径；探索廉政教育、美育教育特色育人实践融合五育教育；探索艺术展演、艺术创作、艺术欣赏、艺术体验等形式开展美育实践活动；发表五育教育论文5篇以上。

长期计划（2022年7月至2022年12月及结题后）：发表五育教育论文5篇以上，完成结题报告，争取结项优秀；课题结题后，将五育教学改革中的课程改革、教材改革、师资改革、方法改革、环节改革、五育协作等形成模块和品牌，在实践中不断优化，在高校间进行推广。如图4.12。

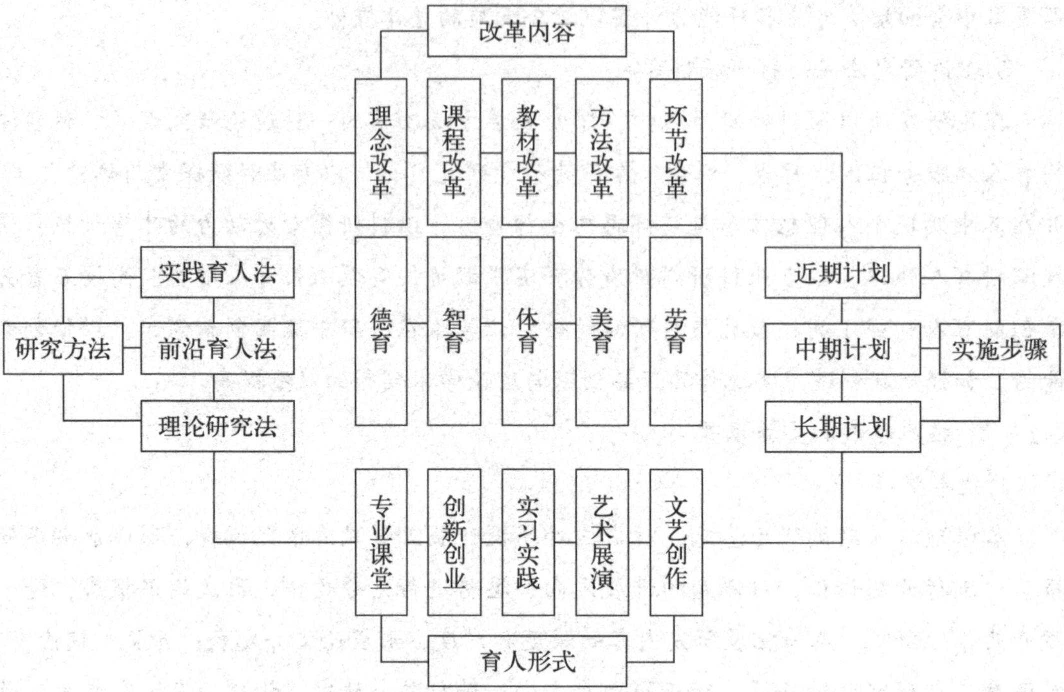

图4.12　德智体美劳五育并举改革路线图

已取得相关研究成果的社会评价（引用、转载、获奖及被采纳情况），主要参考文献（相关政策文件、研究成果、主要参考文献限填10项）；课题负责人及主要参加者的学术背景和研究经验、组成结构（如职务、专业、年龄等）；完成课题的保障条件（如研究资料、研究时间、研究经费、研究技术设备、所在单位所提供的条件等）。

一、已取得相关研究成果的社会评价（引用、转载、获奖及被采纳情况）

1.论文

本课题研究具有前期的理论成果，其中《高等学校美育支援行动的探索与实践——以东北大学为例》《竞赛与素质教育跨校育人与推广研究》《素质教育教学方式改革实践研究》《大学生素质教育中艺术素养的教学改革与实践研究》《一流大学素质教育理论研究与实践调查》等80余篇素质教育相关论文，被下载千余次，被引用数百次。

2.课题

课题负责人2019年获批中国高等教育学会大学素质教育研究专项课题“东北大学竞赛育人与素质教育深度融合的教学实践与特色研究”（2019SZEYB24）；2020年10月，课题负责人在中国高等教育学会素质教育分会年会上，做了题为“竞赛育人与素质教育深度融合的立体混合式教育模式的探索与实践”的专题报告；另外，素质教育论文24篇入选中国高等教育学会素质教育分会年会论文集，如《竞赛育人与素质教育深度融合的立体混合式教育模式的探索与实践》《中国高校教育现代化展望2035》《创新与素质教育背景下长笛教学改革的建议和对策》《基于创新创业视角的中国高校美育素质创新教育研究》《一流大学音乐教育普及与提升的素质教学改革研究》《一流大学音乐类专业与音乐类院校素质教育培养模式比较研究》《以一流大学建设为契机的区域一流音乐素质教育教学改革研究》《音乐类专业区域特色型、实践创新型、成果导向型素质教育改革实践与研究》《长笛教学中创新与素质教育的融合研究》等，为本课题申报和研究积累了丰厚的基础。

3.成果奖

德育方面：指导学生获教育部廉政文化作品大赛2016年度一等奖，2017年度精品项目,2019年度精品项目（全国10项）、优秀项目2项（全国20项）、入围项目1项（全国30项）。学术道德建设立项《一流大学背景下学术道德建设的理论研究与设计创作推广》《一流大学背景下学术道德内涵建设对策研究》分别获2019年度、2020年度东北大学教师发展专项立项；2018—2020年度辽宁省社科联学术道德论文评比中，《一流大学建设背景下规范学术道德机制研究》《中美高校学术道德建设比较研究》《我国高校学术道德及学风问题成因及对策研究》《高校研究生学术道德及学风建设中的突出问题及对策研究》分别获辽宁省社科联学术道德建设征文一等奖4项；《高校学术道德与学风建设问题分析与对策研究》《恪守学术道德与防止学术不端行为的对策研究》《我国高校学术不端调查及解决方案对策研究》《欧美日高校学术道德建设经验对我国高校学术道德建设的启示》《论高校建设中学术道德的基本内涵及发展》《科学领域科研诚信的建设方案和举措研究》分别获辽宁省社科联学术道德建设征文二等奖6项；《坚守学术道德，弘扬学术诚信——高校学术道德建设的重要性研究》《中国高校学术道德建设状况及问题研究》《中美高校学术评价比较研究》《“双一流”背景下学术道德保障体系建设对策研究》《辽宁省高校研究生、本科生科研诚信研究》《辽宁省高校特色科研诚信信息系统建设方案研究》《辽宁省高校科研诚信研究》《国内外高校学术不端行为及治理对策研究》分别获辽宁省社科联学术道德建设征文三等奖8项。另外，课题组两门课程《艺术评论》《钢琴文献——中国经典钢琴曲目之“立德树人”美学元素系列课程》被评为东北大学第二批课程思政校级示范课程；课题负责人成果《基于美育与德育相结合的艺术教育混合立体式创新人才培养模式研究与实践》获辽宁省教学成果二等奖。

美育方面：在2017年、2018年、2019年教育部主办的全国大学生公益广告大赛中，指导的社会主义核心价值观教育广告设计作品获全国一、二、三等奖等成果；发表数十篇美育素质教育论文，“东北大学‘美育与人文艺术’”获评辽宁省美育教育团队，“国画欣赏”获评辽宁省美育优秀课程，“东北大学大学生艺术团”获评辽宁省美育优秀社团；获批教育部优秀传统文化传承基地、辽宁省艺术遗产科学化保护与传承基地，传承、创新和探索中华优秀传统文化之美；另外，课题组成员为全国高校美育教育指导委员会会员，为课题美育研究奠定坚实基础。

智育、体育和劳育融合方面：主要通过创新创业、社会实践等第二课堂，推动专业教育、创新教育和艺术实践的广泛开展和成果凝练。开设了“设计创新与竞赛”“创业启蒙”等多门特色课程；“设计创新与竞赛”教学团队获评东北大学优秀本科教学团队；指导大学生创新训练计划项目30余项；在中国高校创新创业教育联盟、全国大学生创新创业实践联盟、中国高校创新创业学院联盟、中国高等教育学会创新创业教育分会等四大团体和协会年会论文评中，包揽一、二、三等奖；其中，《德智体美劳五育并举背景下创新人才培养研究》获优秀论文一等奖，“中国大学生计算机设计大赛领跑者——东北大学创意设计创新团队的创新实践案例”获第三届全国大学生创新创业实践联盟年会大学生创新创业实践优秀案例。

二、主要参考文献

[1] 李晓迪，霍楷.高等学校美育支援行动的探索与实践——以东北大学为例[J].戏剧之家，2020（2）：158.

[2] 赵胜男，霍楷，籍亚玲.素质教育教学方式改革实践研究[J].才智，2020（6）：206.

[3] 霍楷，李孟贯.中国艺术类高校素质教育教学改革研究[J].创新创业理论研究与实践，2020，3（15）：80-82.

[4] 霍楷，王宇蒙.高校美育素质教育理论实践对策研究[J].湖南包装，2020，35（4）：127-130.

[5] 霍楷，孙玮琪，邹琳琳.西北地区高校素质教育状况及改革对策研究——以甘肃省天水地区高校为例[J].创新创业理论研究与实践，2020，3（17）：14-17.

[6] 王翼扬，霍楷.中国高校美育素质教育问题及对策研究[J].湖南包装，2021，36（4）：172-173.

[7] 霍楷，冯靖.艺术类高校学术道德与学风建设问题分析与对策研究[J].戏剧之家，2019（25）：164，166.

[8] 霍楷，张立志.科学化、驱动型和创新性竞赛育人模式的探索与实践[J].计算机教育，2018（8）：11-14.

[9] 丛琳，解晓娜，霍楷.“一流大学”背景下学术道德建设问题研究[J].戏剧之家，

2019（33）：167.
[10] 王梦遥，霍楷，赵翀阳.大学素质教育特点与改革创新研究[J].创新创业理论研究与实践，2020，3（19）：1-3.

三、课题负责人及主要参加者的学术背景和研究经验、组成结构

课题负责人及主要参加者为东北大学艺术学院院长、副院长、教务处副处长、第二课堂导师、艺术实践与艺术创作指导教师，为设计竞赛指导者、政策的制定者和竞赛的执行者。在课题定向、执行层面，全年具有充足的精力确保课题成果超额完成（2019年辽宁省教育科学规划课题结题优秀）。多年来开展美育教育、德育教育、指导创新创业，其中以教务处牵头的德智体美劳五育并举、美育教育、创新创业教育、专业教育相融合，为培育学生五育教育提供条件、场地、资金、设备和平台。课题组成员经验丰富，职称为教授、副教授、讲师，职称搭配合理，年富力强，精力充足。

四、完成本课题研究的保障条件

本课题严格按照制订的计划时间进行，科学、合理、有序地开展课题研究工作。课题得到学校、学院政策保障。学校、学院非常重视学生五育教育，开展多样化的五育实践教育活动。学校支持教师开展教学改革立项，对获奖学生提供保研、评优等政策保障，对指导教师提供晋级、考核的鼓励和要求。校院提供空间、场地、设备、实验室、图书馆等支持，确保该课题顺利完成。以上学校、学院的激励政策为德智体美劳五育并举教学改革提供动力支持和保障。

本课题研究的阶段性预期成果和最终研究成果如表4.3所示。

表4.3　阶段性预期成果及最终成果表

阶段性预期成果			
序号	研究阶段（起止时间）	阶段成果名称	成果形式
1	2021-01 ~ 2021-07	高校特色型素质教育改革思路和举措研究	论文
2	2021-01 ~ 2021-07	国外高校素质教育模式研究	论文
3	2021-01 ~ 2021-07	中国高校素质教育现状调查	论文
4	2021-08 ~ 2021-12	中国高校素质教育现状、问题及改革举措	论文
5	2021-08 ~ 2021-12	中国高校素质教育的全面普及与提高举措	论文
6	2021-08 ~ 2021-12	一流大学建设背景下一流素质教育改革研究	论文
7	2021-08 ~ 2021-12	美育背景下高校素质教育改革研究	论文
8	2022-01 ~ 2022-07	三全育人背景下高校素质教育理论与研究实践	论文
9	2022-01 ~ 2022-07	基于课程思政的素质教育改革与实践研究	论文
10	2022-01 ~ 2022-07	美育、德育与专业相结合的教育改革实践研究	论文

续表

最终研究成果			
序号	完成时间	最终成果名称	成果形式
1	2022-08 ~ 2022-12	疫情背景下中国高校素质教育改革举措	论文
2	2022-08 ~ 2022-12	基于大数据的高校素质教育调查研究	论文
3	2022-08 ~ 2022-12	高校德智体美劳五育并举人才培养实践研究	论文
4	2022-08 ~ 2022-12	德智体美劳五育并举背景下教育改革实践研究	研究报告

第三节　教学成果奖

一、教学成果奖简介

教学成果奖是教育主管部门为了奖励取得教学成果的集体和个人，鼓励教育工作者从事教育教学研究、提高教学水平和教育质量而设立的最高级别的奖励。教学成果奖分为国家级教学成果奖、省级教学成果奖、校级教学成果奖、行业协会教学成果奖、大赛教学成果奖等。1994年3月，国务院颁布了《教学成果奖励条例》，标志着国家级教学成果奖与国家自然科学奖、国家技术发明奖、国家科学技术进步奖并列，成为我国教育领域中唯一的一项国家级奖励。教学成果奖是反映教育教学规律，具有独创性、新颖性、实用性，对提高教学水平和教育质量、实现培养目标产生明显效果的教育教学方案。教学成果奖一般经过两年以上教育教学实践检验，具有一定的首创性和创新性，在全国或区域内产生一定的影响。

本书为贯彻《教育部关于深化本科教育教学改革全面提高人才培养质量的意见》（教高〔2019〕6号）有关要求，落实高校立德树人根本任务，推动艺术展演和创新竞赛与新文科、理工农医相关专业的深度融合，以赛促教、以赛促研，不断深化教育教学改革，提高人才培养质量，进一步增强广大教师教书育人的责任感和使命感，开展竞赛育人向教学成果奖的转化和申报工作。艺术展演和创新竞赛类教学成果奖是竞赛教学成果和经验的重要积累，是为了鼓励教学研究、提高教学水平和教学质量设立的奖励。艺术展演和创新竞赛类教学成果奖首先坚持正确的政治方向，为党育人、为国育才；坚持以人为本，以提升人才培养能力为核心，推动高等教育内涵式发展；面向长期从事赛课结合的一线教师，尤其是中青年教师所取得的成果；坚持示范引领，突出实践性和创新性，鼓励协同育人，重在应用推广。

二、成果内容

艺术展演和创新竞赛类教学成果奖主要反映近年来我国普通本科高校艺术创新领域教学改革发展取得的新成就，代表当前深化高等教育教学改革过程中涌现出来的创新成果，在高校教学实践、改革、研究中起到引领和激励作用。成果内容主要围绕国内外艺术类权威赛事嵌入教学影响下的人才培养质量重点领域和关键环节开展研究和实践而取得的成果，重点在人才培养模式改革创新、新工科新农科新医科新文科建设、一流专业一流课程建设、思政课程建设、课程思政建设、应用型人才培养、教学内容及方法改革创新、加强教学过程管理、强化实践育人环节、大学生创新创业教育改革、优质教学资源建设共享、教学质量保障体系建设、教师教学能力提升等方面的成果。本书以竞赛育人为目标驱动，以竞赛类教学改革项目为路径，以实践竞赛育人为实证，推动竞赛育人经验转化为理论成果，将竞赛育人过程中解决的实际问题、成果研究内容、成果创新点、成果应用和推广成效进行总结，形成教学成果奖，进而激发广大教师竞赛育人的教学驱动力，激发学生创新活力，最终提高教学质量。本书以省级教学成果一等奖和优秀教学案例为例，总结了竞赛育人理论和竞赛育人实践经验，为业内一线教学人员从事教学改革提供参考，具体案例如下。

案例一

2022年辽宁省研究生教学成果一等奖

成果名称：艺术创新与思政育人一体化研究与实践

成果主要完成人：张燕楠、霍楷等

成果主要完成单位：东北大学

一、成果简介及主要解决的教学问题

1.成果简介

本成果深入贯彻落实习近平总书记关于教育的重要论述、全国教育大会等会议精神和教育部《高等学校课程思政建设指导纲要》相关要求，紧紧围绕立德树人根本任务，开展艺术创新与思政育人一体化教学改革与实践，以思政教育为前提开展艺术创新，以艺术创新为内容全程融入思政教育，二者一体化教学改革推动“为谁培养人、如何培养人和培养什么样的人”的问题。形成艺术创新中目标创新、过程创新和成果创新一体化融合与思政教育中课程思政、理论思政和实践思政一体化融合，实施“创新推进、思政推进与格局构建”的一流大学创新育人模式。艺术创新一体化融合即以目标和成果为导向，将专业和创新结合，以国家级竞赛、国家级教学改革项目、国家级一流课程、国家级和省级教学基地、省级教学名师、教学团队为依托，全程实施“创新推进”。在此过程中实现课程思政一体化融合，即以立德树人为根本任务，将专业和思政元素融合，以课程思政示范课程、廉政文化作品大赛、省级哲学社会科学学术道德征文成果奖、学术道德课题、社会主义核心价值观艺术展演为导向，在艺术创新人才的培养过程中全程实施“思政推进”。构建一流专业、一流创新示范中心、一流课程思政示范课程，实现创新思政教师团队、立体混合教学方法、多元并进教学成果、创新思政课程一体化的“格局构建”。

目前取得的成果中均含有思政教育元素，成果如下：获批教育部中华优秀传统文化传承基地（木偶戏）；获批国家级一流课程和辽宁省一流课程10余门、课程思政示范课程9门；获批中国学位与研究生教育学会课题、教育部产学合作协同育人项目、教育部校企合作专业综合改革项目、中国高等教育学会项目等30余项；获批辽宁省研究生实践基地和辽宁省民间手工艺传承基地；获评辽宁省美育优秀课和美育优秀教研团队；获批辽宁省一流专业、非工科专业认证、东北大学双师骨干专业；获教育部廉政文化作品大赛、全国高校数字艺术设计大赛（中国高等教育学会竞赛排行榜）、米兰设计周-中国高校设计学科师生优秀作品展（中国高等教育学会竞赛排行榜）、中国高校创新创业联盟（实践联盟、教育联盟、学院联盟）年会论文一等奖及A’设计奖金、银、铜奖等国内外高水平奖项1000余项，在业内名列前茅；获辽宁省哲学社会科学学术道德论文成果一、二、三等奖120余人次；发表相关教学改革论文270余篇。这些成果有力支撑了艺术创新与课程思政改革实践和人才培养目标的实现。

2.主要解决的教学问题

（1）解决艺术教育的德育问题——价值引领

解决的是为谁培养人的问题。核心概念是让艺术创作不能有政治问题，德育与艺术教育的紧密结合是本成果的核心。现存的问题是艺术创新与思政教育脱节。教育不能脱离德育，要培养坚定的政治立场和道德情操，将立德树人贯穿艺术教育的始终，解决专业教育中的思政育人与价值引领问题。要以德育为先，培养政治过硬的拔尖艺术人才。将艺术创作开展在人民生活实践中，将论文写在祖国的大地上，强化课程思政、艺术竞赛、展演、教研、艺术惠民与艺术惠校等方面的德育导向，解决人才培养的德育教育问题。

（2）解决艺术教育的创新问题——创新发展

解决的是如何培养人的问题。基本概念是让艺术创作传递创新理念，创新与艺术教育的紧密结合是本成果的灵魂。基于马克思主义文艺观的艺术创新在西方思想的侵入下，并未受到广大师生的足够重视。艺术创新人才培养融入思想性、政治性是马克思主义文艺观的重要理论。基于马克思主义文艺观的艺术教育离不开创新精神，将创新思维、创新理念、创业意识、创造精神融入艺术教育，目的是创新人才培养。解决创新教育问题，突出将创新、创意、创造作为教书育人的重要理念融入教学。解决教育质量问题，以创新为助推剂，将课堂教学、艺术创作、创意实践、成果转化和教学研究系统结合起来。解决教育特色问题，以教育部中华优秀传统文化传承基地、辽宁省艺术遗产科学化保护与传承基地等为依托，传承创新中华优秀传统文化与服务社会。

（3）解决艺术教育的人才培养问题——成果导向

解决的是培养什么样的人的问题。以形式主义美学为核心的纯艺术审美批判忽视了意识形态问题，对成果的鉴定应以马克思主义文艺观为标准。此项教学改革严格遵守艺术创作的社会价值导向。根本目标是在德育和艺术创新基础上，把成果导向作为人才培养驱动，将人才培养质量、成果数量、等级、层次和标准融入艺术类教育。在此基础上实现理论和实践相结合的人才培育，引导学生广泛参与课题、发表论文、申报专利、出版著作等。解决高质量成果凝练问题，通过高水平竞赛育人，培育能拿大奖、勇夺桂冠的拔尖创新人才。解决实践能力问题，广泛开展社会主义核心价值观的艺术展演，大力开展艺术惠民和艺术惠校，让学生在展演中提升实践能力和水平。

二、成果解决教学问题的方法

1.协同一体化的方法——解决价值引领问题

艺术创作讲思政，课程思政讲艺术，将艺术教育与课程思政紧密结合起来，目的就是要解决“为谁培养人”的问题。推进全院理论课与实践课的课程思政建设，打造“大课堂理论讲授+小课堂一对一教学”的课程思政教学改革模式，尤其在“中西方艺术史”“艺术设计美学概论”“广告设计”“艺术设计创新创业活动”等专业课程中开展课程思政教学改革，全面强化专业教学中的思想政治教育；开展《一流大学背景下学术道德内涵建设对策研究》（重点项目）、《一流大学背景下学术道德建设的理论研究与设计创作推广》（一般项目），探索艺术学科学术道德建设理论问题；积极参与米兰设计周-中国高校设计学科师生优秀作品展（中国高等教育学会竞赛排行榜赛事）、辽宁省哲学社会科学优秀成果奖征文，创新创业类论文、学术道德类论文分别获一、二、三等奖和优秀论文奖。通过艺术类专业思政育人课程、项目、论文协同一体化研究，解决了“艺术教育的德育问题——价值引领”。

2.问题驱动的方法——解决创新发展问题

在艺术创新与课程思政中提出问题、分析问题和解决问题，目的是按照马克思主义文艺观的途径解决问题。艺术创新是创造性思维到现实飞越的过程，坚持问题驱动，推进艺术创作与人才培养的创新思维、创新能力和创造精神；艺术类课程思政是将思政元素融入艺术教育的全过程育人，坚持问题驱动，推进艺术创作和人才培养的立德树人、思政导向和价值引领。通过在艺术创新与课程思政中发现问题、提出问题、分析问题和解决问题，不断推进教学改革和人才培养。广泛开展教学改革项目申报，提出德育、创新与艺术教育立体混合式教育问题，通过项目研究，将提出问题的可能性和解决问题的实践性结合，通过不断发现问题推动教学改革的纵深发展。广泛发表艺术创新与课程思政教学改革文章，提出问题，分析和探讨创新方法，提出解决对策和建议。广泛开展艺术展演，以国际级、国家级高水平竞赛和各类创新创业年会为载体，依托“设计创新与竞赛”“艺术设计创新创业活动”课程，促进学生在实践中创作艺术作品广泛参赛，在理论上撰写论文并广泛参加会议投稿论文，广泛引导学生参与导师课题。综上，以问题驱动的方法解决了“艺术教育的创新问题——创新发展”。

3.目标和成果导向的方法——解决成果导向问题

确立“艺术创新+课程思政”的“目标—过程—成果”全流程、全方位育人链条，以目标和成果为导向培养高水平人才。目标是以“价值导向+创新育人”推进艺术类理论与实践专业人才培养，培育国家所需的一流建设者和接班人。载体是创新实践活动（廉政大赛、艺术展演）、课程思政示范课程（艺术设计创新创业活动、艺术设计美学概论、广告设计等）、一流课程与团队（国家级与省级一流课程、省级教学团队）、教材（《创新竞赛与竞赛实践案例教程》《美育系列实践案例教程》）、项目（中国学位与研究生教育学会项目、教育部产学合作协同育人项目、中国高等教育学会素质教育专项课题、辽宁省教育科学“十三五”规划等）、基地（教育部传统文化传承基地、辽宁省研究生实践基地、辽宁省手工艺传承基地）等，由此开展全流程、全链条人才培养。成果最终凝练成多元化、标志性成果，包括学生的国内外大赛获奖、教学研究与获奖、教材、论文等多元化成果。以上方法解决了“艺术教育的人才培养问题——成果导向”。

三、成果的创新点

1.“艺术+思政”协同一体的育人理念

即艺术创新与课程思政一体化育人，全程实施“创新推进”“思政推进”及“创新思政化与思政创新化”结合。一是“创新推进”，以目标和成果为导向，将专业和创新结合，以国家级竞赛、国家级教学改革项目、国家级一流课程、国家级和省级教学基地、省级教学名师、教学团队为依托。二是“思政推进”，将思政元素融入艺术课程，以立德树人为根本任务，以专业和思政元素相融合为手段，以课程思政示范课程、廉政文化作品大赛、省级哲学社会科学学术道德征文成果奖、学术道德课题、社会主义核心价值观艺术展演、课程思政类课题研究为载体，最终以教学成果为导向。三是创新思政化与思政创新化，明确艺术创新的价值导向，解决为谁培养人、为谁搞创新的问题；进行课程思政的艺术创新，实现艺术课程的创新发展，解决如何培养人的问题。

2.“艺术+思政”全程链条的系统设计

即课程思政融入艺术创新的全过程，形成“目标—过程—成果”全流程、全方位、全链条的育人体系。一是以适应一流大学建设的各项指标为总目标导向，确定人才培养链条的起始端和切入点；二是以构建一流专业（金专）、一流课程思政示范课程（金课）、一流的教师团队（金师）、一流的教学成果（金果）为分目标导向，在主客体全链条设定目标；三是通过目标设定与执行，重点强化过程管理，即建设艺术创新示范中心、教材与著作、教学团队、教学实践基地、教学改革项目等一体化贯穿式过程管理，实现艺术创新与课程思政混合式、多元性、融合性和创新性一体化的教学成果“格局构建”。

3.艺术性与思想性相统一的评价模式

即目标与成果导向的艺术创新与课程思政融合，形成成果教师端与学生端的艺术性与思想性相统一的检验机制。一是教师端的检验机制，通过艺术创新与课程思政融合研究，建立了课程思政教学团队，编写和出版了课程思政教材，部分教材入选东北大学百门优质立项教材，完成一批教学改革项目，形成教学成果；二是学生端的检验机制，在思政育人基础上，艺术类与非艺术类专业学生积极参加艺术创新竞赛活动，在国内外艺术展演中屡获大奖，获奖层次、等级、数量攀升，艺术创新与课程思政氛围明显改善，学生参与课题发表论文数量显著提升，课程思政与艺术创新类课程广受学生欢迎。

四、成果的推广应用效果

1.教育成效显著提升，成为高效的创新思政育人模式

以课程思政为改革突破口，全院推进课程思政院级立项，获批东北大学课程思政示范课程9门，完善了教学体系；编写与出版了《艺术创新与设计竞赛实践案例教程》（第一部、第二部）、《廉政广告设计》等系列课程思政类实践案例教材，其中《艺术创

新与设计竞赛实践案例教程》获批东北大学百门优质立项教材；获批中国学位与研究生教育学会项目、中国高等教育学会专项课题、教育部产学合作协同育人项目、教育部校企合作专业综合改革项目、辽宁省教育科学“十三五”规划项目、中国高校计算机基础研究会项目等一批教学改革项目30余项，形成教学研究成果；指导学生获A’设计奖金、银、铜奖，中国高校数字艺术设计大赛一、二、三等奖（中国高校竞赛排行榜赛事），中国包装创意设计大赛一等奖20余项，韩国国际数码设计展入选200余人次，国内外高水平奖项1000余项，艺术创新类、学术道德类、课程思政类论文获中国高校创新创业联盟（教育联盟、学院联盟、实践联盟）年会、辽宁省哲学社会科学成果奖、米兰设计周-中国高校设计学科师生优秀作品展、沈阳科学学术年会一、二、三等奖和优秀论文（不分等级）120余人次。

2.团队传帮带育人，培育艺术类专业创新思政教学典范

通过该成果的理论与实践研究和团队的传帮带建设，培育和造就了一批艺术创新和课程思政的典型示范优秀教师。教学团队成员获全国高校美育教学指导委员会委员、百万市民艺术共享工程突出贡献者、沈阳高校艺术惠民培训优秀艺术指导员、辽宁省教学名师、北京-辽宁-吉林-黑龙江优秀艺术设计教育工作者、中国大学生计算机设计大赛十周年卓越指导教师奖（全国仅5人，排序第一）、A’设计奖评委、“互联网+”大学生创新创业大赛评委、教育部廉政文化作品大赛评委、中国包装创意设计大赛领衔评委和组委会副主任及学术委员、中国-东盟高校大学生公益设计创意大赛评委、中国高校数字艺术设计大赛评委与组织委员会委员、中国好创意暨全国数字艺术设计大赛辽宁省分赛区组织委员会副主任、东北大学“我最喜爱的老师”、东北大学优秀教师、东北大学教学标兵、东北大学“我心目中的好导师”、东北大学“三育人”先进个人等荣誉。团队成员发表艺术创新与课程思政类教学改革论文270余篇，出版教材与著作30余部，获批国家精品课程和一流课程、省一流课程，其中国家级慕课“书法课堂”建设至今，总选课人数已超14万人，获教育部国家精品课和国家一流课程认定，获中国“最美慕课——首届中国大学慕课100评选展播活动”三等奖等。

3.受到其他高校的广泛关注，成为高校学习的典型案例

艺术创新与课程思政融合改革教学取得了一系列的教学成效，被北京大学、东北师范大学、沈阳师范大学、成都医学院、合肥财经学院、辽宁科技大学、沈阳工学院、中国大学生计算机设计大赛组委会、大连国际平面设计双年展组委会、中国包装创意设计大赛组委会、中国高等教育学会创新创业教育分会年会、中国高等教育学会素质教育分会年会、中国高校创新创业学院联盟年会等邀请开展讲座交流经验50余场，受邀为全国高校指导教师培训，成果惠及全国指导教师千余人次，广受国内高校认可和好评。

案例二

2022年辽宁省教学成果一等奖

成果名称：一流大学美育教学一体化改革与实践研究

成果主要完成人：张燕楠、霍楷等

成果主要完成单位：东北大学

一、成果简介及主要解决的教学问题

1.成果简介

为深入贯彻落实中共中央办公厅、国务院办公厅印发的《关于全面加强和改进新时代学校体育工作的意见》，本成果以习近平新时代中国特色社会主义思想为指导，全面贯彻党的教育方针，以社会主义核心价值观为引领，以提高学生审美和人文素养为目标，弘扬中华美育精神，以美育人、以美化人、以美培元，把美育纳入人才培养计划，贯穿人才培养全过程，形成“一二三”一体化育人方案，即第一课堂建设，第二课堂建设，师资、场地、资源等条件建设。“第一课堂建设”一是深化美育课程建设，以中华优秀传统文化传承、发展和艺术经典教育为主要内容，以作品赏析、艺术批评、艺术实践等为组织形式设置公共艺术课程；二是每位学生须修满2个学分的公共艺术课程学分方能毕业；三是培育高水平美育教学成果，积极培育美育精品项目和美育教学成果。“第二课堂建设”一是普及美育校园文化活动，建立全员艺术展演机制；二是推广专业艺术实践活动，弘扬优秀民族文化；三是加强学生艺术社团建设，发挥示范引领作用。“师资、场地、资源等条件建设”即建立美育教师队伍及奖惩一体化的工作体系；设立美育活动场所和落实教学设备保障，整合校内艺术实践工作坊和校外美育实践基地；整合文化资源，挖掘和利用地域传统文化特色，结合项目教学的实际情况，开展传统文化传承中的美育教学。

成果依托中国高等教育学会素质教育专项课题《东北大学竞赛育人与素质教育深度融合的教学实践与特色研究》、辽宁省教育科学规划课题《德智体美劳五育并举背景下教育改革实践研究》、全国高等院校计算机基础教育研究会课题《一流特色创新示范育人模式与素质教育深度融合的理论研究与实践探索》展开研究，确立了一流大学美育教学一体化改革与实践研究育人模式，推进了一流大学美育的全面开展，构建了美育全程育人、立体育人的格局。

基于美育教学改革与实践研究，发表美育研究文章《中国高校美育教育现状及改革对策研究》《中国高校美育素质教育问题及对策研究》《欧美日美育经验对我国高校美育改革的启示》《一流大学建设背景下高校美育质量工程构建研究》《一流大学美育教育机制建设及趋势研究》《美育、德育与专业相结合的教育改革实践研究》等50余篇；获批教育部中华优秀传统文化传承基地1个、辽宁省民间手工艺传承基地1个；“书法课堂”和“漫画入门”分别获批国家一流本科课程；获批中国高等教育学会项目、教育部产学合作协同育人项目、教育部校企合作专业综合改革项目、教育部人文社会科学基金项目、辽宁省教育科学规划项目等30余项；获评辽宁省美育优秀教研团队和美育优秀课；成果负责人获评全国高校美育教学指导委员会委员；成立东北大学美育教学研究中心服务全校美育工作。

2. 主要解决的教学问题

（1）美育教育存在育人环节脱节的问题

传统美育教学以通识类人文艺术课程为主，根据教师自身专业特点自主申报课程，而忽略了美育教学中的学生端美育素质的需求；另外，课程设置虽然呈体系化，但课程的形式比较单一，缺乏课程必修、选修、社团、展演学分的灵活转换。以上造成了美育教育在美育课程设置和人才素质需求上的脱节。

（2）美育教育资源存在单一与不足的问题

《教育部办公厅关于印发〈全国普通高等学校公共艺术课程指导方案〉的通知》（教体艺厅〔2006〕3号中，要求落实《学校艺术教育工作规程》（教育部令第13号），因此研制了《全国普通高等学校公共艺术课程指导方案》，适用于全国普通高等学校非艺术类专业。该文件要求各校担任公共艺术课程教学的教师人数应占在校学生总数的0.15% ~ 0.2%，其中专职教师人数应占艺术教师总数的50%。针对这一问题，为开齐开足美育课，学院大力支持教师面向学校积极申报美育通识选修课、申报教材、开展教学改革、申报各类教学基地。

（3）专门机构和运行机制缺失的问题

针对美育教学无组织机构和运行机制的问题，设立东北大学美育教学研究中心，以中心为主体，统一组织、安排美育教学的相关工作。从课程体系建构、课程设置、教学组织、教材建设、教学研究、考试考核等环节进行全方位落实。

二、成果解决教学问题的方法

1. 系统贯通的方法：全课程体系、“一二三”育人模式一体化

按照中国高等教育学会美育专业委员会《普通高等院校美育课程标准及规范建设方案》要求，一是增加美育必选课程（课程内容包括理论、作品鉴赏和创意实践，2学分，每一位本科学生必须在下列必选课中选修一门课程，获得2学分方能毕业），包括设计艺术、音乐艺术、美术艺术、书法艺术、舞蹈艺术、戏剧艺术、戏曲艺术、影视

艺术。二是增加美育选修课程（至少1学分），包括美学和艺术史论类，如美学概论、艺术概论、中国美术史、西方音乐史等理论课程，各艺术门类及生活艺术类课程，美育理论、各类艺术教育理论和实践课程，跨学科的“艺术+X”课程等。三是增加美育社团活动课程（2～3学分，可抵必选课学分；需由固定专业教师指导，并应具有与选修课程相当的训练课时），包括语言艺术实践、音乐艺术实践、舞蹈艺术实践、戏剧艺术实践、戏曲艺术实践、电影艺术实践、电视艺术实践、新媒体艺术实践、造型艺术实践、设计艺术实践、艺术策展实践。四是对获得省级以上（含省级）大学生艺术节或省级以上（含省级）各类艺术竞赛、展览、表演等奖励者，允许免修开设的美育课程，准予毕业；允许艺术院校学生跨二级学科门类专业选修。以上全课程体系建设满足学生美育素质需求，“一二三”育人模式丰富美育形式，解决了美育教育存在育人环节脱节的问题。

2.教学研究的方法：师资、基地、课程、教材、教研一体化

针对美育教育资源存在单一与不足的问题，按照中共中央办公厅、国务院办公厅印发的《关于全面加强和改进新时代学校体育工作的意见》，实施全校范围内的美育提升行动。一是根据开齐美育课的要求，依托东北大学艺术学院，组织超50%的专业教师开设美育课程。二是依托学院音乐与美术资源，建立了“音乐鉴赏”和“美术欣赏”等系列美育课，其中“漫画入门”和“书法课堂”获批国家一流本科课程。三是结合地方文化资源，获批教育部中华优秀传统文化传承基地（木偶戏），开设了“北方木偶表演”“北方木偶制作与赏析”等艺术特色课程，邀请传承人进课堂现场制作，传授非遗技艺；建立了“北方木偶制作社团”“北方木偶宣讲团”和“北方木偶表演社团”，广泛开展校园艺术活动。四是建立国际交流大师班，帮助学生了解世界优秀艺术，增强文化理解。五是广泛开展艺术展演，推进中华优秀传统文化艺术在校园的广泛传播，获教育部大学生艺术作品展演工作坊二等奖。六是广泛组织申报美育相关各类教学改革项目并获批。七是出版美育系列实践案例教材。八是广泛开展教学研究与应用，2019年“基于互联网的贫困地区美术创新教育生态研究”获批教育部人文社科基金项目，探讨“互联网+美术创新教育”，在疫情防控期间广泛适用于高校线上美术教学，并大力推进公益性美育教育进乡村，目前已覆盖16个省、约400家乡村小学，直接受益儿童约16万人。以上方法解决了美育教育资源存在单一与不足的问题。

3.机制检验的方法：机构、学生端和教师端评价检验一体化

一是建立机构检验机制。成立东北大学美育教学研究中心，专门负责组织全校美育教育活动，统筹全校的美育工作，推进美育工作规划的执行和落实。依据《东北大学共青团“第二课堂成绩单”制度实施办法》《东北大学本科生创新创业、第二课堂活

动转换学分认定管理办法》《东北大学艺术社团管理办法》等规章制度完成学分转换。美育教学研究中心以自评为基础，多元参与教学评估机制，定期开展以本科教学状态数据为依据、以专家评价为重点的教学质量评估。二是建立学生端检验机制。通过美育课程教学、艺术社团、艺术展演等一体化活动，促进学生审美能力与艺术爱好得到提高和发展，具体表现在学生自觉的日常生活审美化和审美的日常化；学生自愿参加艺术活动，学校的艺术氛围明显提升；学生倒逼教师实施“课程美育”，“不美”的课程受欢迎程度差；非艺术专业的艺术展演不断丰富，获奖层次、数量得到提升。三是建立教师端检验机制。美育教学体系进一步完善，教学资源得到丰富，教学成果、研究成果进一步提升，具体表现在壮大美育教研团队，完善教学体系，成为东北地区的标杆学校；编写、出版系列美育教材，部分教材进入规划教材体系；完成一批教改项目，形成教学成果；建成国家美育教育智库，为国家提供政策咨询。以上方法解决了专门机构和运行机制缺失的问题。

三、成果的创新点

1.精准的美育目标定位

美育教学目标是满足一流大学美育教学需求，配齐美育师资，开齐开足美育课，保障美育资源，健全美育运行机制，构建美育教研体系，建立完善系统的美育教学体系，实现人人参与美育、人人在美育实践中得到锻炼和提升，形成高质量、全过程、全方位、全员性美育实践教育。具体为建立东北大学美育教学研究中心，组建美育师资梯队，设立美育必选学分，提供美育实践展演场地，资助出版美育教材，鼓励培育美育成果与教改立项。这一目标精准定位于一流大学高质量美育教学要求，构建美育教育“一二三”方案，确保美育教学实施。

2.全程的美育教学推进

通过美育师资、课程教学、艺术社团、艺术展演等一体化活动，培育学生自觉的日常生活审美化和审美的日常化能力，达到人人参与美育、人人在美育实践中得到锻炼和提升的教学成效。目前50%以上的艺术专业师资承担美育教学，在60余门人文艺术通识课程基础上不断新增美育课程、“北方木偶制作社团”“摄影社团”等一系列美育社团、每年一度的艺术类和非艺术类大学生广泛参加的校园文化艺术节与两年一度的教育部大学生艺术展演，为学生搭建了美育教育宽广的舞台。2018年，艺术工作坊获教育部大学生艺术展演活动艺术实践工作坊二等奖。学生在国家级、省级等各类竞赛与展演中获奖，艺术展演覆盖全校学生。

3.科学的教学评价方式

一是对美育教学研究中心进行评价和检验，依据国家艺术人才培养评价标准，美育教学研究中心制定相应的专业质量、课程质量及教学效果评价标准，教学效果按照“自评+专家评价”标准进行验收评价，形成美育教学督导评价的合力。二是发动学生的主体评价，以“第一课堂”的本科教学状态数据为主要评价依据，以“第二课堂”的艺术社团、艺术展演参与度为重点评价依据，科学、客观、真实地反映出学生对美育教学的欢迎度和参与度。三是调动教师教学研究的积极性，以出版教材、撰写论文、申报成果奖、申报教学改革项目等为评价指标，以“机构评价+学生评价+教师评价”三结合的评价体系，体现了美育教学研究中心的主体与客体评价、教学与研究评价相结合，具有科学性、全面性和客观性。

四、成果的推广应用效果

1.聚焦“书、画、戏”美育教学与普及，助力中华优秀传统文化传承

书法、漫画、钢琴演奏课程获批全国首批线上一流课程、国家级和省级精品课程。“书法课堂”和“漫画入门”美育通识课程分别获批国家一流本科课程。2017年6月，“书法课堂”首次在中国大学慕课开课；2018年9月，“漫画入门”首次在中国大学慕课开课。两门课程累计选课人数达25.6万余人，在同类课程中名列前茅，深受国人特别是青年学生欢迎，使中华优秀传统文化中不可或缺的书、画技艺，通过面向全社会的线上课程，得到更加广泛有效的传承。其中“书法课堂”获教育部“国家精品课”认定，获中国“最美慕课——首届中国大学慕课100评选展播活动”三等奖等。省级慕课“钢琴弹奏基础”是全国首门钢琴大规模在线开放课程，学习人数突破15万人。2019年以来，以教育部人文社科基金项目“基于互联网的贫困地区美术创新教育生态研究”为平台，大力推进公益性美育教育进乡村，目前已覆盖16个省、约400家乡村小学，直接受益儿童约16万人，使广大农村儿童能够共享到文化发展成果。

获批教育部中华优秀传统文化传承基地。2018年，获批辽宁省文联民间文艺基地。2019年，获批全国首个也是唯一一个“木偶戏”教育部全国普通高校中华优秀传统文化传承基地，获教育部平台资助经费60万元。基地积极开展文化传承工作，建立数字化资料库200余份，原创木偶戏剧目5部，收藏珍贵木偶藏品100余件，设计文创产品100余件；开设“北方木偶制作与赏析”等4门选修课，首次选课200余人；录制的

“木偶制作与赏析”课程在辽宁电视台、爱奇艺等平台累计播放5万余次；举办线下木偶工作坊体验活动16期，500余名学生参与；举办木偶戏进中小学活动10期，1000余名中小学生参与。目前已有多个社区主动建立联系，将木偶戏引进社区。2021年，学院“木偶戏传承与研究项目”入选教育部“传承的力量”学校体育艺术教育弘扬中华优秀传统文化成果展。

2.与政府部门联合举办大型非物质文化遗产展览，助力传统文化美育教育

致力于民族民俗文化的挖掘、打捞、传承及建设，承担文化和旅游部等政府部门委托策展、设计项目8项，科研进款136万元。受文化和旅游部恭王府博物馆委托，主持策划、设计大型非遗展5项。2018年，策展、设计国家非物质文化遗产展示保护基地2018中华传统技艺精品展系列活动“年画过年”——国家级非物质文化遗产湖南滩头、福建漳州传统年画精品展等项目；设计策划第五届中国非物质文化遗产博览会（潍坊分会场）年画精品展。2019年，设计策划国家非物质文化遗产展示保护基地2019中华传统技艺精品展系列活动——辽宁松花石砚台精品展。展览中将传统文化与现代技术融合、将观看成品与现场体验融合、将非遗产品与非遗传承人与非遗精神融合、将展出作品与区域文化融合，精心设计每一处展览宣传细节。据不完全统计，艺术学学科直接策展项目迎来数百万群众参观，人们在参观中深入了解了中华传统技艺和文化的精深，特别是在加强青少年爱国主义美育教育、增强文化自信方面发挥了重要作用。中央电视台、中国政府网、人民网、新华网、光明网、海外网、中国新闻网、人民论坛网、中央人民广播电台、新晨报等百家以上媒体均进行了报道，社会影响显著，促进了非物质文化遗产的传承与弘扬。

3.教师参与美育教学研究积极性高涨，研究成效显著

成果负责人作为全国高校美育教学指导委员会委员，参与全国美育教育课程标准的制定、美育教育实施与评价工作；出版《美育系列实践案例教程（公益广告设计篇）》和《美育系列设计实践教程（廉政广告设计篇）》系列美育教材；发表美育研究文章《中国高校美育教育现状及改革对策研究》《中国高校美育素质教育问题及对策研究》《欧美日美育经验对我国高校美育改革的启示》《一流大学建设背景下高校美育质量工程构建研究》《一流大学美育教育机制建设及趋势研究》《中国高校建设新生态美育工作对策及作用研究》《高校美育素质教育现状及改革研究》《中国高校美育素质教育问题及对策研究》《高校美育素质教育理论实践对策研究》等50余篇；获批教育部中华优秀传统文化传承基地和辽宁省民间手工艺传承基地，为学生美育实践提供平台；

获批中国高等教育学会项目、教育部产学合作协同育人项目、教育部校企合作专业综合改革项目、辽宁省教育科学规划项目等与美育相关的项目10余项；获评辽宁省美育优秀教研团队和美育优秀课。

4.创建美育教学研究中心，在业内起到引领示范作用

学校由主管教学的副校长和主管学生工作的副书记负责，专门成立美育教学研究中心。教务处、团委等职能部门分工合作，协同推进，将美育工作经费列入学校经费预算，在教学经费和学生活动经费方面保障美育工作的经费需求，确保美育工作正常运行。这一美育机构的设立，是在《中共中央、国务院关于深化教育教学改革全面提高义务教育质量的意见》和习近平主席给中央美术学院老教授回信中提倡加强美育工作的背景下建立的，专门应用于一流大学美育教育工作的规划、运行和实施，极大规范了全校美育教育教学和管理工作。美育教学研究中心的“一二三”模式中的“第一课堂建设，第二课堂建设，师资、场地、资源等条件建设”一体化育人活动，吸引了其他众多高校学习，成为美育教学研究的标杆，为其他高校美育教育的开展起到了示范引领和参考借鉴的作用。

第四节　竞赛课程

一、课程介绍

为提升学生创新能力和专业水平，推进专创融合与创新发展，培育创新意识，培养创造能力，锻造创业精神，造就创新人才，笔者整合设计竞赛理论与实践经验成果，将艺术展演与创新竞赛融入人才培养方案改革之中，分别针对艺术类本科学生开设“设计创新与竞赛”课程，针对东北大学非艺术类本科学生开设“设计创新与竞赛”课程和“创客启蒙”课程，面向艺术硕士开设“艺术设计创新创业活动”课程。

“设计创新与竞赛”课程是一门集创意性、专业性、艺术性与实用性于一体的研究型、实验型设计课程。该课程设置3学分48学时，通过系统的竞赛知识讲授、调研、创造性思维训练和设计实践，使学生掌握国内外设计竞赛发展趋势、竞赛内容、竞赛过程与创意思维方法，明确竞赛流程与各类大赛的要求、获奖作品风

格与趋势，进而创作出具有核心竞争力的设计作品，使学生通过参加各类设计大赛，培养国际视野和高端设计实践能力。自2017年开设“设计创新与竞赛”课程以来，学生在中国大学生计算机设计大赛（高校竞赛排行榜赛事）等全国艺术类竞赛中获得一、二、三等奖200余项。

笔者作为参与人承担东北大学本科课程“创客启蒙”，该课程整合东北大学创新创业学院、艺术学院、教务处工程训练中心、工商管理学院、学生创业企业等单位优质教学资源，面向大学低年级学生群体，精心打造全新课程“创客启蒙”。课程从德育、智育、体育、美育、劳育五个方面融入思政教育元素，在知识传授过程中实现价值观的引领和传播，实现显性教育和隐性教育的融合，引领学生成长为符合新时代中国特色社会主义发展需要的建设者和接班人。该课程设置2学分32学时，内容包括创新方法概述、设计思维、文化场馆参观、生产实训、文案写作、创业沙盘模拟、营销挑战、项目展示、扶贫对接等模块，将理论学习、文化感悟、实际生产、市场验证、公益实践融为一体，并鼓励学生将实践过程充分展示，让学生感受美、创造美、分享美、传递美。在选课模式上引入竞争考核机制，在授课模式上采用多教师联动授课，在结课形式上采用非标准答案考核。上述“设计创新与竞赛”与“创客启蒙”课程于2021年获批辽宁省一流本科课程。

笔者作为负责人承担艺术硕士课程“艺术设计创新创业活动”，该课程设置1学分16学时，是艺术硕士必修的创新创业类课程。课程一是指导艺术硕士研究生参加国内外高水平艺术展演和创新竞赛；二是指导艺术硕士研究生申报艺术展演与创新竞赛类教学改革课题，组织学生参加课题论文的撰写与发表；三是组织艺术硕士研究生带着学术成果参加中国高校创新创业教育联盟年会、全国大学生创新创业实践联盟年会、中国高校创新创业学院联盟年会、中国高等教育学会创新创业教育分会、省科学学术年会论文评选，以及米兰设计周-中国高校设计学科师生优秀作品展论文评选、中国好创意暨全国数字艺术设计大赛论文评选等，将艺术硕士研究生创新实践与创新理论研究紧密结合起来。

二、课程大纲

以本科生课程“设计创新与竞赛”和硕士研究生课程“艺术设计创新创业活动”为例，细化课程教学大纲中的课程类型、课程性质、适用专业、考核方式、课程简介、课程目标、课程安排、课程考核等内容，具体案例如下。

案例一

本科课程“设计创新与竞赛”教学大纲

1.课程基本信息

<table>
<tr><td>开课单位</td><td colspan="4">艺术学院</td><td colspan="3">课程代码</td><td colspan="4">A0902002004</td></tr>
<tr><td>中文名称</td><td colspan="11">设计创新与竞赛</td></tr>
<tr><td>英文名称</td><td colspan="11">Design Innovation and Competition</td></tr>
<tr><td>总学时</td><td>48</td><td rowspan="2">理论学时</td><td rowspan="2">48</td><td rowspan="2">实验学时</td><td rowspan="2">0</td><td rowspan="2">上机学时</td><td rowspan="2">0</td><td rowspan="2">设计学时</td><td rowspan="2">0</td><td rowspan="2">课外学时</td><td rowspan="2">0</td></tr>
<tr><td>学　分</td><td>3</td></tr>
<tr><td>课程类型</td><td colspan="11">■理论课程 □理论（含实验）课程 □实践类课程</td></tr>
<tr><td>理论课程性质</td><td colspan="11">□公共课程 □学科基础 □专业核心 ■专业方向 □通识课程</td></tr>
<tr><td>适用专业</td><td colspan="11">视觉传达设计</td></tr>
<tr><td>先修课程</td><td colspan="11">设计艺术概论、图形创意、字体设计、插画设计</td></tr>
<tr><td>建议开课学期</td><td colspan="11">□1-1 □1-2 □2-1 ■2-2 □3-1 □3-2
□4-1 □4-2 □5-1 □5-2 □*（代表每学期都开设）</td></tr>
<tr><td>考核方式</td><td colspan="4">■考试 □考查</td><td colspan="2">成绩分制</td><td colspan="5">■百分制 □五级分制 □二级分制</td></tr>
<tr><td>使用教材</td><td colspan="11">《艺术创新与设计竞赛实践案例教程》，ISBN：9787551724371，东北大学出版社，2020年，霍楷主编</td></tr>
<tr><td>参考书
及教学资源</td><td colspan="11">无</td></tr>
<tr><td>其他说明</td><td colspan="11">无</td></tr>
</table>

2.课程简介

设计创新与竞赛是视觉传达设计的重要组成部分，是实现艺术创新的重要专业载体与媒介。本课程是视觉传达设计专业方向的主干课程之一，是该专业本科生专业技能培养过程中的重要组成部分。本课程主要介绍设计创新与竞赛的创意指导、组织协调、创作标准、评审标准、艺术加工、设计原理、设计方法，以及基于艺术创新和艺术展演的相关内容。

本课程要求学生对设计创新理论知识学习与设计实践同样重视，教学过程中通过设计创新系统的理论知识讲授、调研、创意训练和设计实践，使学生把握设计竞赛的质量标准，掌握设计创新的基本理论与创意思维方法，熟悉艺术展演的流程与评判标准，对设计创新与竞赛的整体流程有全面的了解。在提升学生学习兴趣的同时，也锻炼学生实践创新能力，努力使学生具备独立创作设计作品的能力。

课程授课中结合艺术展演内容对学生进行爱国主义教育、审美教育、创新创业教育，通过理论与实践相结合，培养学生积极的世界观、人生观和价值观，培育具有一定艺术专业素养的优秀人才。

3.课程目标

（1）课程具体目标

目标1：学生对设计创新专业知识和设计方法有较清楚的认识，能够解释清楚常见的设计创新方法与艺术展演流程，了解国内外相关领域最新动态和发展趋势。

目标2：学生能够准确表达设计创新的内涵，并给出创意设计方案。

目标3：学生能够熟练运用计算机和多媒体技术手段设计作品和进行较为深入的创作实践。

目标4：学生能够对设计竞赛领域的一般设计问题进行分析和研究，并在设计过程中发现问题、提出问题、分析问题和解决问题。

目标5：学生能够通过专业调研、设计制作，创作出较为完整的一套参赛作品，保证艺术展演作品的完整性和创新性。对设计中的一些艺术素养、良好的人文素质及道德等内容有足够的认识，具有职业道德素养，知道常见行业规范。

（2）课程目标与毕业要求支撑关系

课程目标	支撑的毕业要求（或指标点）及内容描述	程度（H/M/L）	权重
1	毕业要求1：具有人文素养、科学精神、职业技能和社会责任感，并了解国情、社情、民情，能够践行社会主义核心价值观	M	0.3
2	毕业要求2、5：具备扎实系统的设计基础与专业知识，能够系统掌握学科理论和设计方法，了解本专业及相关领域最新动态和发展趋势；能熟练运用计算机和多媒体技术手段进行设计创作实践	L	0.2
3	毕业要求3、6：具有良好的设计创造力及艺术审美水平，强调科学与艺术结合、理性与感性结合的创新能力培养；熟悉本专业领域相关学科的知识及行业规范	H	0.3

续表

课程目标	支撑的毕业要求（或指标点）及内容描述	程度（H/M/L）	权重
4	毕业要求4、8：掌握人文社会科学的基本原理和方法；能够对视觉传达设计领域的一般问题进行综合分析和研究，并具备方案设计和解决问题的能力；具有一定的国际视野，了解全球设计动态，关注民族文化和地域文化，具有传承、创新、卓越的前瞻性意识	M	0.2
5	毕业要求7：能够就视觉传达设计项目进行专业沟通与合作，具备协同创新的能力	H	0.2

注：1.公共基础课程不填写（2）部分。

2.建议每个课程目标对应一条毕业要求（或指标点）。

3.程度选填H/M/L，H为支撑程度高，M为支撑程度中，L为支撑程度低。

4.权重：课程目标对毕业要求的支撑权重，权重之间没有直接联系，其和可不为1，具体值由专业确定。

4.课程安排

知识模块（章节）	教学内容	教学要求	学时分配					教学方法	对应课程目标
			理论	实验	上机	设计	课外		
第1章 国内外设计竞赛现状	1.1 国外设计竞赛现状 1.2 国内设计竞赛现状	① 掌握艺术展演基础知识； ② 掌握国内外艺术展演基本状况	8	0	0	0	0	理论讲授、多媒体演示	1、2
第2章 国内外设计竞赛项目介绍与投稿流程	2.1 国外设计竞赛介绍 2.2 国内设计竞赛介绍 2.3 设计竞赛投稿流程	① 掌握设计竞赛基本要求； ② 掌握设计竞赛基本流程	8	0	0	0	0	理论讲授、多媒体演示	2、4
第3章 中国大学生计算机设计大赛创作专题	3.1 创意来源 3.2 设计方案 3.3 创作过程	① 掌握中国大学生计算机设计大赛创作方法； ② 掌握中国大学生计算机设计大赛基本流程	8	0	0	0	0	理论讲授、多媒体演示	2、3、5

续表

知识模块（章节）	教学内容	教学要求	学时分配					教学方法	对应课程目标
			理论	实验	上机	设计	课外		
第4章 未来设计师·全国高校数字艺术设计大赛创作专题	4.1 选题策略研究 4.2 创意思维 4.3 设计形式 4.4 设计载体	① 指导未来设计师·全国高校数字艺术设计大赛； ② 组织未来设计师·全国高校数字艺术设计大赛	8	0	0	0	0	理论讲授、多媒体演示	2、3、5
第5章 中国好创意·高校数字艺术设计大赛创作专题	5.1 主题研究 5.2 创意思维 5.3 设计方案	① 指导中国好创意·高校数字艺术设计大赛； ② 组织中国好创意·高校数字艺术设计大赛	8	0	0	0	0	创作指导、课堂讨论	2、3、5
第6章 设计创新与竞赛优化整合	6.1 参赛设计项目观摩 6.2 竞赛答辩	① 掌握设计项目参赛答辩全流程； ② 掌握艺术展演基本规律	8	0	0	0	0	创作指导、课堂讨论	1、5
总学时	48		48	0	0	0	0		

注：1. 每一教学内容至少对应一条课程目标。

2. 教学内容：介绍主要的教学内容，教学重点难点等。

3. 教学要求：简要给出学习成效（知识、能力、素质达成程度等），体现出对课程目标的支撑。

4. 教学方法：应该有支撑课程目标达成的手段和方法，如课堂讲授、专题研讨、案例教学、实验上机、实地调研等。

5. 课程考核

（1）课程成绩评定方法

① 采取“出勤及平时表现+创意构思及草图设计+正稿效果及工作量”实现课程教学目标的达成。成绩评定采用“平时成绩+期中考试+期末成绩”的方法。

② 成绩评定方法：平时成绩占20%，计入总成绩，主要考核学生出勤及平时创作沟通程度；草图成绩占30%，计入总成绩，主要考核学生创意构思及草图设计；正稿成绩占50%，计入总成绩，主要考核学生正稿制作艺术效果及工作量情况。

（2）课程目标与考核形式的关系

课程目标	考核形式及其成绩占比/%			分值及成绩比例/%
	平时成绩	草图成绩	正稿成绩	
1	4	6	10	20
2	4	6	10	20
3	4	6	10	20
4	4	6	10	20
5	4	6	10	20
合计	20	30	50	100

6.附加项

（1）课程目标达成标准

达成情况评价等级	评分等级（分数）	课程目标达成情况评价标准
优秀	≥90	目标1：能够掌握设计创新专业知识和设计方法，能够解释清楚常见的设计创新方法与艺术展演流程，了解国内外相关领域最新动态和发展趋势。 目标2：能够准确表达设计创新的内涵，并给出创意设计方案。 目标3：能够熟练运用计算机和多媒体技术手段设计作品和进行较为深入的创作实践。 目标4：能够对设计竞赛领域的一般设计问题进行分析和研究，并在设计过程中发现问题、提出问题、分析问题和解决问题。 目标5：能够通过专业调研、设计制作，创作出较为完整的一套参赛作品，保证艺术展演作品的完整性和创新性
良好	80～89	目标1：能够了解设计创新专业知识和设计方法，能够解释常见的设计创新方法与艺术展演流程，了解国内外相关领域最新动态和发展趋势。 目标2：能够表达设计创新的内涵，并给出创意设计方案。 目标3：能够较好运用计算机和多媒体技术手段设计作品和进行较为深入的创作实践。 目标4：能够对设计竞赛领域的一般设计问题进行分析和研究，并在设计过程中发现问题、提出问题、分析问题和解决问题。 目标5：能够通过专业调研、设计制作，创作出较为完整的一套参赛作品，保证艺术展演作品的完整性和创新性

续表

达成情况评价等级	评分等级（分数）	课程目标达成情况评价标准
达成	60 ~ 79	目标1：能够基本了解设计创新专业知识和设计方法，能够基本解释常见的设计创新方法与艺术展演流程，基本了解国内外相关领域最新动态和发展趋势。 目标2：基本能够表达设计创新的内涵，并给出创意设计方案。 目标3：基本能够运用计算机和多媒体技术手段设计作品和进行创作实践。 目标4：基本能够对设计竞赛领域的一般设计问题进行分析和研究，并在设计过程中发现问题、提出问题、分析问题和解决问题。 目标5：基本能够通过专业调研、设计制作，创作出基本完整的一套参赛作品，保证艺术展演作品的完整性和创新性
未达成	＜60	目标1：不能够了解设计创新专业知识和设计方法，不能够解释常见的设计创新方法与艺术展演流程，不了解国内外相关领域动态和趋势。 目标2：不能够表达设计创新的内涵，不能给出创意设计方案。 目标3：不能够运用计算机和多媒体技术手段设计作品和进行创作实践。 目标4：不能够对设计竞赛领域的一般设计问题进行分析和研究，不能在设计过程中发现问题、提出问题、分析问题和解决问题。 目标5：不能够通过专业调研、设计制作，创作出基本完整的一套参赛作品

（2）课程质量评价和改进机制

课程质量评价：

① 成绩评定法：通过学生“平时成绩+草图成绩+正稿成绩”三方面成绩，按照公式法计算学生对各课程目标的达成度，要求所有课程目标达成系数均在0.6以上。

② 学生主观评定法：通过访谈、学生课程评价等形式，调查学生对授课内容的掌握程度、对教师授课过程的满意度等方面，通过分析调查的数据，将数据折合到课程达成度中，实现对课程质量的主观评价。

③ 业内评定法：通过让学生作品参与国内外各类艺术展演，对学生作业成果进行评奖等，实现行业内对课程的客观评价。

改进机制：

教师每次教学结束后，分析本次教学中发现的问题及需要改进之处，结合学生反馈意见形成修改意见，并在下次授课中实施。

教师通过学生作业等材料，分析学生对不同知识点的掌握程度和达成度，分析知识点掌握不好的原因，并提出改进意见。

通过学生调查结果，分析教师在授课中存在的问题和不足，进行有针对性的改进。

通过国内外各类艺术展演评奖评价结果，分析课程作业存在的问题，不断改进。

案例二

艺术硕士研究生课程“艺术设计创新创业活动”教学大纲

<table>
<tr><td rowspan="2">课程名称</td><td>中文</td><td>艺术设计创新创业活动</td><td rowspan="2">课程编号</td><td rowspan="2">yz202212001</td></tr>
<tr><td>英文</td><td>Innovation and Entrepreneurship in Art Design</td></tr>
<tr><td>学时</td><td colspan="2">32</td><td>学分</td><td>1</td></tr>
<tr><td>预修课程</td><td colspan="2">跨媒体广告设计、传统手工艺创意开发设计、艺术设计研究方法</td><td>教学方式</td><td>实践、理论</td></tr>
<tr><td>开课学期</td><td colspan="2">3</td><td>授课/组织单位</td><td>艺术学院</td></tr>
<tr><td>考核方式</td><td colspan="2">作品、论文</td><td>适用专业</td><td>艺术设计</td></tr>
</table>

课程教学目的：

艺术设计创新创业活动使学生在学习跨媒体广告设计、传统手工艺创意开发设计、艺术设计研究方法等基础课程后提升专业实践水平；

艺术设计创新创业活动是培养学生国际视野、竞争意识、危机意识和设计高端实践的教学改革课程，使学生掌握国内外设计创新发展趋势、竞赛内容、竞赛过程与创意思维方法；

艺术设计创新创业活动通过竞赛创新，帮助学生明确竞赛流程与各类大赛的要求、获奖作品风格与趋势，进而创作出具有核心竞争力的设计作品，鼓励学生参加各类设计大赛，在赛中创、赛中教、赛中学、赛中研，培养学生国际视野和高端设计实践能力；

艺术设计创新创业活动注重锻炼学生创新精神与创意思维，拓展思维空间，将创新实践转化为理论成果，培养具有创造性的理论研究能力。

教学内容及学时分配：

一、艺术设计创新创业活动概述（4学时）

1.艺术设计创新与竞赛

2.艺术设计实践与创业

二、国内外艺术展演与创新竞赛类别（4学时）

1.国内设计创新与竞赛类别

2.国外设计创新与竞赛类别

三、艺术展演与创新竞赛创作专题（4学时）

1.国际艺术展演与创新竞赛专题

2.国内艺术展演与创新竞赛专题

四、艺术展演与创新竞赛理论研究专题（4学时）

1.艺术展演与创新竞赛课题专题

2.艺术展演与创新竞赛论文专题

课程作业：

1.竞赛命题设计（指导作业4学时，课外自学4学时）

2.艺术展演与创新竞赛类论文撰写（指导作业4学时，课外自学4学时）

总计：16学时（课堂讲述8学时，指导作业8学时）

参考文献：

1.霍楷.艺术创新与设计竞赛实践案例教程[M].沈阳：东北大学出版社，2020.

2.霍楷.美育系列设计实践案例教材[M].沈阳：东北大学出版社，2021.

3.霍楷.设计创新与竞赛全案[M].沈阳：东北大学出版社，2020.

第五节　竞赛教学团队

一、教师团队

组建一支高水平能力胜任型的教师团队是培养高素质创新型人才的重要前提和保障，以教师队伍为主导，学生队伍为主体，通过教师团队的高效组织、管理、指导，能够形成稳定的团队建设文化和机制，进而将团队模式持续传承和发展，树立育人品牌。以艺术展演和创新竞赛为内容的教师团队，组建一支展赛经验丰富、敢闯会创的专业教师团队。团队通过细化组织分工，发挥教师专业优势，带动学生队伍有目的有针对性地参加国内外高水平展赛，形成既有竞争又具协作的各个指导教师团队，教师在不同团队中有交叉合作，共同组织和指导学生小组，优化赛道选择，避免因某一赛道的拥挤而产生内部淘汰。在组织和指导过程中，教师根据各赛事不同要求，面向学生开展艺术创作和阶段性观摩与答辩展示。各指导教师指导的学生队伍经过校赛、省赛和国赛三级赛模式，层层稳步推进。经过多年指导教师团队的积淀，设计创新与竞赛教学团队、视觉传达设计思创融合教学团队分别获批校级优秀本科教学团队，具体案例如下。

案例一

团队名称：设计创新与竞赛教学团队

团队负责人：霍楷

一、团队基本情况

主要包括形成背景、教学服务专业和教学改革创新特色、建设水平等。

1. 背景

2011年，东北大学整合竞赛资源成立创意设计创新团队，依托视觉传达设计专业开展竞赛教学工作，团队负责人指导学生参加国际A’设计奖、国际双年展等和由教育部、原文化部、国家级专业学（协）会等主办的权威展赛，该团队在2011—2019年连续被评为“东北大学示范性创新团队”和“东北大学优秀学生创新团队”。在此基础上，2017年，竞赛教学被列入视觉传达设计专业培养方案，命名为“设计创新与竞赛”课程。2014年，《基于创新平台的实践创新型人才培养模式研究》获东北大学教学成果一等奖。2016年，《基于竞赛创新驱动型的国际化、竞争式和危机感设计教育模式的探索与实践》获东北大学教学成果特等奖。2018年，《“一流大学”赛、创、研、学创新示范竞赛育人模式的探索与实践》获东北大学教学成果一等奖。2020年，《基于美育与德育相结合的艺术教育混合立体式创新人才培养模式研究与实践》获东北大学教学成果一等奖。2018年，出版《设计创新与竞赛全案（第一部）》。2020年，出版《设计创新与竞赛全案（第二部）》《艺术创新与设计竞赛实践案例教程（第一部）》《艺术创新与设计竞赛实践案例教程（第二部）》。累计指导学生获奖超过2000余项。竞赛教学成果成为视觉传达设计专业省专业评估（第3名）、双十骨干专业建设、东北大学非工科专业认证、辽宁省一流本科专业建设“双万计划”的重要成果支撑。

2.特色

团队依托视觉传达设计专业，即辽宁省“双万计划”一流专业、东北大学非工科专业认证、东北大学双十骨干专业，“设计创新与竞赛”课程为以上专业建设和评估提供教学成果支撑；在一流大学建设背景下，本课程培养德育为先、美育为基、专业为本、创新为魂、与一流大学相适应的能拿大奖的一流艺术人才，具体形成以下特色。

第一，国际化视野培养。以国际展赛等为载体，学生获A’设计奖金、银、铜奖，入选美国、西班牙、韩国、日本、秘鲁、德国等国际展赛200余项。第二，拔尖创新能力培养。将创新思维、创新理念和创造精神融入艺术教育，以竞赛和教改课题为依托，在赛中教、赛中学、赛中研、赛中用，培养能拿大奖的国内一流拔尖创新型艺术设计精英。第三，德育、美育能力培养。以廉政文化大赛和课程思政等为依托，以德育为先、真善美教育为魂，培养弘扬社会正能量和主旋律的高素质人才。课程面向视觉传达设计专业学生，鼓励学科交叉跨专业组成团队，获奖学生占班级人数的95%以上。

3.水平

团队教学研究成果如下。①项目：主持教育部人文社科项目、教育部校企合作专业综合改革项目、中国高等教育学会课题、全国高校计算机基础研究会课题（结题优秀）、辽宁省教育科学“十三五”规划课题（结题优秀）等20多项。②论文：发表论文130余篇，其中CSSCI、中文核心期刊论文20余篇。③教材：出版《艺术创新与设计竞赛实践案例教程》《设计创新与竞赛全案》等教材10余部，其中获批出版东北大学教材立项、百门精品优质教材3部，竞赛实践案例教程3部。团队获东北大学教学成果特等奖1项（2016年）、一等奖20余项（含成果转化），东北大学优秀教学案例二等奖（2019年）；获评东北大学教学标兵（2019年）；获东北大学江河奖教金（2018年）；获评东北大学优秀毕业论文指导教师（2017—2019年）、东北大学创新创业优秀指导教师（2011—2019年）。指导学生获中国高等教育学会竞赛排行榜中的中国大学生计算机

设计大赛全国一等奖30项，为全国之首；获全国大学生广告艺术大赛一等奖；获中国高校数字艺术大赛一等奖3项；获中国包装创意设计大赛一等奖29项。团队获中国大学生计算机设计大赛十周年卓越指导教师奖（排名第1，全国5名），获全国高校艺术与设计作品展评教研成果一等奖7项。近五年来指导学生获国内外奖项超1000项，获国内各类竞赛优秀指导教师奖50余项，教研论文获中国高校创新创业年会等优秀论文一、二、三等奖20余项。

二、团队成员

1.团队构成情况

<table>
<tr><td rowspan="3">团队构成情况</td><td>总人数</td><td colspan="2">6人</td><td>高级职称</td><td>5人</td><td>中级职称</td><td>1人</td></tr>
<tr><td>初级职称</td><td colspan="2">0人</td><td colspan="2">省级以上高层次人才、教学名师数</td><td colspan="2">0人</td></tr>
<tr><td colspan="2">具有博士学位人数、比例</td><td colspan="2">2人、33.3%</td><td colspan="2">具有硕士学位人数、比例</td><td>4人、66.7%</td></tr>
</table>

2.带头人情况

<table>
<tr><td>荣誉称号（省部级及以上）、教学科研成果（省部级及以上）、省级及以上教学或学术组织兼职</td></tr>
<tr><td>（1）荣誉称号（省部级及以上）
创意东北设计周——优秀艺术设计教育工作者，2019—2020年；中国设计百家-百名杰出青年设计人才，2006年；……
（2）教学科研成果（省部级及以上）
① 科研、教研成果。主持教育部人文社会科学规划基金项目《“伪满洲国”广告设计及影响研究》（17YJA760021），2017—2020年；主持中国高等教育学会教改项目《东北大学竞赛育人与素质教育深度融合的教学实践与特色研究》（2019SZEYB24），2019—2020年；……
② 科研、教研获奖。《中国贫困地区创新创业混合教育模式的探索与实效研究》获第二届全国大学生创新创业实践联盟年会暨第三届双创实践新技术高峰论坛优秀论文评比二等奖，2019年；《一流大学设计竞赛创新示范中心育人模式研究》获中国高等教育学会创新创业教育分会2018年全国高等学校创业教育论文征集第一批入选（一等奖），2018年；……
③ 教学成果奖。《基于美育与德育相结合的艺术教育混合立体式创新人才培养模式研究与实践》获辽宁省教学成果二等奖，2020年；……
④ 创新创业教学成果。指导学生获中国大学生计算机设计大赛全国一等奖，为全国高校之首；《中国大学生计算机设计大赛领跑者——东北大学创意设计创新团队的创新实践案例》获评第三届全国大学生创新创业实践联盟年会大学生创新创业实践优秀案例，2020年；全国第五届大学生艺术展演活动大学生艺术实践工作坊二等奖，2018年；……
（3）省级及以上教学或学术组织兼职
中国包装联合会设计委员会常委；“互联网+”大学生创新创业大赛国赛评委；中国大学生计算机设计大赛国赛评委；《中国设计年鉴》编委；……</td></tr>
</table>

三、团队教学情况

1.授课情况（近5年，截至2020年8月31日）学院审核人（公章）:

课程名称	授课人	起止时间	总课时
设计创新与竞赛	霍楷	2018—2020年	96
……	……	……	……

2.教材建设情况（近5年）（教材编写、获奖情况）

教材名称	作者（主编）	出版社	出版年	入选规划或获奖情况
艺术创新与设计竞赛实践案例教程	霍楷、谷会敏、李晓迪	东北大学出版社	2020	东北大学百门优质教材建设立项
设计创新与竞赛全案	霍楷、周宏蕊	东北大学出版社	2018	辽宁省一流课程配套教材
……	……	……	……	……

3.教学成果获奖情况（近5年）（限省级及以上奖励）

成果名称	奖励名称	奖励级别	获奖时间	参与人员及排名
基于美育与德育相结合的艺术教育混合立体式创新人才培养模式研究与实践	辽宁省教学成果二等奖	省级	2020年	霍楷（2）
设计创新与竞赛	辽宁省一流课程	省级	2020年	霍楷（1）
中国大学生计算机设计大赛领跑者——东北大学创意设计创新团队的创新实践案例	第三届全国大学生创新创业实践联盟年会大学生创新创业实践优秀案例	国家级	2020年	霍楷（1）
……	……	……	……	……

4.教学改革项目（近5年）（2015年以来省级及以上，如教改立项课题、一流课程、精品资源共享课、国家规划教材、实验教学中心、虚拟仿真实验教学中心和实验教学项目、实习实训基地等，限15项）

项目名称	经费	项目来源	起止时间	参与人员及排名
强化竞赛创新育人与专业教育深度融合的专业内涵建设研究与实践		中国高等教育学会	2019—2020年	霍楷（1）
一流大学设计竞赛创新示范中心育人模式研究		辽宁省教育科学规划课题	2018—2019年	霍楷（1）
……	……	……	……	……

5.教学改革论文（近5年，独立发表或第一作者，限10项）

论文（著）题目	期刊名称、卷次	作者顺序	出版时间
基于PBL的创新教育与专业深度融合的导向性人才培养模式改革研究	《艺术与设计》第9期	霍楷（1）	2020年9月
……	……	……	……

6.教学改革成果应用推广

（1）校内应用情况

十年磨一剑，团队不断获国家级、省级各类教改立项，尤其是在组织教育部廉政文化作品大赛、中国大学生计算机设计大赛、全国大学生广告艺术大赛等校赛、省赛、国赛评审方面表现突出。组织学生参加创新创业各类年会、学术道德建设年会等各类讲座百余场，推广及分享交流经验。形成稳定的教师队伍、教学模式、成果凝练方式和能力培养四大混合式育人模式；建立美育基础课程群、创新课程群、专业课程群、精品课程群和国际交流课程群，国家级多样化的标志性育人成果凸显。

本团队参与竞赛学生人数多、获批教改课题多、发表教改论文多、参与竞赛获奖多、成果水平高、受益面广。在中国高校创新创业教育联盟、全国大学生创新创业实践联盟、中国高校创新创业学院联盟、中国高等教育学会创新创业教育分会等四大团体和协会年会论文评比中，本成果包揽一、二、三等奖；2018—2020年连续包揽辽宁省社科联学术道德论文评比一、二、三等奖；获国际、国内各类竞赛奖项超过3000项；因获国家级奖项而获得保研资格的学生、硕博连读学生等有100余人；获批国家级、省市校级等各类课题50余项；获批国家级、省级各类精品课、精品资源共享课、慕课；获东北大学教学成果特等奖1项、一等奖33项（含成果转化）；发表创新教育、美育素质教育、学术道德建设、竞赛教学改革论文200余篇。

（2）业内应用情况

① 业内评估。在艺术类专业评估中，本成果中的国家级慕课等精品课程、国家级精品教材、美育教学团队、高水平获奖、论文、项目等指标成为各类评估和项目申报中的重要数据支撑。在辽宁省普通高等学校本科专业评估中，视觉传达设计专业获评省内第3名，获批东北大学非工科专业认证、获批东北大学双十骨干专业建设项目、获批辽宁省“双万计划”专业、获批教育部中华优秀传统文化传承基地、获批辽宁省艺术遗产科学化保护与传承基地等，在业内各类评估和项目申报中起到重要支撑作用。

② 业内影响。本团队被北京大学、东北师范大学、沈阳师范大学、成都医学院、合肥财经学院、中国大学生计算机设计大赛组委会、辽宁科技大学、大连国际平面设

计双年展组委会、中国包装创意设计大赛组委会、中国高校创新创业年会等邀请开展讲座交流经验50余场。由于指导学生获中国大学生计算机设计大赛全国一等奖总数位居全国第一且遥遥领先，本团队成员受到中国大学生计算机设计大赛组委会邀请，每年为全国指导教师培训1～2次，成果惠及全国指导教师千余人次，广受国内高校认可和好评。

③ 国际国内影响。本成果中标志性多样化成果显著，其中国家级慕课“书法课堂”建设至今，总选课人数已超10万人，获教育部“国家精品课”认定，获中国“最美慕课——首届中国大学慕课100评选展播活动”三等奖等；精品课程负责人书法作品获国家级、省级以上奖项百余项。团队组织策划数十次国际高水平展演和国际权威大奖如A’设计奖等的评审工作，作品入选国际设计大展百余次，任国际、国内学术兼职数十项。

综上所述，本团队多年积累成果，参加国际、国内各类设计竞赛，获奖数量之多、获奖等级之高、获奖影响力之大得到业内公认，已成为国际知名、业内领先、区域一流具有核心竞争力的育人品牌。

四、科研情况

1.科研项目（2015年以来，限5项）

项目名称	经费	项目来源	起止时间	成员排名
“伪满洲国”广告设计及影响研究	10万	教育部人文社科项目	2017—2020年	霍楷（1）
……	……	……	……	……

2.获得省部级及以上科研奖励（集体奖限填负责人是本团队成员的成果，限5项）

成果名称	奖励名称	等级	获奖人	授予单位	授予时间
高校研究生学术道德及学风建设中的突出问题及对策研究	辽宁省社科联学术道德论文评选	一等奖	霍楷	辽宁省社科联	2020年
……	……	……	……	……	……

案例二

团队名称：视觉传达设计思创融合教学团队

团队负责人：霍楷

一、团队基本情况

主要包括形成背景、教学服务专业和教学改革创新特色、建设水平等。

1.背景

视觉传达设计专业成立于2001年，多年来以美的创造、美的研究为载体，培育社会所需的高水平专业人才。视觉传达设计专业获批国家级一流本科专业建设点（2022年）、辽宁省“双万计划”一流专业（2019年）、东北大学双十骨干专业（2018年），通过东北大学非工科专业认证（2017年）。本专业近三年来在软科排名中获评A类专业（省内第3名）、全国艺术类指数清单赛事排行榜中获评A+。在一流大学建设背景下，本专业集德育为先、美育为基、专业为本、创新为魂于一体，形成与一流大学相适应的思创融合、敢闯会创的一流艺术专业教学改革模式。依托视觉传达设计专业开展竞赛教学工作，团队负责人指导学生参加国际A’设计奖、国际双年展等和由教育部、原文化部、国家级专业学（协）会等主办的权威展赛。2020年，团队负责人《基于美育与德育相结合的艺术教育混合立体式创新人才培养模式研究与实践》获辽宁省教学成果二等奖、东北大学教学成果一等奖。2022年，《“一流大学”美育教学一体化改革与实践研究》获辽宁省教学成果一等奖，《艺术创新与思政育人一体化研究与实践》获辽宁省研究生教学成果一等奖。

2.专业特色

第一，专业基础雄厚。拥有艺术遗产科学化保护研究中心、品牌设计研究中心，共享学院实验中心及10余个特色专业工作室。第二，教学平台宽广。拥有教育部中华优秀传统文化传承基地、辽宁省民间手工艺研究基地等10余个艺术实践基地。第三，教学资源丰富。有国家级精品课1门，国家精品资源共享课1门，国家精品视频公开课1门，国家一流本科课程2门，省精品视频公开课6门，省一流本科课程4门。第四，育人成果显著。本专业本硕学生年均发表论文百余篇，近十年累计获国内外奖项3500余项，获批国家级一流本科专业建设点、辽宁省一流本科专业、东北大学双十骨干专业，通过东北大学非工科专业认证。2022年，本专业获批东北大学课程思政示范专业，“广告设计”等多门课程获批东北大学课程思政示范课程。

3.建设水平

第一，满足供求关系的大平台与基地建设。2019年获批教育部优秀传统文化传承基地，2018年获批辽宁省民间手工艺研究基地，2019年获批辽宁省研究生联合培养示范基地等，累计建立10余个艺术实践平台。

第二，标志性的一流课程建设。2020年“书法课堂”“漫画入门”获批国家级一流课程，2016年“书法课堂”获批国家精品慕课，2020年“设计创新与竞赛”“设计美学”“书法课堂”“漫画入门”获批辽宁省一流本科课程，其中“书法课堂”“漫画入门”建设至今，总选课人数已超21.8万人，“书法课堂”获中国“最美慕课——首届中国大学慕课100评选展播活动”三等奖。

第三，高质量的获奖成果。获辽宁省教学成果一、二、三等奖，东北大学教学成果特等奖和一、二等奖40余项；获批国家级、省部级等改革项目40余项。指导学生获A’设计奖金奖、银奖、铜奖20人次；获中国大学生计算机设计大赛全国一等奖40余项，为全国高校之首；获教育部廉政文化作品大赛精品项目3项。近十年指导学生获奖累计超过3000项。

第四，务实的国际交流与合作。近5年开设“无际课堂”和暑期国际课程20余门；主办并组织学生50余人参加秘鲁国际海报展中国设计师专区展；策划中韩国际大学生设计作品双年展2次；连续5年策划东北大学百幅作品赴美国东北伊利诺伊大学交流展。

二、团队成员

1.团队构成情况

<table>
<tr><td rowspan="3">团队构成情况</td><td>总人数</td><td>6人</td><td>高级职称</td><td>4人</td><td>中级职称</td><td>2人</td></tr>
<tr><td>初级职称</td><td colspan="2">0人</td><td colspan="2">省级以上高层次人才、教学名师数</td><td>1人</td></tr>
<tr><td>具有博士学位人数、比例</td><td colspan="2">2人、33.3%</td><td>具有硕士学位人数、比例</td><td colspan="2">4人、66.7%</td></tr>
</table>

2.带头人情况

（1）荣誉称号（省部级及以上）

日本电通高级广告人才培养基金项目研究员（教育部、日本电通）；……

（2）教学科研成果（省部级及以上）

① 科研、教研成果。2022年，中国高等教育学会“2022年度高等教育科学研究规划”课题《素质教育与艺术创新协同一体化育人模式构建研究》；……

② 教研、科研获奖。教学获奖（含教学成果奖）：2022年，视觉传达设计专业获

批国家级一流专业建设点；2022年，《一流大学美育教学一体化改革与实践研究》获辽宁省教学成果一等奖；2022年，《艺术创新与思政育人一体化研究与实践》获辽宁省研究生教学成果一等奖；……

科研获奖：2022年，《契合与嬗变：创新创业教育实践变革》获第四届全国大学生创新创业实践联盟年会优秀论文评选一等奖；……

③ 专创、思创成果。指导创意设计创新团队连续10年获评东北大学优秀学生团队、示范性学生团队，近3年连续获评东北大学标杆团队（全校仅4～5个）。指导学生获国内外设计奖项超过3500项，获各类优秀指导教师奖200余项。目前，视觉传达设计专业实现院级课程思政全覆盖，2022年视觉传达设计专业获批东北大学课程思政示范专业，"广告设计"等课程获批东北大学课程思政示范课程。

（3）省级及以上教学或学术组织兼职

中国包装联合会设计委员会全国委员、常委；A'设计奖与竞赛国际评委；《设计》杂志编委；……

三、团队教学情况

1.授课情况（近5年，截至2022年12月31日）学院审核人（公章）：

课程名称	授课人	起止时间	总课时
广告设计	霍楷、樊丁宜	2018—2022年	240
……	……	……	……

2.教材建设情况（近5年）（教材编写、获奖情况）

教材名称	作者	出版社	出版年	入选规划或获奖情况
广告设计	霍楷	西南大学出版社	2022	辽宁省一流课程配套教材
设计创新与竞赛实践案例教材	霍楷	东北大学出版社	2022	辽宁省一流课程配套教材
……	……	……	……	……

3.教学成果获奖情况（近5年）（限省级及以上奖励）

成果名称	奖励名称	奖励级别	获奖时间	参与人员及排名
一流大学美育教学一体化改革与实践研究	辽宁省教学成果一等奖	省级	2022年	霍楷（2）
艺术创新与思政育人一体化研究与实践	辽宁省研究生教学成果一等奖	省级	2022年	霍楷（2）
……	……	……	……	……

4.教学改革项目（近5年）（限省级及以上项目）

项目名称	经费	项目来源	起止时间	参与人员及排名
中国高等教育学会“2022年度高等教育科学研究规划”课题《素质教育与艺术创新协同一体化育人模式构建研究》		国家级	2022—2023年	霍楷（1）
……	……	……	……	……

5.教学改革论文（近5年，限10篇）

论文（著）题目	期刊名称、卷次	作者顺序	出版时间
“课程思政”背景下艺术与德育融合实践研究	设计艺术研究	霍楷（1）	2022年4月
……	……	……	……

6.教学改革成果应用推广

（1）教育成效显著提升，成为高效的创新思政育人模式

以课程思政为改革突破口，全院推进课程思政院级立项，获批东北大学课程思政示范课程3门，完善了教学体系；编写与出版了《艺术创新与设计竞赛实践案例教程》（第一部、第二部）、《廉政广告设计》等系列课程思政类实践案例教材，其中《艺术创新与设计竞赛实践案例教程》获批东北大学百门优质立项教材；获批中国学位与研究生教育学会项目、中国高等教育学会专项课题、教育部产学合作协同育人项目、教育部校企合作专业综合改革项目、辽宁省教育科学“十三五”规划项目、中国高校计算机基础研究会项目等一批教学改革项目30余项，形成教学研究成果。指导学生获A’设计奖金、银、铜奖，中国高校数字艺术设计大赛一、二、三等奖（中国高校竞赛排行榜赛事），中国包装创意设计大赛一等奖20余项，入选韩国国际数码设计展200余人次。国内外高水平获奖数量达3500余项。艺术创新类、学术道德类、课程思政类论文获中国高校创新创业联盟（教育联盟、学院联盟、实践联盟）年会、辽宁省哲学社会科学成果奖、米兰设计周-中国高校设计学科师生优秀作品展、沈阳科学学术年会一、二、三等奖和优秀论文（不分等级）200余项。

（2）团队传帮带育人，培育艺术类专业创新思政教学典范

通过该成果的理论与实践研究和团队的传帮带建设，培育和造就了一批艺术创新和课程思政的典型示范优秀教师。教学团队成员获评百万市民艺术共享工程突出贡献者、沈阳高校艺术惠民培训优秀艺术指导员、辽宁省教学名师、北京-辽宁-吉林-黑龙江优秀艺术设计教育工作者，获中国大学生计算机设计大赛十周年卓越指导教师奖

（全国仅5人，排序第一），担任A’设计奖与竞赛评委、“互联网+”大学生创新创业大赛评委、教育部廉政文化作品大赛评委、中国包装创意设计大赛领衔评委和组委会副主任及学术委员、中国-东盟高校大学生公益设计创意大赛评委、中国高校数字艺术设计大赛评委与组织委员会委员、中国好创意暨全国数字艺术设计大赛辽宁省分赛区组织委员会副主任，获东北大学“我最喜爱的老师”、东北大学优秀教师（2人）、东北大学教学标兵、东北大学“我心目中的好导师”（2次）、东北大学“三育人”先进个人等荣誉称号。团队成员发表艺术创新与课程思政类教学改革论文300余篇，出版教材与著作30余部，获批国家精品课程和一流课程、省一流课程，其中国家级慕课“书法课堂”建设至今，总选课人数已超14万人，获教育部国家精品课和国家一流课程认定，获中国“最美慕课——首届中国大学慕课100评选展播活动”三等奖等。

（3）受到其他高校的广泛关注，成为高校学习的典型案例

艺术创新与课程思政融合改革教学取得了一系列的教学成效，团队被北京大学、东北师范大学、沈阳师范大学、成都医学院、合肥财经学院、辽宁科技大学、沈阳工学院、中国大学生计算机设计大赛组委会、大连国际平面设计双年展组委会、中国包装创意设计大赛组委会、中国高等教育学会创新创业教育分会年会、中国高等教育学会素质教育分会年会、中国高校创新创业学院联盟年会等邀请开展讲座交流经验50余场，受邀为全国高校指导教师培训，成果惠及全国指导教师千余人次，广受国内高校认可和好评。

二、学生团队

如果说教师团队是主导，那么学生团队就是主体，在艺术展演与创新竞赛中作为重要且核心的角色，是各类赛事的参与者和展演舞台的主角。稳定的学生团队能够传承团队文化，将优秀的艺术展演与创新竞赛的经验、过程、体会等传承和发展下去，起到良好的传帮带作用。按照参赛的经验来看，根据统筹规划的原则，通常组建较为稳固的校级、院级学生团队；根据不同赛事对竞赛成员的合作要求，通常组建1～3人的创作小组团队，在该团队中分工协作、优势互补。

笔者于2011年组建校级学生创新团队——创意设计创新团队，在该团队中组织团队教师分工协作、交叉融合指导参与不同竞赛的各个创作小组，在团队中分别指定创作小组组长、组织投递各竞赛的院级和校级负责人，按照竞赛的校赛、省赛、国赛三级赛事阶段进行组织、指导、答辩演练、评审等各项工作。该学生团队案例如下。

案例一

团队名称：创意设计创新团队

团队指导教师：霍楷

<table>
<tr><td>团队名称</td><td colspan="3">东北大学创意设计创新团队</td></tr>
<tr><td>团队人员构成</td><td colspan="3">艺术类专业本硕学生</td></tr>
<tr><td>教师1人</td><td colspan="2">硕士研究生20人</td><td>本科生350人</td></tr>
<tr><td>负责人</td><td>霍楷</td><td>研究方向</td><td>艺术设计</td></tr>
<tr><td colspan="4">团队简介：
东北大学创意设计创新团队在东北大学创新创业学院领导下，由艺术学院教师指导，组织东北大学学校品学兼优、德才兼备、善于创新、乐于奉献的学生参与组成。该团队以创新人才培养为目标，以追求实效为原则，以参加展赛为手段，积极参与国内外各项设计展赛及学术交流。该团队成员在创新活动中积累了丰富的经验，现任国际设计理事会（ico-D）成员、秘鲁国际海报展国际评委、中国包装联合会设计委员会全国委员、中国包装创意设计大赛评委、《中国设计年鉴》编委等社会兼职；曾获中国包装联合会设计委员会颁发的中国设计中心（CDC）“中国设计师”称号、中国设计百家-百名杰出青年设计人才称号。团队积极踊跃参加国内外设计竞赛和展览，同时努力参与教学改革和科研项目，撰写和发表教改论文，承担大学生创新创业项目，参与艺术创新实践活动，通过各类竞赛、项目和学术交流等为支撑，积极探索创新人才培养模式。</td></tr>
<tr><td>申报时间</td><td colspan="3">2012年9月</td></tr>
<tr><td>拟开设选修课</td><td colspan="3">课程名称：
“艺术设计竞赛”“艺术设计创新创业”等。
预期效果：
“艺术设计竞赛”面向艺术类专业及非艺术类专业的艺术爱好者开设选修课程，旨在通过课程指导学生开展艺术设计作品创作，参加业内各类设计竞赛和展演等活动，培养学生的审美能力和人文素质。通过课程授课及指导，拟在国际展览和竞赛、国家级协会等主办的赛事中获奖，打造团队品牌。
“艺术设计创新创业”课程面向艺术类学生，以指导学生申报大学生创新创业项目、参与教师各类教学改革项目、撰写和发表创新类论文为内容，培养学生承担相关的大学生创新创业项目的能力，开展有利于学生在项目进展过程中独立分析、思考和研究的活动。</td></tr>
</table>

续表

拟指导科研训练	项目名称：立足实践创新的展赛素质诉求研究、设计大赛获奖作品的特点风格整合研究 本项目旨在通过艺术设计展赛、设计创作、设计技能培训、专家讲座和学术交流等形式，总结展赛对学生的素质要求，总结获奖作品的特色，培养学生创新思维能力，为学生参加大赛提供参考和借鉴。创新团队以实践教学、项目教学和展赛教学为载体，总结艺术设计的创新教学方法，研究创新人才培养模式，使理论与实践紧密结合，推进创新团队更快更好建设。 预期目标： 为重视本项目研究，加大人才培养力度，积极投身工作室建设，本团队预计发表团队建设、人才培养模式探索和艺术设计研究等相关论文4篇，完成总结报告1份，达到省级以上（省级、国家级、国际级）获奖数量100项以上，开展讲座2场，进行学术交流2次。
拟指导科技竞赛	拟参加国际竞赛名称：金蜜蜂国际平面设计双年展；乌克兰国际生态海报三年展；亚洲平面设计三年展；韩国国际数码设计展；意大利A'设计奖与竞赛；…… 拟参加国内竞赛名称：中国包装创意设计大赛；中国之星设计奖；《中国设计年鉴》；廉政文化作品大赛；中国大学生计算机设计大赛；……
工作安排及进度	第一阶段：收集信息 收集各类设计大赛的征集信息，每项大赛指定一个负责人，负责收集和整理大赛信息，将报名表和征集细则发布在QQ群共享文件里，供团队成员参赛使用。负责人定期督促成员积极参赛，组织相关事宜。由于各项大赛的征集时间不尽相同，因此各位组织大赛的负责人根据相关大赛的报名截止时间，积极组织成员参与各项大赛。 第二阶段：草图指导 针对大赛主题，详细分析大赛的宗旨，采用思维发散方法指导学生绘制创意草图。并使草图经过比稿、改稿、整合与浓缩，最终形成较为精准的创意草稿，为正稿加工做准备。 第三阶段：学术支持 学生参赛过程中，需要将思路打开，为了使学生对大赛宗旨把握得更加深入和准确，邀请设计行业的专家学者做学术讲座，传播获奖经验，剖析大赛细节，打开大赛思路，为学生把握大赛铺路引航。

续表

<table>
<tr><td>工作安排及进度</td><td>第四阶段：正稿加工
在草图定稿后，尤其是准确无误后，需要对正稿进行加工和整理，用电脑表现出来。此过程由指导教师与学生共同完成，发挥教师的导向作用和学生的主体作用，把握设计的大方向，使作品尽可能完善。
第五阶段：分组合作
在正稿加工过程中，鼓励学生积极分组配合，共同完成创意，加工成为正稿。此过程使学生优势互补，资源合理利用。有的学生创意好，有的学生用电脑加工得好，他们相互协调配合，使作品能够表现得更为到位，优秀创意得到有效加工处理。
第六阶段：作品投递
在正稿由电脑设计完成后，需要由大赛指定负责人集中收集投稿作品投递，负责与大赛组委会沟通相关事宜。
第七阶段：参与颁奖、交流学习
在参与大赛并获奖之后，由团队指导教师带队，参加各项颁奖会，旨在学习其他获奖作品，了解相关设计风格，把握设计创新点和亮点，研究社会价值和推广意义，为学生再次参加大赛总结有价值的经验。
第八阶段：总结立项内容
在参与各项大赛的基础上，总结相关内容，完成年度竞赛指导工作。</td></tr>
</table>

案例二

创新团队年度考核报告

团队负责人：霍楷

<table>
<tr><td colspan="3">一、团队基本情况</td></tr>
<tr><td>团队人员构成</td><td colspan="2">总人数489人（团队QQ群人数）</td></tr>
<tr><td>教师1人</td><td>硕士研究生41人</td><td>本科生448人</td></tr>
<tr><td>团队导师姓名</td><td colspan="2">霍楷</td></tr>
<tr><td>学生负责人姓名</td><td colspan="2">秦晋</td></tr>
</table>

续表

二、2022年度团队建设和活动开展情况（2022年1～12月）
包括科研、竞赛、创业项目实施情况以及团队建设开展的各类活动等。 东北大学创意设计创新团队成立于2011年，在学校创新创业学院的领导下，依托于东北大学艺术学院，以推动原创设计、自主创新和学科交叉方式培养创新型、实践型和应用型的高素质设计人才。该团队经过不断发展壮大，已成为具有创新活力和核心竞争力的创新创业和设计竞赛平台，2012年至今被评为东北大学示范性学生创新团队、优秀学生创新团队、标杆学生创新团队。该团队10余年来参与团队活动成员500余人，每年获国内外设计奖项超过300项，每年平均指导大学生创新创业训练计划5～6项，常态化参加四大创新创业年会论文获一、二、三等奖。该团队重点参加高校竞赛排行榜赛事及国际高水平赛事、参加创新创业年会、指导大学生创新项目等。 ……
三、2022年度团队主要业绩（2022年1～12月）
主要业绩包括论文、专利、竞赛成绩、科研获奖以及创业推广等，重点整体概述，所有成果标注获得时间、参与人、授予机构等，详细信息须在成果目录中填写。 （一）创新论文发表 2022年，团队成员累计发表论文45篇，具体如下。2022年1月，霍楷、刘润孟《我国高校艺术设计类专业竞赛状况调查研究》发表于《创新创业理论研究与实践》第1期；2022年1月，霍楷、昌进《基于PBL的艺术专业创新人才培养模式改革实践研究》发表于《艺术与设计》第1期；…… （二）教学、教研、科研获奖 在教学育人方面获奖21项，具体如下。2022年4月，第四届全国大学生创新创业实践联盟年会优秀论文评选中，霍楷、周春丽《契合与嬗变：创新创业教育实践变革》获一等奖；2022年8月，中国高校创新创业教育联盟2015-2020深化高校创新创业教育改革优秀成果：一等奖创客启蒙（双创通识课程）（参与）；三等奖东北大学艺术类专业创新竞赛育人理论与实践案例（主持）；…… 在教研科研方面获奖31项，具体如下。2022年4月，指导学生杨樞嘉成果、朱宏锦成果、安澜成果获教育部采纳上报，供有关领导同志参阅；2022年6月，中国高校创新创业教育研究中心创客教育基地联盟论文评选活动一、二、三等奖8项；…… （三）出版教材 2022年，竞赛与科研成果分别结集成册，出版教材如下：《广告设计》——西南大学出版社；……

续表

<table>
<tr><td>（四）专利
外观设计专利：茶台（白居易茶诗意境），发明人周春丽、霍楷，专利号2022302079297；……
（五）专业获奖
2022年，创意设计创新团队在学校创新创业学院的领导和支持下，在全国普通高校大学生艺术类竞赛指数排名中，东北大学获A+；累计获国内外各类奖项（含入围）370余项，具体如下：中国大学生计算机设计大赛（高校竞赛排行榜赛事）一等奖5项15人次、二等奖6项16人次、三等奖4项10人次；意大利A’设计奖与竞赛（国际赛事）铜奖4项、入选1项；墨西哥国际海报双年展（国际五大海报展之一）入选2项；……</td></tr>
<tr><td>四、2023年度团队工作计划及预期目标（2023年1～12月）</td></tr>
<tr><td>（一）2023年度团队工作计划
2023年1～8月，开展中国大学生计算机设计大赛的组织、指导及全程参赛工作；……
（二）预期目标
论文：创新创业教育论文参加四大创新创业年会等拟获奖30篇以上；……</td></tr>
<tr><td>五、所在学院审核意见</td></tr>
<tr><td>负责人签章：
（公章）
年　月　日</td></tr>
<tr><td>六、学校意见</td></tr>
<tr><td>签章：
年　月　日</td></tr>
</table>

第六节　创新创业组织

一、联盟简介

随着国家对创新创业教育的高度重视，各高校纷纷加大创新创业教育改革力度，着力加强学生创新精神、创业意识和创新创业能力培养。当前，国家推进创新创业教育的顶层设计已经构建，一系列重要措施纷纷出台，创新创业教育已经成为政府推动、高校为主、企业参与、全社会共同努力的“国家行为”。目前在国内具有重要影响力的国家级创新创业相关组织主要包括中国高校创新创业教育联盟、全国大学生创新创业实践联盟、中国高校创新创业学院联盟、中国高等教育学会创新创业教育分会等。上述组织定期或不定期举行年会，征集创新创业教学改革论文、案例、成果等，旨在为中国创新创业教育搭建平台，推动创新创业教育成果交流，推进中国高水平创新型人才培养。

一是中国高校创新创业教育联盟（以下简称联盟），英文名称为The Innovation & Entrepreneurship Education Alliance of China（IEEAC）。2015年4月15日，清华大学发出成立中国高校创新创业教育联盟的倡议书，得到教育部高等教育司积极支持。2015年6月11日，中国高校创新创业教育联盟在清华大学正式成立。联盟在教育部的指导下，联合各成员单位共同研讨创新创业教育的理念、方法和体制机制，旨在打造一个共同平台，凝聚高校和社会各界力量，充分发挥高校的人才和智力优势，为全社会提供优质的创新创业教育资源，形成良好的创新创业教育生态，培养更多创新创业人才，为实施创新驱动发展战略做出贡献。联盟的宗旨是响应并贯彻落实《中共中央、国务院关于深化体制机制改革加快实施创新驱动发展战略的若干意见》和《国务院办公厅关于深化高等学校创新创业教育改革的实施意见》，在教育部的指导下，联合各成员高校及相关企事业单位，加快培养规模宏大、富有创新精神、勇于投身实践的创新创业人才队伍，不断提高高等教育对稳增长、促改革、调结构、惠民生的贡献度，为建设创新型国家、实现“两个一百年”奋斗目标和中华民族伟大复兴的中国梦做出贡献。联盟的工作目标及任务是以“加强校际和校企合作，共同研讨创新创业教育的理念、方法和体制机制，扎实推进全国高校开展多样化、多层次的创新创业教育探索合作，实现资源共享、协调发展、共同提高，共同引领我国的创新创业教育”为目标，在教育部的指导下，为国家创新创业教育改革与发展，为社会培养具有创新能力的创业者，为建设创新型国家和人才强国战略服务。

近几年，中国高校创新创业教育联盟举行了丰富多彩的创新创业教育年会活动，包括中国高校创新创业教育联盟年度征文、创客教育基地联盟年会征文、深化高校创新创业教育改革优秀成果征集、“双创学者”专栏计划等。

二是全国大学生创新创业实践联盟（以下简称实盟），英文名称为National College Student Alliance for Innovation & Entrepreneurship Practice（NCSAP）。实盟是在教育主管部门的指导下，由厦门大学等国内高校和相关企事业单位自愿组织、共同发起成立的。实盟成立大会于2017年6月1日至3日在厦门大学隆重召开。大会期间，同时举办实盟第一届理事大会、首届双创新技术高峰论坛、高校创新创业实践成果展等。实盟宗旨是联合各成员高校及相关企事业单位，共同探索高校创新创业教育在实践教学领域的培养体系，服务高校创新创业人才培养。主要工作内容是致力于深入探索高校创新创业教育实践教学体系，促进高校“大学生创新创业训练计划”的交流合作，推动信息技术与创新创业实践教育深度融合，加强社会合作，组织开展创新创业实践理论研究、资源共享、经验交流等活动，推动高校深化创新创业教育改革。第一，共同引领全国大学生创新创业教育的发展，探索高校创新创业教育实践教学新体系，推进高校创新创业教育改革，研究高校创新创业教育实践中出现的共性问题，为教育行政部门制定相关政策提供意见和建议。第二，打造高校实践教学资源共享平台，以市场机制推动线上、线下优质实践教学资源共享，实现线上课程学分互认。引导实盟成员将互联网、大数据、虚拟现实和人工智能等国家扶植的新技术与大学生创新创业实践相结合，推动实盟成员加强专业实验室、虚拟仿真实验室、创客空间、创新俱乐部和实训中心等实践教学平台的建设工作。第三，推进大学生创新创业训练计划实施，打造大学生创新创业训练计划项目交流合作平台，推动建立项目评估评价体系。第四，组织实盟成员单位之间的经验交流，开展会议论坛、论文评选、课题研究和科创竞赛等各类活动，促进相互沟通与合作，推动与其他国家（地区）高校之间的交流，进一步提高我国高校创新创业教育水平。第五，以大学生创新创业实践为抓手，推动实盟成员与社会各界合作，建立产教融合和协同育人新机制，促进高校科技成果转化和项目资金对接。

近几年，全国大学生创新创业实践联盟分别举办了全国高校“双碳”战略征文比赛暨“双碳”战略高端论坛、全国大学生创新创业实践联盟年会优秀论文、大学生创新创业实践优秀案例、指导教师优秀事迹征集、全国高校双创实践教学研修班等活动。

三是中国高校创新创业学院联盟（以下简称联盟），它是在教育部高等教育司领导下，教育部高等学校创新方法教学指导分委员会指导的高校创新创业学院公益性联盟组织。2018年6月2日，中国高校创新创业学院联盟在山东大学中心校区成立，中国高校创新创业学院发展论坛同期举行。联盟采取轮值主席制落实具体工作，在创新方法课程培育与建设、创新创业教育研究和资源库建设、创新创业教育师资培训、创新创业学院建设等方面开展卓有成效的工作。2018年3月，山东大学作为首任联盟轮值主席启动中国高校创新创业学院联盟筹备工作以来，得到了国内众多高校和企业的热烈响应。联盟自成立以来，在教育部高等教育司指导下，以创新创业基础课程建设为核心，以创新思维、创新方法、创新工具的推广应用和学科建设为外延，以联盟为抓手，联合全国各高校创新创业学院，凝聚各高校，特别是创新创业学院和社会各界力量，在推动中国高校创新创业优质教育资源，特别是创新方法优质教育资源的共建和共享、形成良好的创新创业教育生态等方面发挥了积极的作用，为创新驱动发展战略的实施提供人才培养支持。

近几年，为及时把握国内外创新创业教育新态势，引领国内外创新创业教育方向，发挥资源平台优势，总结、交流并推广国内外创新创业教育成功经验和典型案例，探寻中国高校创新创业教育深化改革的有效途径，提升高校创新创业教育工作的整体水平，中国高校创新创业学院联盟面向高校负责人、创新创业教育负责人等举办了多次年会论文征集活动，在业内引起了广泛的影响。

除此之外，在国内具有重要影响力的创新创业组织还有成立于2009年4月的中国高等教育学会创新创业教育分会，秉持“学术立会、服务兴会、规范办会、创新强会”的办会宗旨，以习近平新时代中国特色社会主义思想为指导，围绕中心、服务大局，积极投身高等教育改革发展主战场，坚持规范办会，强化管理，全力以赴把创新创业教育分会建成高水平的现代学术社团组织。近年来组织了年会论文征集等相关活动，为创新创业教育搭建了交流的平台。

二、年会论文及案例

在上述的国内创新创业联盟开展年会期间，为探寻中国高校创新创业教育深化改革的有效途径，把握国内外创新创业教育新态势，引领创新创业教育方向，促进国内创新创业教育的交流，开展论文、案例、成果征集等丰富多样的征集活动，具体获奖案例列举如下。

案例

2020年第三届全国大学生创新创业实践联盟年会大学生创新创业实践案例

案例名称：中国大学生计算机设计大赛领跑者——东北大学创意设计创新团队的创新实践案例

案例团队负责人：霍楷

案例执笔人：朱翠兰、霍楷、钱祎琳

2020年8月，由东北大学艺术学院霍楷老师指导，东北大学创意设计创新团队的黄正栋、宗帅、覃作敏同学完成的作品《妙手霓裳 盛世黄袍》，以及胡悦、茅史琴、黄天意同学完成的作品《漫步四合——北京四合院信息图设计》双双斩获中国大学生计算机设计大赛一等奖，这是东北大学创意设计创新团队在该项竞赛中荣获的第38个全国一等奖。该团队自成立以来，累计在中国大学生计算机设计大赛、中国包装创意设计大赛、全国高校艺术设计作品大赛、全国高校数字艺术大赛等为代表的国家级竞赛中斩获奖项数百项。尤其是在中国大学生计算机设计大赛中，该团队获得的全国一等奖数量多年来稳居全国高校首位，是当之无愧的中国大学生计算机设计大赛领跑者。

一、团队建设背景

随着知识经济时代的到来，综合与复杂程度越来越高的科学、技术、社会和伦理问题逐步凸显，曾经高度分化的现代科学和工程技术的边界日渐模糊，各领域知识的交叉融合孕育出了新的领域、新的理论、新的技术和新的行业，这一切对当代大学生的知识、技能的复合能力提出了更高要求。以多种学科知识的覆盖和融合为特点的跨学科研究、交叉学科研究正在成为现代科学研究的支柱。这决定了面向新时代需求的创新创业人才不仅需要深厚的理论基础、高深的专业知识，而且需要掌握多门学科知识和多种应用技能，也要具有活跃的创新思维和高效的跨界沟通等多方面复合型能力和素质。近年来，如何构建新的育人载体、探索满足多学科交融培养需求的育人新举措正在成为高等院校创新创业教育改革的重要内容。2012年，东北大学先试先行，尝试构建“以项目为依托、以团队为支撑”的创新创业育人实践平台，并于同年出台《东北大学学生创新团队管理暂行办法》，为学生创新团队建设发展保驾护航。2019年，学生创新团队管理办法全面革新，学校设立专项资金支持学生创新团队开展基于项目的团队学习模式，鼓励团队开展理论教学、科研训练、科技竞赛、团队文化“四位一体”创新型人才培养方式，引导团队成员在集体互动式教学中开展自主学习、创新实践，营造多学科交叉的创新教育生态环境。东北大学创意设计创新团队正式在这样的大背景下应运而生，并迅速发展壮大。

二、团队建设历程

东北大学创意设计创新团队正式成立于2012年。团队指导教师霍楷老师现任东北大学

艺术学院教学副院长，在国内设计领域内具有较高声望。霍老师热衷创新创业教育探索与实践，此前已经多次组建学科交叉、优势互补的竞赛育人团队。学校关于学生创新团队建设的举措一经推出，霍老师及其团队成员第一时间做出回应，在专项资金支持下，拓展竞赛覆盖面和影响力，以点带面推动团队不断发展壮大。8年来，团队成员已经由最初的不到10人发展到60多人，几乎遍布全校各基层学院，包括艺术学院、工商管理学院、江河建筑学院、信息科学与工程学院、机械工程与自动化学院、材料科学与工程学院、冶金学院、理学院、资源与土木工程学院等，文理工交叉融合，是目前东北大学学科覆盖面最广的一支学生创新团队。

团队成立之初，重在探索艺术设计之美与人才培养的深度融合，强调设计创新驱动，主要参加大学生创新项目，以教师为主导、学生为主体开展丰富多彩的创意设计实践教学活动。2013年开始，团队成员尝试将日常学习的知识通过竞赛、创业等形式进行实践检验，获得良好成效。目前，团队成员参与的竞赛项目涵盖了中国大学生计算机设计竞赛、全国大学生广告艺术大赛、中国包装创意设计大赛、全国大学生科普作品创作大赛、中国高等院校设计艺术大赛、中国之星设计艺术大赛、创意中国设计艺术大赛、中国高校美术学年展等数十项。参与竞赛的过程中，学生设计创新作品累计超过百项，其中很多作品具有广阔的市场前景。为了进一步构建“创意—创新—创业”的链条式发展路径，团队从2014年开始尝试创业实践探索，先后在团队架构下成立东北大学国际招贴工作室和媒体设计工作室，以推动原创设计、自主创新和学科交叉的方式，着力培养创新型、实践型和应用型的高素质设计人才。

三、团队培养举措

竞赛是在教学基础上衡量创新思维和设计技能高低的重要平台，是对教学成效的有效检验。竞赛的开展有助于学生将设计理论与设计实践紧密结合起来，有助于学生针对竞赛主题创造性地开展设计工作，有助于通过创新手段引导学生认真思考和开发设计新颖原创的作品，有助于驱动设计作品核心竞争力的提升，把控创意和创新的新高度和高水准。基于此，团队探索构建“竞赛驱动+协同育人+多维教法+针对教学”的实践育人模式。

1.坚持竞赛驱动，将赛、创、研、学、用紧密结合

基于竞赛创新驱动，团队以教带赛、以赛促教，将教学效果最大化、具体化、实践化，进而提出系统化育人理念，即全程育人、交叉育人、循环增效育人。全程育人是将人才培养的起点、过程和终点以及赛后再创作紧密结合起来，将单一竞赛与多元教学成果结合起来，学生在教师的多元化指导下，全程参与专业竞赛、创新创业项目、论文撰写、专利申请、教改立项等专业系统的能力教育。交叉育人是根据人才能力培养的需要，通过不同领域教师的联合指导，形成优质教师资源的集中优势，进而将教师的集中优势与学生的专业能力偏好相结合，实现教师成长、教学方法革新、教学成果凝练和学生能力培养有机

统一，实现赛、创、研、学、用紧密结合，为人才培养提供更为灵活的指导支撑。循环增效育人是将创作实践与理论研究结合起来，将实践创作经验和成效上升为理论层面，形成论文、著作、教改的理论成果，再指导实践创作，从而形成良性的循环增效的育人体系。

2.探索协同育人，将竞赛育人与素质教育深度融合

在传统课堂授课模式基础上，团队尝试实验性和探索性教学改革，通过教师队伍协同、教学方法协同、教学成果协同和能力培养协同，跨学科、跨校、跨领域组建教师团队，跨专业组建竞赛和项目队伍，充分发挥协同育人优势。以专业课群为基础，探索“课程+讲座+课题指导”的育人模式，形成“线下教学+翻转课堂+小学期国际课程”的教学组合，既吸收了传统课堂的精髓，又充分利用当前网络技术，提出了富于挑战性、竞争式和危机感的教育理念，实现跨学科、跨专业、跨行业、跨媒体、跨领域协同，最大限度提升育人实效。与此同时，为了应对国内外各种设计竞赛的不同要求，团队导师建立多元化指导团队，积极开展联合、协同指导。2013年，团队指导教师专门开设“设计创新与竞赛”课程，联合校内有竞赛指导经验的老师参与课程建设，争取建立具有普遍性和实际价值的高标准、高质量的竞赛课程。

3.综合教学方法，确保教育教学实效

开展教育教学活动的同时，结合各类竞赛特征、摸索个性化教学是行之有效的方法。依据几年来积累的竞赛教学经验，团队分别摸索出以下几种创意教学方法。一是创意跨界思维教学法，根据创新设计要求，在创作中达到意料之外的效果。如在作品背面设计电路板，下方配置音箱，人触动作品或者人发声时，产生人与静态作品的互动交流，这在创作中就要求多元学科与专业知识的融合。二是社会思维创意教学法，引导学生关注社会问题，用学生的视角研究解决问题的新方法和新途径，而非停留在创作的概念化和空想化阶段，尝试将作品转化为具有社会推广价值的创意创新成果，为推动社会发展提供对策和建议，为社会相关部门提供解决问题的参考意见和创新思路。三是功能转化创意教学法，引导学生在创作作品时不要停留在基本功能阶段，尝试将固有功能转移，赋予更多功能的创新设计效果。如古文字创新设计，人们习惯在书本上学习古文字，团队打破固有观念和习惯，通过剪纸手法将创意古文字字体简化，并完成雕刻设计，形成台灯等文化创意产品。当灯光从古文字的空隙中投射，古文字也同时投射在墙上和地上，从而将古文字的学习方式和载体进行了转移，变成了人与古文字、人与空间的互动学习，增进了人参与学习的兴趣。从而，台灯在原有照明功能基础上增加了新的功能。四是美用结合教学法。引导学生兼顾审美的高度和实用的角度来创作作品，作品不仅可以从美学角度脱颖而出，更能在具备设计美感的基础上，具有较强的实用功能，能够解决人们在生产、生活中的实际问题，实现“美”与“用”的完美融合。

4.针对性开展教学，提升竞赛育人内涵

以国内外各种设计竞赛为载体，仔细研究各类设计竞赛的特点、思路、目的、风格，结合对往届获奖作品的分析和总结，做到精准定位、深入分析和细致总结，确保学生在参赛时能够有的放矢，有目标、有计划、分阶段、有步骤地开展创作。以中国大学生计算机设计大赛为例，其目的在于“落实高等学校创新能力提升计划，进一步推动本科学生计算机教学改革，激发学生学习计算机知识和技能的兴趣和潜能，提高其运用信息技术解决实际问题（为就业及专业服务所需要）的综合能力，以培养德智体美劳全面发展、具有团队合作意识和创新创业能力的综合型、应用型的人才”。从大赛的这一定位出发，在指导竞赛教学活动中，团队依据大赛目标设定创作指导要求，作品创作原则要以较强的计算机技术为支撑，团队成员要熟练运用各种软件完成作品设计，创意要具有意料之外、情理之中、产生共鸣的创新特色，作品要具有较强的实际应用和市场推广价值。参赛过程中，团队成员须密切合作、分工明确、学科交叉、优势互补，作品工作量饱满；答辩过程中，学生要表现出正能量和积极向上的气质与风貌；整体创作过程中，要培养学生的创新、设计、制作、合作、答辩、应变等能力。指导其他大赛也是如此，团队根据各个大赛的不同特点，逐个分析大赛，分别加以个性化指导，针对性开展教学，着力提升竞赛的育人内涵。

四、团队所获奖项

8年来，团队累计培养学生400余人，每年获国内外设计奖项超过300项，本科生发表论文年均20余篇。作品获亚洲国际设计双年展特等奖，入选美国、墨西哥、波兰、西班牙、乌克兰、德国、伊朗、意大利、俄罗斯、日本、韩国、秘鲁、厄瓜多尔、斯洛伐克、玻利维亚等国际设计展赛。团队成员先后荣获中国大学生计算机设计大赛全国一等奖38项，一等奖获奖数量位居全国高校之首；获全国大学生广告艺术大赛一等奖、全国高校数字艺术设计大赛一等奖、教育部公益广告大赛一等奖、中国包装创意设计大赛一等奖等竞赛奖励累计数百项，已成为最具创新活力和核心竞争力的创新创业、竞赛设计育人平台。团队指导教师开设的“设计创新与竞赛”专业课程广受好评，基于此开发的《大学生艺术创新与设计竞赛教程》获批东北大学百门精品教材，形成创新实践与理论研究循环增效的育人模式。

在多年的竞赛、教研和科研经验积累中，团队成功申报教育部人文社会科学规划基金项目、中国高等教育学会教改项目、教育部校企合作专业综合改革项目、全国高校计算机基础研究会项目、辽宁省教育科学“十三五”规划项目等各类科研、教研项目20余项；出版《艺术创新与设计竞赛实践案例教程》《设计创新与竞赛全案》；团队教学实践荣获东北大学教学成果特等奖、一等奖累计31项；发表论文200余篇。团队指导教师先后受北京大学、东北师范大学、成都医学院、合肥财经学院、中国大学生计算机设计大赛组委会、大连国际平面设计双年展组委会、中国包装创意设计大赛组委会、中国高校创新创业年会等邀请，分享育人经验30余场。同时，在团队指导教师、全体成员共同推动下，东北大学成为秘鲁国际海报展和韩国国际数码设计展的国际学术支持院校，团队指导教师成为秘鲁国际海报展中国唯一官方组织者、策展人和国际评委，以及韩国国际数码设计展推荐人，与两项国际展赛建立了长期的学术合作关系。创新驱动，未来已来。坚持做卓越的中国大学生计算机设计大赛领跑者，东北大学创意设计创新团队将继续坚守“设计彰显价值、实践铸就人才”的理念，不断续写竞赛实践育人的新篇章……

第七节 创新创业项目

优秀的作品创作形成是学生多年理论知识和实践知识综合运用的过程，也是对竞赛任务进行认真分析、合理推理、精准判断与综合思考的过程，竞赛过程会培养学生创新创业意识和开拓发散思维，激发学生创造力。在竞赛过程中，也会激发学生的主动性，促使他们积极思考、观察、分析、对比、判断、推理、检测、沟通、合作、进取、创新、实践；通过合作形成团队精神，培养创新人格。同时创新的基点来源于实践，创新的过程也需要实践，竞赛恰好为学生创新铺垫前期实践。因此竞赛后的创新创业的成果拓展十分具有可行性和发展性。大学生创新创业项目可以将竞赛中的构思与设计进行延续性的实践，让创新构思与实践能力更紧密结合起来。

一、项目类型

目前，高校大学生承担的主流项目是国家大学生创新创业训练计划项目，以东北大学为例，东北大学大学生创新创业训练计划项目每年都会进行，包括创新训练项目、创业训练项目、创新实践项目和创业实践项目四大项。其中创新训练项目包含学术创新类、技术创新类、竞赛储备类、成果孵化类、科学普及类等多个类别。参与形式是本科生个人或团队，在导师指导下，自主完成创新性研究项目设计、研究条件准备和项目实施、研究报告撰写、成果（学术）交流等工作。学生可在参加专业竞赛后，结合比赛申报参与大学生创新创业训练项目，在项目中继续进行创新实践与探索。

二、项目内容

案例一

2019年大学生创新训练计划项目

项目名称：永乐宫壁画文化创意产品创新设计与应用推广

项目负责人：罗雯、王宇蒙、杨璟赟

项目基本情况：

<table>
<tr><td colspan="2">项目名称</td><td colspan="4">永乐宫壁画文化创意产品创新设计与应用推广</td></tr>
<tr><td rowspan="4">申请团队情况</td><td rowspan="3">核心成员</td><td>姓名</td><td>学号</td><td>所在学院专业</td><td>联系电话</td></tr>
<tr><td>罗雯</td><td>××××</td><td>东北大学艺术学院</td><td>××××××××</td></tr>
<tr><td>王宇蒙</td><td>××××</td><td>东北大学艺术学院</td><td>××××××××</td></tr>
<tr><td>预备成员</td><td>杨璟赟</td><td>××××</td><td>东北大学艺术学院</td><td>××××××××</td></tr>
<tr><td colspan="2" rowspan="2">指导教师</td><td>姓名</td><td>职称/职务</td><td>所在学院</td><td>联系电话</td></tr>
<tr><td>霍楷</td><td>副教授</td><td>艺术学院</td><td>××××××××</td></tr>
<tr><td colspan="2">项目来源</td><td colspan="2">□自主选题
■示范性学生创新团队选题
□交叉学科项目
■竞赛前期研究
□教师子课题</td><td>项目类型</td><td>■资助
□自筹</td></tr>
<tr><td colspan="2">学科类别</td><td colspan="4">（ H社会）
项目学科类别请从A ~ K中选择，如A3工程、F哲学。
A机械与控制（A1机械、A2仪器仪表、A3工程、A4交通、A5建筑等）
B信息技术（B1计算机、B2电信、B3通信、B4电子、B5自动化控制等）
C数理（C1数学、C2物理、C3地球空间科学）
D生命科学（D1生物、D2农学、D3药学、D4医学、D5食品、D6生态）
E能源化工（E1能源、E2材料、E3化学、E4化工、E5环境工程）
F哲学　G经济
H社会　I法律
J教育　K管理</td></tr>
<tr><td colspan="2">申请经费</td><td>5000元</td><td>起止时间</td><td colspan="2">2018年12月至2020年5月</td></tr>
</table>

一、申请理由
（内容应包括成员学习情况、获得奖学金情况、知识条件、参加过的科研训练和创新活动情况） 罗雯：负责项目产品创意宣传、产品设计制作。东北大学艺术学院2015级本科生；班级副班长，南湖校区鼎原文学社宣传部长；专业绩点排名第四，连续三年获得校级三等奖学金，曾获东北大学优秀团员称号；全国计算机大赛比赛中担任组长，小组作品《年画新语之吉瑞精灵》获中国大学生计算机设计大赛省赛一等奖、全国一等奖，曾发表论文一篇，申请专利三项。获2018年中国包装创意设计大赛全国三等奖、2018年中国好创意暨全国数字艺术设计大赛三等奖，多件作品入选韩国国际数码设计展。 王宇蒙：负责本项目产品创意和设计制作。东北大学艺术学院2015级本科生；大一年级专业成绩排名第二，曾获东北大学校级二等奖学金，东北大学优秀学生标兵称号；担任视传1502班学习组织委员、东北大学大学生志愿者协会宣传交流部部长、鼎原文学社宣传交流部部长等职务；曾获中国创意包装设计大赛入围奖，小组作品《年画新语之吉瑞精灵》获中国大学生计算机设计大赛全国一等奖。 杨璟赟：负责项目产品设计理念和产品制作。东北大学艺术学院2015级本科生；曾担任艺术学院学生会学习部副部长；获东北大学优秀团员、东北大学优秀学生、东北大学优秀志愿者称号；获校级优秀学生三等奖学金一次、校级二等奖学金一次、国家励志奖学金两次，综合成绩专业排名第三；小组作品获2018年中国大学生计算机设计大赛一等奖，个人作品两次获第十二届创意中国设计大奖优秀奖，两次获2018年中国包装创意设计大赛入围奖。
二、立项背景
（包括国内外研究现状、趋势、研究意义、参考文献和其他有关背景材料） 1.发掘文化宝藏，宣传“东方艺术画廊” 永乐宫壁画是中国古代壁画的瑰宝，是可与敦煌壁画相比的奇葩，素有“东方艺术画廊”之称。位于山西芮城县的永乐宫属全国重点文物保护单位，始建于元代，施工期前后共110多年，宫殿内部的墙壁上布满永乐宫壁画。整个壁画约有1000平方米，分别画在无极殿、三清殿、纯阳殿和重阳殿里。其中三清殿是座主殿，殿内壁画共计403.34平方米。画面高4.26米，全长94.68米。永乐宫壁画用传统的程式画法，使得近300个形象无一雷同之感，真让人叹为观止。作为唐、宋绘画艺术特别是壁画艺术的直接继承者，永乐宫壁画在我国绘画史上当占一席之地。从目前发现的我国古代绘画遗迹来看，大幅的元代人物画极少，三清殿《朝元图》正可作为研究、借鉴元代绘画的范例，并可从中得到发展中国传统绘画艺术的重要启示。整个壁画极为丰富，是研究绘画艺术和当时社会生活的生动资料，将我们带回700年前的那个时代。然而其知名度远低于敦煌壁画，相关的文化衍生产品数量也远逊于敦煌壁画。如何宣传永乐宫壁画，提高它的知名度，宣传“东方艺术画廊”，是我们要探究的问题。

2.用创新设计为古老宝藏拂去灰尘

结合现在万众创新的大趋势环境，我们以永乐宫壁画为基础，运用现代电脑技术手段，创作出新形式的创意产品，使得永乐宫壁画这一中华优秀传统文化不只停留于芮城当地，使其价值不只体现在绘画艺术价值与历史参考价值，而是以更加新颖、人民群众更加喜闻乐见的方式去宣传、推广这一壁画瑰宝，引导人们更深入地了解我国优秀传统文化。国家对非物质文化遗产的保护支持、人民逐步提高的经济水平与精神文化需求使永乐宫壁画有了更广阔的平台与更光明的前景；在科技飞速发展的现在，日新月异的网络媒体技术为永乐宫壁画的创新和发展拓展了无限的可能性；旅游文化市场的火爆也使永乐宫壁画工艺品可以焕发生机和活力。

文化衍生品是对原本的作品进行二次加工设计后“艺术”“文化”与“设计”的完美结合，是为普通的常见物品融入不平凡的设计元素和设计理念，能够在满足人们生活所必需的实用性的同时还具备艺术审美与独特性，使人们在日常生活中直接或间接地受到文化艺术的熏陶。在国家大力提倡文化建设的今天，创新文化、创意设计的产品融入对任何一个组织、生产者而言，也都显得尤为重要。进行永乐宫壁画的再创作，可以让优秀的文化在细微之处影响着我们每一个人，一方面，丰富了日常生活用品文化内涵，一定程度上提升了社会艺术文化水平，提高了文化软实力；另一方面，也可以采用这种潜移默化的形式对文化创意产品进行推广宣传，积极地促进优秀文化的创新与传播。在社会主义文化大发展大繁荣的当下，将中华文化采取新形式创新设计，将优秀传统文化作品创意实体化，从而让设计更贴近人们的生活，让文化创意产品投入可持续发展战略的范畴之中。因此，该项目有足够的发展空间、政策优势和前景。

3.融入“一带一路”，提高国家影响力，增强文化自信力

文物承载灿烂文明，传承历史文化，维系民族精神，是弘扬中华优秀传统文化的珍贵财富，是促进经济社会发展的优势资源，是培育社会主义核心价值观、凝聚共筑中国梦磅礴力量的深厚滋养。保护文物功在当代、利在千秋。山西永乐宫是我国第一批全国重点文物保护单位，其艺术价值最高的首推精美的大型壁画——永乐宫壁画。永乐宫壁画不仅是我国绘画史上的重要杰作，也是世界绘画史上罕见的巨制。《关于加强文物保护利用改革的若干意见》中指出，当前，面对新时代新任务提出的新要求，文物保护利用不平衡不充分的矛盾依然存在，文物资源促进经济社会发展作用仍需加强；文物合理利用不足、传播传承不够，让文物活起来的方法途径亟需创新；依托文物资源讲好中国故事的办法不多，中华文化国际传播能力亟待增强。故此，要大力推进文物合理利用，利用文物资源发挥提高国民素质和社会文明程度、推动经济社会发展的重要作用。

数据显示，中国是世界上规模最大、潜力最大、发展最快的旅游市场。与此同时，中国正式成为世界上最大、最富潜力的旅游投资市场。世界旅游专家罗伯特·巴苏克2014年在中国参加会议时曾预测，旅游业在2030年将会创造超过10亿元的收入。在全球旅游业范畴内，亚太地区正在进一步增长，中国会成为全球旅游业的领军国家，不仅作为一个旅游目的地市场，而且会作为一个旅游客源地市场。位于三省交界处的山西芮城县，历史悠久，气候宜人，虽然缺乏矿产资源，以种植业为主，但是其自身拥有的丰富的文化旅游资源，也可吸引众多国外游客的目光。发展文化旅游，扩大休闲娱乐消费，可以进一步增强和彰显文化自信，坚持中国特色社会主义文化发展道路，统筹文化事业、文化产业发展和旅游资源开发，为经济发展助力，提高国家文化软实力和中华文化影响力。随着芮城县入选第二批国家生态文明建设示范市县初选，运宝黄河大桥成功合龙，“贯通两湖两广，融入一带一路”，芮城经济必将有更快速的发展，也将聚焦更多外来的视线。在此时，宣传永乐宫等芮城风景名胜，发掘芮城文化底蕴，借此将芮城道教文化推广出去，将中华民族优秀的传统文化“卖”出去，也是提升中国国际影响力、提高文化软实力的重要途径之一。因此，进行优秀文化的创意产品再设计，推出永乐宫壁画周边文化产品正是在适应了时代发展的大潮流的大前提下进行的。所以，我们不仅着眼于产品经济上的研究，着眼于文化传承与发扬方面的研究与论证，更着眼于新时代下不同形态的传统文化的创新推广。

三、项目的特色与创新之处

1.积极响应实施中华优秀传统文化传承发展工程

根据中共中央办公厅、国务院办公厅于2017年1月25日印发的《关于实施中华优秀传统文化传承发展工程的意见》，文中明确提出保护和传承文化遗产的重要任务。本项目以国家对于优秀传统文化的重视和大力扶持为背景，将山西运城永乐宫壁画进行二次创新，用全新的方式表现中国传统壁画的魅力。同时通过查阅相关文献、实地考察、博物馆参观等方式进行调研，对永乐宫壁画做细致、全面的考察后进行系统的创新、整理，并结合了多种渠道的宣传方式，与普通的创意设计产品有所不同。

2.将赛、创、研、学融于一体

以中国大学生计算机设计大赛为载体，选择中华传统民族服饰建筑手工艺品大类中的图形图像小类参赛，在参赛的同时不断改进创新模式，完成了大赛国家级一等奖的高质量作品，真正做到了赛中学。除此之外，还将所学所得转化为文字经验，撰写多篇论文，申报多项专利。

3. 注重社会推广效应 作品内容除了多张插画、海报之外，还有相应的文创产品的制作。文创产品大致分为线上和线下两种。线上主要有手机主题设计、网页设计、公众号运营、微信游戏推广、电子屏幕等；线下文创产品有明信片、书签、海报装饰画、手机挂件、钥匙扣、卡套、丝巾、手机壳、充电宝、抱枕等；除此之外，还专门为创新型壁画娃娃定制了独一无二的面塑泥人、3D打印壁画娃娃以及应用VR与AR技术，通过三维的呈现方式使得作品看上去感染力更强。为此专门制作了LOGO，将画面的重要元素进行提取，令整套文创产品呈现出和而不同的风格。文创产品的制作广泛结合了互联网元素，以当下年轻人为主要消费群体，满足该群体生活习惯的同时，也用产品改变了年轻人对生活、对文化乃至对国家的态度。通过壁画文创产品体现出传统壁画中的线条美感，将民族自豪感渗透到中国年轻一代的生活中去，真正做到宣传和推广国家非物质文化遗产。
四、实施方案
本项目旨在以实施中华优秀传统文化传承发展工程为契机，积极创新山西运城永乐宫壁画，并将设计的产品进行良好的推广和应用。从整体上看，本项目通过一系列的现代科技手段进行壁画系列产品的创新和衍生，牢牢把握年轻消费群体，创造出一批满足现代年轻人需求的生活、学习用品，并通过各种综合渠道进行产品的量产和推广，形成可持续发展的良性商业产业链。 有关永乐宫壁画文创产品创新创意的实施包括以下两个方面。 1. 当下实施的文创产品 在制作文创产品的过程中首先进行作品主体海报上重要元素的提取，选取海报中的重要元素、具有识别性的元素来进行宣传和推广。如卡套、钥匙挂件、胸针等物品是将人物提取出来直接制成了文创产品，其中的创作和改动也大多是根据承载物的需要、受众群体的需要来进行。经过短期的社会调研发现，此种文创产品因具有识别度高、识别性强、价格低廉、实用性强的优点而广受消费群体的青睐。这种风格的文创产品是让创新型作品的意境和灵魂渗透到生活之中，将作品的符号和内涵赋予在物品上，让观者可以直观地从中感受到中华传统工艺的美感。三维文创产品主要是面塑人物的制作，立体直观的文创产品让观者有更深刻、具体的印象，具备更强的商业性。

2.后期文创产品的发展与实施 首先是根据作品特色，对建模设计的三个台灯的外观设计以及一些卡通版人物的外观设计申请专利。除此之外，未来还会有人物的三维立体建模、绘制的过程演示、人机互动、动画漫画等，以适应当代高新技术如全息投影、3D打印、VR和AR等的发展需求，以满足更广阔的市场要求。
五、项目研究预期成果
项目初期，结合中国大学生计算机设计大赛中华民族文化组的主题，创意产品开发前，注意深入研究山西运城永乐宫壁画的现有文献以及文化内涵，考察市场上现有的文化创意产品，选取文化元素及切入点，寻找与之相融合的再创新创意点，进行两者的结合。并不是将随意添加图案图形制作出来的产品牵强地说成是山西运城永乐宫壁画文化创意产品二次创新的实体体现，我们将结合中华传统文化以及山西运城永乐宫壁画艺术形态，设计开发出被大家普遍接受的文化创意产品，探索文化产品市场，同时也为产品增添更深层次的文化内涵。因此可以节约更多的时间、资源和资金，同时积累成功经验，为接下来的项目开发奠定殷实的基础，为产品赢得良好的口碑。 项目开展中期，则主要凭借之前的经验及方法进行中华传统文化与山西运城永乐宫壁画艺术表现的进一步结合，设计作品的创意设计与特色开发，与实体用品某种功能或者某种代表意义等紧密结合，突出设计作品以及文化创意产品的独特性。同时仍然进行第一阶段的产品创意加工与开发，二者相互交叉，与设计界、社会、市场同期商品相比，在新颖度和使用性方面都趋于领先，提升了产品价值，有更好的发展前景。 后期我们逐渐将原创深入延展与应用推广的设计作为核心开发项目，与旅游文化、社会生活、校园生活等紧密结合，在突出原创性与独特性之外，也兼收并蓄其他社会认同感强的产品的优势，吸取其他文化产品的精华，努力丰富自身文化内涵。并且使其品牌化，借助品牌影响力，将系列产品直接推向全国市场。树立品牌，打造专门的深入设计的文化创意产品加工系统，用创新的手段再创造。也因产品的使用对象覆盖面广，从而吸引更多的消费群众，树立更好的品牌形象。

案例二

2020年大学生创新训练计划项目

项目名称：大唐建筑群创意插画及衍生品设计研究

项目负责人：胡悦、芽史琴

项目基本情况：

<table>
<tr><td colspan="2">项目名称</td><td colspan="4">大唐建筑群创意插画及衍生品设计研究</td></tr>
<tr><td rowspan="3">申请团队情况</td><td rowspan="3">核心成员</td><td>姓名</td><td>学号</td><td>所在学院专业</td><td>联系电话</td></tr>
<tr><td>胡悦</td><td>××××</td><td>艺术学院视觉传达设计</td><td>×××××××××</td></tr>
<tr><td>芽史琴</td><td>××××</td><td>艺术学院视觉传达设计</td><td>×××××××××</td></tr>
<tr><td colspan="2" rowspan="2">指导教师</td><td>姓名</td><td>职称/职务</td><td>所在学院</td><td>联系电话</td></tr>
<tr><td>霍楷</td><td>副教授</td><td>艺术学院</td><td>×××××××××</td></tr>
<tr><td colspan="2">项目类别</td><td colspan="2">☐ 学术创新类
☐ 技术创新类
☑ 竞赛储备类
☐ 成果孵化类
☐ 科学普及类
☐ 校企合作类</td><td>资金来源</td><td>☑ 资助
☐ 自筹</td></tr>
<tr><td colspan="2">学科类别</td><td colspan="4">（ H社会 ）
项目学科类别请从A ～ K中选择，如A3工程、F哲学。
A机械与控制（A1机械、A2仪器仪表、A3工程、A4交通、A5建筑等）
B信息技术（B1计算机、B2电信、B3通信、B4电子、B5自动化控制等）
C数理（C1数学、C2物理、C3地球空间科学）
D生命科学（D1生物、D2农学、D3药学、D4医学、D5食品、D6生态）
E能源化工（E1能源、E2材料、E3化学、E4化工、E5环境工程）
F哲学　　G经济
H社会　　I法律
J教育　　K管理</td></tr>
<tr><td colspan="2">起止时间</td><td colspan="4">2020年12月至2022年3月</td></tr>
</table>

申报书正文

一、项目摘要

本项目基于大唐建筑群这个研究对象，以大唐建筑群为原型，将传统建筑以新的艺术形式进行再创作，线上、线下进行设计。线上以公众号等为载体进行大唐建筑群系列设计的推广和传播；线下以动态插画、海报和文化创意产品等为主要内容开展创作，形成一套完整的国风建筑插画设计。

项目创新之处可以概括为以下几点。将大唐建筑群形象结合诗词等进行再创作，予以国风特色。将静态图形制作成动态图形，更易被青年人接受。制作3D形象和APP进行线上推广。进行文化创意产品的制作，使大唐建筑群形象成为国潮。

二、立项背景

（包括国内外研究现状、趋势、研究意义、其他有关背景材料以及必要的参考文献）

唐朝是中国封建社会经济文化发展的高潮时期，建筑技术和艺术也有巨大发展。唐朝建筑的风格特点是气魄宏伟、严整开朗。建筑发展到了一个成熟的时期，形成了一个完整的建筑体系。它规模宏大，气势磅礴，形体俊美，庄重大方，整齐而不呆板，华美而不纤巧，舒展而不张扬，古朴却富有活力，正是当时时代精神的完美体现。大运河、安济桥、长安城、五台山南禅寺等都是当时流传下来的非常著名的建筑。

唐朝的城市布局和建筑风格规模宏大，气魄雄浑。其长安城在隋大兴城的基础上继续经营，成为当时世界上最大的城市。建筑无论在高度、大小上，或是屋顶的形状上，均比以往的建筑更具有多样性。

这一时期遗存下来的殿堂、陵墓、石窟、塔、桥及城市宫殿的遗址，布局或造型都具有较高的艺术和技术水平，雕塑和壁画尤为精美，是中国封建社会前期建筑的高峰。

西安虽然是唐朝的都城，但是随着时间流逝，在现在的西安城里看不到一个唐代的房子，大都是仿唐的建筑，没有一个是真正的唐代建筑。

研究意义：弘扬优秀的中国传统文化，让新时代青年人了解传统文化，为传统文化进行传承、宣传、推广。中华传统文化是中国数千年沉淀下来的精华，应不断学习中华传统文化。

① 可以增加对历史的了解、对文化的了解，丰富自己的知识面。

② 可以培养民族自豪感和增加民族凝聚力。

③ 万物的发展都有相通之处，数千年的文化史也是中国人数千年的思想和行为演变史，以史鉴今，可以提高我们的思想深度和广度。

④ 跟随着诗词文献，寻找诗词中的大唐建筑群，可以复原大唐风光。

三、研究内容及技术路线

研究内容：

本项目的研究对象是诗词中的大唐建筑群，围绕大唐建筑群进行传统文化和建筑的发掘。同时，为弘扬优秀的传统文化，本项目将对大唐建筑群进行再创作予以国风特色，让传统建筑以新形象跟进时代潮流。线上将建立公众号进行传播和推广，线下将从动态插画、动态海报、3D建模、文化创意产品等方面进行创作然后推广宣传。

技术路线：

本项目用到Adobe Illustrator、Adobe Photoshop、Easy Paint Tool SAI、Procreate Pocket等电脑软件进行绘图。再现大唐建筑群宏伟秀丽和美轮美奂的形态的同时，使用现代化技术使建筑更加富有想象力，使现代年轻人更乐于观赏。当代设计发展迅速，越来越多的图形可以动起来，本项目将大唐建筑群的形象图结合诗词风光进行图像再创作，并使其变成动态图形，包括其文化衍生品，如海报、卡通形象等，都将跟上时代的潮流进行动态创作。

四、项目研究预期成果

（逐条列出，预期成果应当结合项目类别设定，要求可考核、可量化，将作为项目结题验收的重要依据）

前期阶段：了解唐代诗词和大唐建筑及其独有的文化底蕴，选取具有优秀传统传承意义的建筑和文化元素，并进行分门别类的组合，建立本次设计实践的素材库。之后利用艺术设计的原理和基本方法，对设计素材进行凝练，形成简单的预期规划，将大唐建筑群结合诗词等进行再创作，并制作一些简单的文化创意产品，如书签、明信片、插画集、便携式电风扇、文化衫。

中期阶段：结合前期的实践结果及大众的反馈意见，在原有的基础上及时调整不足并进一步创新，加大设计力度与新颖度，不断更新文化创意产品，并制作成品在线上线下进行推广，例如用动态表情包、动态海报、动态插画、3D建模、APP等提升产品知名度。同时撰写发布相应课题的论文，让更多人了解大唐建筑群文化创意产品。

后期阶段：使文化创意产品与文化元素更紧密结合，并不断吸收其他有益文化，达到一个较为成熟的设计成果，参加比赛，申请专利，树立品牌。

五、研究基础

（项目组成员、指导教师情况、实验设备、实验场地等具体情况介绍，是否满足项目实施需要）

项目组成员：

胡悦，获中国大学生计算机设计大赛国赛一等奖、中国包装创意设计大赛三等奖、未来设计师·全国高校数字艺术设计大赛东北赛区三等奖。

茅史琴，获中国大学生计算机设计大赛国赛一等奖、“挑战杯”全国大学生系列科技学术竞赛省赛一等奖、“互联网+”大学生创新创业大赛省赛二等奖、未来设计师·全国高校数字艺术设计大赛东北赛区二等奖。

指导教师情况：

霍楷，东北大学艺术学院副院长、副教授、硕士研究生导师。

实验设备、场地：

艺术学院实验室、打印机、扫描仪、彩色喷绘机、艺术学院相关书籍。

六、经费使用计划（不支持设备费）

序号	支出项目	金额/元	依据或理由
1	办公费（图书、打印等）	500	购买相关书籍
2	实验材料费	1500	购买材料
3	测试、化验、加工费		
4	差旅费	2000	外出调研以及出行
5	论文版面费	1000	申请论文
6	专利申请费		申请专利
合计		5000	

签字、盖章及审核意见页

项目诚信承诺：

本项目全体成员慎重承诺，该项目研究不抄袭他人成果，不弄虚作假，先诚实做人，再诚信做学问和研究，能够按项目研究进度利用课余时间（包括寒暑假）完成各项任务。

项目负责人及项目成员（签字）：

2020年11月25日

导师意见：

该项目在振兴中华传统文化和“一带一路”建设的背景下，经过前期充分收集资料和具体分析，根据现有文献、文物，以大唐建筑为原型，运用计算机数字媒体技术进行处理，开展创意插画及周边产品设计与制作，实现大唐建筑这一经典建筑文化的传承与创新发展。本作品结合中国大学生计算机设计大赛开展创作和赛后再创作。通过与学生深入沟通，拟申报专利2项，发表艺术类高水平论文3～5篇（《艺术教育》《艺术与设计》《设计》等杂志），完成创意设计约30件，将这一建筑文化遗产深入研究下去，具有创作的连续性和深入性，具有重要意义。制作系列文化创意产品满足人们日常所需，进行精细化加工推广，具有商业价值、使用价值和社会价值。

导师（签章）：

年　月　日

学院意见：

我院（部门）已对《项目申请书》认真审核过，同意推荐该项目为：

☐直立资助项目　☑参与校级答辩评审的资助项目

☐自筹项目

并保证上报情况的真实性。

教学院长（签章）　部门（公章）

年　月　日

专家组意见：

1.是否支持立项　☑是　☐否

2.项目类别　☐资助项目　☐自筹项目

3.其他意见：

创新创业学院

年　月　日

案例三

2023年大学生创新训练计划项目

项目名称：中医药文化创意插画及衍生品研究

项目负责人：齐思远、孙艺菲、王以琳

项目基本情况：

<table>
<tr><td colspan="2">项目名称</td><td colspan="4">中医药文化创意插画及衍生品研究</td></tr>
<tr><td rowspan="4">申请团队情况</td><td rowspan="3">核心成员</td><td>姓名</td><td>学号</td><td>所在学院专业</td><td>联系电话</td></tr>
<tr><td>齐思远</td><td>××××</td><td>艺术学院视觉传达设计</td><td>××××××××</td></tr>
<tr><td>孙艺菲</td><td>××××</td><td>艺术学院视觉传达设计</td><td>××××××××</td></tr>
<tr><td>预备成员</td><td>王以琳</td><td>××××</td><td>艺术学院视觉传达设计</td><td>××××××××</td></tr>
<tr><td colspan="2" rowspan="3">指导教师（交叉学科项目最多可为2名指导教师）</td><td>姓名</td><td>职称/职务</td><td>所在学院</td><td>联系电话</td></tr>
<tr><td>霍楷</td><td>副教授</td><td>艺术学院</td><td>××××××××</td></tr>
<tr><td></td><td></td><td></td><td></td></tr>
<tr><td colspan="2">项目类别</td><td colspan="2">☐ 学术创新类
☐ 技术创新类
☑ 竞赛储备类
☐ 成果孵化类
☐ 科学普及类
☐ 校企合作类</td><td>资金来源</td><td>☑ 资助
☐ 自筹</td></tr>
<tr><td colspan="2">学科类别</td><td colspan="4">（ H社会 ）
项目学科类别请从A～K中选择，如A3工程、F哲学。
A机械与控制（A1机械、A2仪器仪表、A3工程、A4交通、A5建筑等）
B信息技术（B1计算机、B2电信、B3通信、B4电子、B5自动化控制等）
C数理（C1数学、C2物理、C3地球空间科学）
D生命科学（D1生物、D2农学、D3药学、D4医学、D5食品、D6生态）
E能源化工（E1能源、E2材料、E3化学、E4化工、E5环境工程）
F哲学 G经济
H社会 I法律
J教育 K管理</td></tr>
<tr><td colspan="2">起止时间</td><td colspan="4">2022年12月至2023年3月</td></tr>
</table>

申报书正文

一、项目摘要

本项目基于中华优秀传统文化中的中医药文化这个研究对象，以中医药中的地域典型重要加工制作流程为原型，将中医药文化以现代插画的艺术形式进行再创作。整体创新项目以海报和文化创意产品等为主要内容开展创作，线上、线下同步开展宣传推广。

项目创新之处可以概括为以下几点。将药用动植物形象结合传统中医药文化等进行再创作，予以国风特色。将静态图形制作成动态图形，更易被青年人接受。制作3D形象和APP进行线上推广。进行文化创意产品的制作，使传统中医药文化成为国潮符号。

二、立项背景

（包括国内外研究现状、趋势、研究意义、其他有关背景材料以及必要的参考文献）

中医药是我国医学科学的特色，也是中华民族优秀文化的重要组成部分，几千年来为中华民族的繁衍昌盛做出了不可磨灭的贡献。“神农尝百草，一日而遇七十毒”正是中国传统医学实践和探索精神的诠释，也是这种精神奠定了中国医学的基础。

时间的洪流推动着时代的变革和社会的发展，但在这场洪流中，中医药的辉煌也被逐渐冲淡。随着西医的普及和生活节奏的加快，人们越来越倾向于选择见效更快的西医药，而蕴含着国人几千年智慧的中医药文化，它的光芒是否就此被掩盖？其实，很多传统的记忆不单单是医，还有药，现在也逐渐在失传。中医药文化这块瑰宝传承着中华文化的基因，历经数千年的打磨，不断总结升华，中医药文化振兴之路道阻且长。

研究意义：弘扬优秀的中国传统中医药文化，让新时代青年人了解传统中医药文化，为传统中医药文化进行传承、宣传、推广。传统中医药文化是中国数千年沉淀下来的精华，本项目赋予传统中医药文化以新的时代内涵，使其能与时俱进，更好传承下去。

① 可以增加对传统医学的了解、对文化的了解，丰富自己的知识面。

② 可以培养民族自豪感和增加民族凝聚力。

③ 万物的发展都有相通之处，数千年的传统医药文化史，也是中国人数千年的思想和智慧的结晶，从传统中汲取精华，可以提高我们的思想深度和广度。

④ 了解传统中医药技术，寻找中医药技术与药用动植物之间的联系，弘扬中医药文化。

三、研究内容及技术路线

研究内容：

本项目的研究对象是中华传统医学中的中医药文化，围绕传统中医药技术进行传统文化和中医药的发掘。同时，为弘扬优秀的传统文化，本项目将对中医药文化传统形象进行再创作予以国风特色，让传统药用动植物以新形象跟进时代潮流。线上将建立公众号进行传播和推广，线下将从动态插画、动态海报、3D建模、文化创意产品等方面进行创作然后推广宣传。

技术路线：

本项目将用到Adobe Illustrator、Adobe Photoshop、Easy Paint Tool SAI、Procreate Pocket等电脑软件进行绘图。在展现中华传统医学中的中医药文化的丰富内涵的同时，使用现代化技术使传统中医药文化焕发新的时代光芒，使现代年轻人更乐于观赏。当代设计发展迅速，越来越多的图形可以动起来，本项目将传统中医药技术与药用动植物形象结合，并以动态图形的形式呈现，包括其文化衍生品，如海报、卡通形象等，都将跟上时代的潮流进行动态创作。

四、项目研究预期成果

（逐条列出，预期成果应当结合项目类别设定，要求可考核、可量化，将作为项目结题验收的重要依据）

前期阶段：了解传统中医药治疗技术和药用动植物形象及其独有的文化底蕴，选取具有优秀传统传承意义的中医药技术和药用动植物文化元素，并进行分门别类的组合，建立本次设计实践的素材库。之后利用艺术设计的原理和基本方法，对设计素材进行凝练，形成简单的预期规划，将传统中医药技术结合药用动植物形象等进行再创作并制作一些简单的文化创意产品，如书签、明信片、插画集、便携式电风扇、文化衫。

中期阶段：结合前期的实践结果及大众的反馈意见，在原有的基础上及时调整不足并进一步创新，加大设计力度与新颖度，不断更新文化创意产品，并制作成品在线上线下进行推广，例如用动态表情包、动态海报、动态插画、3D建模、APP等提升产品知名度。同时撰写发布相应课题的论文，让更多人了解传统中医药文化创意产品。

后期阶段：使文化创意产品与文化元素更紧密结合，并不断吸收其他有益文化，达到一个较为成熟的设计成果，参加比赛，申请专利，树立品牌。

五、研究基础

（项目组成员、指导教师情况、实验设备、实验场地等具体情况介绍，是否满足项目实施需要）

项目组成员：

齐思远，获第十届未来设计师·全国高校数字艺术设计大赛国家三等奖、中国大学生计算机设计大赛省级一等奖、全国大学生广告艺术大赛省级二等奖，入选韩国国际数码设计展，获得东北大学一等奖学金、国家奖学金，荣获“优秀学生标兵”称号。

孙艺菲，获东北大学三等奖学金、大学生广告艺术大赛省级二等奖，荣获“学业特长优秀个人”称号。

王以琳，获东北大学三等奖学金，入选第十二届“设计再造”绿色生活艺术创意展。

指导教师情况：

霍楷，东北大学艺术学院副院长、副教授、硕士研究生导师。

实验设备、场地：

艺术学院实验室、打印机、扫描仪、彩色喷绘机、艺术学院相关书籍。

六、经费使用计划（不支持设备费）

序号	支出项目	金额/元	依据或理由
1	办公费（图书、打印等）	500	购买相关书籍
2	实验材料费	1500	购买材料
3	测试、化验、加工费		
4	差旅费	2000	外出调研以及出行
5	论文版面费	1000	申请论文
6	专利申请费		申请专利
合计		5000	

签字、盖章及审核意见页

项目诚信承诺：

本项目全体成员慎重承诺，该项目研究不抄袭他人成果，不弄虚作假，先诚实做人，再诚信做学问和研究，能够按项目研究进度利用课余时间（包括寒暑假）完成各项任务。

项目负责人及项目成员（签字）：

2022年11月25日

导师意见：

该项目以东北大学五星级项目——2023年中国大学生计算机设计大赛为主题，在中华优秀传统文化传承和发展背景下，经过前期充分收集资料和具体分析，根据现有文献、文物，以大赛主题“中华民族传统医学”（1911年前）为主要创作内容，运用计算机数字媒体技术进行处理，开展创意插画及周边产品设计与制作，实现中医药文化的传承与创新发展。本作品结合中国大学生计算机设计大赛开展创作和赛后再创作，通过与学生深入沟通，拟申报专利2项，发表艺术类高水平论文3 ~ 5篇，完成创意设计约30件，将中医药文化遗产深入研究下去，具有创作的连续性和深入性，具有重要意义。制作系列文化创意产品推动中医文化的社会认可和接受，进行精细化加工推广，具有社会价值和文化价值。

导师（签章）：

年　月　日

学院意见：

我院（部门）已对《项目申请书》认真审核过，同意推荐该项目为：

□直立资助项目　　☑参与校级答辩评审的资助项目

□自筹项目

并保证上报情况的真实性。

教学院长（签章）　　　　　　　　部门（公章）

年　月　日

专家组意见：

1.是否支持立项　　　　　　□是　　　　　□否

2.项目类别　　　　　　　　□资助项目　　□自筹项目

3.其他意见：

创新创业学院

年　月　日

第八节　专利

要想固化竞赛成果，专利申请也是成果转化的一种重要途径。随着国家对知识产权保护的重视程度不断增强，大学生主动参与专利研发、申请与成果转化受到了国家重视、高校支持。以东北大学为例，东北大学创新创业学院挑选专业专利机构合作，派遣专业老师为学生申请专利提供便利和帮助，帮助同学更加清晰地梳理流程、准备资料。

申请专利首先要知道专利的分类以及申请的条件和标准。在我国，专利有发明专利、实用新型专利和外观设计专利三种类型。其中含金量最高的是发明专利，专利的保护时间最长，但其申请难度很大，申请周期一般在三年左右，需缴纳的申请费用较高。实用新型是指对产品的形状、构造或者其结合所提出的适于实用的新的技术方案。一些技术水平较低、产品结构简易的小发明比较适合申请实用新型专利。外观设计是指对产品的整体或者局部的形状、图案或者其结合以及色彩与形状、图案的结合所作出的富有美感并适于工业应用的新设计。这里的外观设计并不是完全等同于艺术作品，外观设计的最大特征是要适用于工业应用，并且外观要具有创新性、富有美感。这两类专利手续比较简便，申请费用较低，不需经过实质审查，申请周期较短，一般在5～10个月。

艺术设计专业竞赛成果的专利申请大多为外观设计专利。根据《中华人民共和国专利法》（简称《专利法》）的规定，一般的外观设计专利的申请分为申请、审查、授权三个阶段。

第一阶段为申请阶段，是指申请人准备请求书（需写明申请人的姓名或名称、证件号、地址、邮编、设计人的姓名及身份证号）、外观设计的图片或者照片（六面视图即前、后、左、右、上、下，立体图和使用状态图）以及该外观设计的简要说明（包括用途、最具有代表性的视图、设计要点等）等申请文件并提交到专利局，提交方式包含当面提交（到专利局或各地代办处的受理大厅当面提交纸件申请材料）、邮寄提交（将纸质申请材料邮寄至专利局或者各地代办处的受理处）和电子提交（登录中国专利电子申请网，根据专利电子申请流程，提交电子申请文件），专利局收到外观设计专利申请文件以后会通知申请人并告知其申请号。

第二阶段为审查阶段，是指专利局对外观设计专利申请文件根据《专利法》等相关法律法规进行审查，如果符合授予专利权的条件会通知申请人准予授权，如果审查员认为需要申请人进行修改或者陈述意见，则会有补正流程。此阶段为初步审查，不是实质审查。

第三阶段为授权阶段，主要是缴纳专利登记费用、印花税以及授权当年的年费，之后专利局会颁发专利证书。

参考文献

[1] 霍楷，谷会敏，李晓迪．艺术创新与设计竞赛实践案例教程[M]. 沈阳：东北大学出版社，2020.

[2] 第14届中国大学生计算机设计大赛2021年参赛指南编写委员会．第14届中国大学生计算机设计大赛2021年参赛指南[M]. 北京：中国铁道出版社有限公司，2021.

[3] 高彬．以设计竞赛促进包装设计教学的思考与实践[J]. 装饰，2018（12）：138-139.

[4] 胡锋，高扬，赵红，等．文化维度特征对创新竞赛绩效的影响：基于设计类创新竞赛的实证研究[J]. 管理科学，2018，31（3）：100-111.

[5] 赵思童．大学生德育中融入艺术教育的思考[J]. 思想理论教育导刊，2014（7）：126-128.

[6] 马妍，金东英．人文艺术教育与创新型人才培养[J]. 艺术百家，2013，29（S2）：415-416.

[7] 杨立梅．从素质教育的观点探究国外音乐教育[J]. 高校理论战线，1999（10）：56-62.

[8] 李珉．高校艺术教育与创新精神培养[J]. 艺术百家，2011，27（4）：266-267.

[9] 许江，顾平．设计教育中的PBL教学模式——以日本多摩美术大学为例[J]. 艺术设计研究，2015（3）：115-119.

[10] 孔荀. 基于OBE教育理念的课题内容设计——光艺术设计课程教学实践探索[J]. 装饰，2020（9）：120-123.

[11] 周显鹏，俞佳君，黄翠萍. 成果导向教育的理论渊源与发展应用[J]. 高教发展与评估，2021，37（3）：83-90.

[12] 常志英，崔维淼. 国内成果导向教育研究主题及脉络演进[J]. 河北大学学报（哲学社会科学版），2019，44（5）：59-67.

[13] 贺佳玥，黄蕾蕾，吴蕾蕾. 艺术类大学生创业教育：现状、问题与对策[J]. 高等工程教育研究，2017（2）：151-154.

[14] 李权. “新五育并举”人才培养模式构建与实践[J]. 教育教学论坛，2021（32）：99-102.

[15] 孟万金，姚茹，苗小燕，等. 新时代德智体美劳“五育”并举学校课程建设研究[J]. 课程. 教材. 教法，2020，40（12）：40-45.

[16] 张莹. 广告竞赛对大学生创新与价值认同的效用——以全国大学生广告艺术大赛为例[J]. 青年记者，2016（11）：116-117.

[17] 赵燕，赵春鱼，陆国栋. 我国人文社科类学科竞赛发展现状与治理优化研究[J]. 中国高教研究，2020（7）：93-97.

[18] 潘力，郑涛，陶然，等. 新文科建设背景下广告学专业人才培养的创新模式[J]. 传媒，2023（18）：78-80.

[19] 郭菲，张蓝文. 参与和获奖孰轻孰重？大学生竞赛的育人作用研究[J]. 中国高教研究，2023（4）：62-68.

[20] 徐若昭，刘艺涵. 大学生动画、数字媒体专业竞赛对推动产学协同创新的意义[J]. 中国广播电视学刊，2021（12）：112-114.

[21] 谢欧. 以科技创新促艺术设计人才培养[J]. 中国高校科技，2015（Z1）：81-82.

[22] 李明，金月仙. 民族高校艺术设计创新创业教育微探[J]. 延边大学学报（社会科学版），2019，52（4）：111-116，143-144.